本书得到湖北省社科基金2015年一般项目（ESK20150120)资助

大数据时代

中国出版产业链的重构

张 弛◎著

中国社会科学出版社

图书在版编目（CIP）数据

大数据时代中国出版产业链的重构/张弛著．—北京：中国
社会科学出版社，2016.10
ISBN 978 – 7 – 5161 – 8708 – 1

Ⅰ.①大…　Ⅱ.①张…　Ⅲ.①出版业—产业链—研究—
中国　Ⅳ.①G239.2

中国版本图书馆 CIP 数据核字（2016）第 182772 号

出 版 人	赵剑英
责任编辑	刘晓红
责任校对	周晓东
责任印制	戴　宽

出　　版	中国社会科学出版社
社　　址	北京鼓楼西大街甲 158 号
邮　　编	100720
网　　址	http：//www.csspw.cn
发 行 部	010 – 84083685
门 市 部	010 – 84029450
经　　销	新华书店及其他书店

印刷装订	三河市君旺印务有限公司
版　　次	2016 年 10 月第 1 版
印　　次	2016 年 10 月第 1 次印刷

开　　本	710×1000　1/16
印　　张	14.5
插　　页	2
字　　数	251 千字
定　　价	52.00 元

凡购买中国社会科学出版社图书，如有质量问题请与本社营销中心联系调换
电话：010 – 84083683

序

  大数据作为新一轮技术革命势不可当的大潮，正在从诸多方面深刻影响人类社会发展。具体而言，一是大数据深刻影响人们的思维方式，形成大数据思维；二是大数据深刻影响人们的生活方式，形成大数据生活；三是大数据深刻影响人们的生产方式，形成大数据经济。大数据的理论与实践正在向社会生活的方方面面深入渗透。

  出版业，既是文化产业又是信息产业的前沿行业，势必首当其冲的迎来大数据浪潮的挑战和洗礼。张弛博士，游学法国8年，由理科转文科，跟随我攻读传播学新媒体方向的博士，具有文理交叉的视野，以其积累的学术敏感和理论自觉，早在2011年就开始涉足探讨大数据时代中国出版产业链的重构问题，将中国出版业的发展与大数据时代的技术冲击有机结合在一起，最终顺利完成博士论文《大数据时代中国出版产业链的重构》，在此基础上又成功申报湖北省社科基金，最终形成该专著。

  《大数据时代中国出版产业链的重构》，选题前沿，既注重理论资源的挖掘，也注重现实问题的关照。作者读博期间作为博士论文一气呵成，工作以后又继续研究打磨，数易其稿。通读全书，多有闪光之处，其显著特点可以归结如下：

  该书研究视角前沿，较早将中国出版产业转型和出版产业链的重构放在大数据时代的背景之下，指出出版产业转型和出版产业链的重构是产业发展大势所趋，不可逆转。中国出版产业发展只有融入大数据浪潮中，才能冲破相对固化、僵化的业态樊篱，突出重围，获得新生。

  该书的分析框架清晰独到，作者运用产业链三个维度重构出版产业的转型，使问题的分析集中聚焦，增强了理论深度。传统出版产业链是一个相对封闭的产业体系，行业界限比较清晰，行业发展过程中发生过的一些产业链整合过程大多是在产业体系内部进行的，整合路径也大多是垂直整合，在大数据时代，出版产业链不再仅仅表现为垂直型，而是表现为垂直＋平行的复合结构，多媒体＋多行业的整合趋势会日益明显。

该书建构了基于大数据的可供参考的理论模型。如出版价值链2＋＋＋模型、出版供需链2＋＋＋模型、出版空间链3＋＋模型等，这些模型都是运用大数据的理论方法进行探索研究的结果。他们打破了传统出版产业链明显表现线性的单一的结构，如何将线性单一的出版价值链、出版供需链、出版空间链转型为立体的、多元的产业链组合，通过阅读本书，相信读者能从中找到一些答案。

论文成书多得益于张弛博士具有海外留学和理工科背景，这使其看问题的视野比较开阔，对新技术发展趋势比较敏感，探索大数据条件下出版产业的转型发展问题有一定的独到之处。

大数据研究近两年热度大增，大数据对产业发展的影响正日益深入，对具体问题的深入探讨需求越来越迫切，面临的问题会越来越多而复杂。本书的出版只是一个开端，期望能起到抛砖引玉的作用。

钟 瑛

2016 年 6 月于喻园

目　录

导　论 ··· 1

第一章　大数据浪潮与出版产业战略转型 ················· 8

第一节　大数据浪潮与大数据战略 ·········· 8

第二节　大数据时代出版产业面临的机遇与挑战 ·········· 14

第三节　大数据时代中国出版产业链的整合转型 ·········· 23

第二章　大数据与出版产业链相关理论实践问题 ·········· 34

第一节　大数据与出版产业链主要概念和理论支撑 ·········· 34

第二节　大数据时代表征探究 ·········· 45

第三节　出版产业链范畴分析 ·········· 60

第三章　大数据时代出版价值链的重构 ················· 72

第一节　价值链与出版价值链 ·········· 72

第二节　出版价值链重构的基本动因 ·········· 77

第三节　大数据时代出版价值链重构的基本内容 ·········· 87

第四节　基于大数据的出版价值链2＋＋＋构造探究 ········· 101

第四章　大数据时代出版供需链的重构 ················· 112

第一节　供需链与出版供需链 ·········· 112

第二节　大数据时代出版供需链的重构逻辑 ·········· 117

第三节　大数据时代出版供需链重构的基本内容 ·········· 129

第四节　基于大数据的出版供需链2＋＋＋构造模型 ········· 139

第五章　大数据时代出版空间链的重构 ·················· 151

　　第一节　空间链与出版空间链 ·················· 151

　　第二节　出版空间链重构的产业驱动力 ·················· 158

　　第三节　大数据时代出版空间链重构的基本任务 ·················· 169

　　第四节　基于大数据的出版空间链两个新构造探究 ·················· 177

第六章　智能出版：大数据时代中国出版产业链重构之路 ········ 190

　　第一节　出版智能化成为中国出版产业发展主流趋势 ········ 190

　　第二节　探索和引领者——大数据先锋 ·················· 199

　　第三节　中国大数据出版的艰难坎坷之路 ·················· 209

参考文献 ·················· 214

后记 ·················· 227

导　论

党的十八届五中全会公报提出要实施"国家大数据战略",这是大数据第一次写入党的全会决议,标志着大数据战略正式上升为国家战略。党的十八届五中全会开启了大数据建设的新篇章。"国家大数据战略"涉及各个领域,作为文化产业和信息产业的出版业当然也不例外,必然要融入"国家大数据战略"的行动中去。近年来,关于大数据条件下中国出版产业发展问题的讨论渐趋热烈。一般来说,对一个问题的讨论日益热烈,表明对这个问题的研究正在由浅入深。从理论研究的角度来看,大数据条件下出版产业的变化发展要求我们不断深化对产业发展转型和出版产业链重构等理论问题的认识。从出版传播实践的角度来看,大数据浪潮对出版产业的冲击要求我们必须高度关注新的出版业态的出现,要求我们深入研究大数据应用对传统出版价值版图、供需关系以及空间格局的改变,要求认真探究大数据条件下出版产业链重构中面临的诸多理论和现实问题。

一　大数据出版转型的时代价值

大数据作为新一轮技术革命的时代大潮,其对于出版产业的影响日益显现,面对大数据浪潮,中国出版业态转型和出版产业链重构在所难免。在互联网和大数据浪潮的冲击下,中国出版业如果不顺势而为,"终有一天,大数据会'颠覆'出版业"。[①] 中国出版集团原总裁、韬奋基金全球理事长聂震宁认为,面对新技术,"个人可以放弃新技术,整个行业不能放弃"。"中国传统出版业必须接受这一不可逆转的转变"。[②]

---

① 杨鑫捷:《大数据会颠覆出版业》,《IT时报》2013年8月19日。
② 屈一平:《数字出版走向产业融合》,《瞭望》2013年第2期。

　　近两年，一系列与出版业有关的热点事件反映传统出版业正面临着大数据浪潮的剧烈冲击。其中，比较典型的一个事件是，2014 年 3 月 31 日，中国新闻出版网/报发表《"京东模式"你学得会吗》的文章，介绍电商巨头之一京东商城进军大众图书策划领域的热点事件。事隔一天，中国出版传媒商报发表《出版业离"大数据"还有多远》的文章，介绍《大卫·贝克汉姆》一书以"京东出版"的身份面世的有关情况，受到各方关注。《大卫·贝克汉姆》一书是"京东出版"系列图书之一，由京东策划、新世界出版社出版。据了解，作为京东自有品牌，"京东出版"系列图书是基于对 1700 万用户的销售数据分析，从而选择出一批用户需求大、呼声高的选题，而这样的大数据分析正是以京东为代表的电商引以为豪的优势。[①] 对于京东商城销售图书，大家已经司空见惯，但是，对于京东商城策划出版图书，向图书出版的上游进军，这倒真是个热点事件。虽然仅仅凭借策划出版一套或者几套图书就冠之以"京东模式"还为时过早，但"京东出版"通过网上预订和精准销售的方式，从下游的图书销售业务向图书选题策划的上游延伸，进军大众图书的编辑出版领域，这不得不让做了几十年编辑出版工作的出版人警醒。在基于互联网的大数据时代，京东运用全新的方式开展策划活动，开启了互联网思维照进大众出版的新纪元。[②] 这种基于大数据分析的选题出版方式可能是未来出版的发展方向。

　　大数据不仅是一种新技术，它首先是一种新理论思维。大数据的精准性和针对性有助于深化对大众传播与分众传播关系问题的理论认识。众所周知，大众传播（Mass Communication）是指专业化的媒介组织通过一定的传播媒介对庞杂的受众进行大规模的信息传播活动。分众传播是指不同的传播主体对不同的传播对象用不同方法传递不同信息的信息传播活动，传播者和接受者各得其所、各取所需。大众传播的特点是信息传递一点到多点，分众传播的特点是信息传递多点到多点。相对于大众传播，分众传播受众面更窄、针对性更强，强调尊

---

① 张岱：《出版业离"大数据"还有多远》，《中国出版传媒商报》2014 年 4 月 1 日。

② 范占英：《"京东模式"你学得会吗》，《中国新闻出版报》2014 年 3 月 31 日。

重差异、尊重个性，强调用户主导和市场调节。清华大学熊澄宇教授认为，大众传播与分众传播并存是讨论传播学融合的创新基础。分众传播体系是传统大众传播体系的补充和延伸，两者不是取代关系，而是并存关系。以大数据分析为基础的"京东出版"，从用户的海量消费数据中挖掘出读者的需求，它遵循的就是用户主导原则。

大数据不仅是一种新技术，它还是产业趋势。大数据将与互联网一起成为新一轮产业革命的强大驱动力。运用大数据有助于丰富出版产业链研究的理论内容。产业链基本理论是出版产业链研究的基础性理论，而产业链分类理论又是产业链基本理论的重点、难点部分。传统的产业链分类，如果按照产业链形成和发展的动力进行分类，可以将产业链划分为生产驱动型产业链和市场驱动型产业链；如果按照主导产业链发展的因素进行分类，可以将产业链划分为技术主导型产业链和资源主导型产业链；如果按照不同的行业性质进行分类，可以将产业链划分为农业产业链和工业产业链，按照不同的行业性质进行分类是最常见的一种产业链分类方式，出版产业链就是按照行业分类形成的产业链。在大数据条件下，出版产业链将不是过去单一的、线性的、清晰的产业链，而是多元的、网状的、模糊的产业链构造。"在技术和政策的共同作用下，出版产业、电信产业、广播电视产业及信息产业之间的边界越来越模糊，相互之间的融合也越来越频繁。"① 由于新的生产要素的出现，出版产业组织形式在不断地变化，出版产业链的组织方式也将发生新的变化。"京东出版"模式就是凭借对几千万读者用户的销售大数据分析，从出版物销售的产业链下游延伸到出版物策划的产业链上游，这表明大众出版的产业链不断被掌握读者销售数据的新兴机构蚕食。因此，在大数据时代，出版产业链的价值版图和业态类型将不断发生变化。

大数据不仅是一种新技术，它还是新的产业价值关系和市场模式。大数据应用有助于推动大数据时代中国出版产业各要素的重组和产业链重构。出版产业链是由出版价值链、出版供需链、出版空间链

_____

① 班子嫣、乔东亮：《产业融合趋势下的出版产业链整合》，《科技与出版》2008 年第 8 期。

等多重维度组成的产业链接关系。出版价值链是出版机构在产业活动中形成的价值增值关系，这种价值增值关系既有内部价值增值关系，也有外部价值增值关系。中国传统的出版价值链是单一的线性关系，出版业的功能价值主线是传播，而非服务，很多出版机构虽然手中握有大量知识和数据，却没有利用这些数据信息进行价值增值。单一的价值增值模式，使出版产业活力呈下降趋势。大多数出版商只卖图书，不卖数据；只卖产品，不卖服务；只做实物封装型的硬件，不做虚拟拓展型的软件。传统出版价值链的单一性放慢了出版物的价值增值速度，收窄了出版单位的价值增值渠道。这种单一的价值关系在大数据时代面临着新的挑战。在大数据时代，出版价值关系是网状的、多维的。出版商的角色将是多重的、动态的，甚至是跨界的。中国的数字出版近年来发展较快，但过度集中于基础内容的数字化，这只是将原来的纸媒内容进行了数字转化，本质上还是提供内容。实际上，数字出版应该更注重交互性和体验性，正如万方数据总工程师王胜海所说的："在数字出版时代，体验可以让一个产品出奇制胜，没有体验也可以让一个产品死得一塌糊涂。"①

大数据不仅是一种新技术，它还是新媒体和全媒体的发展方向。对大数据与出版产业链问题进行研究有助于探索中国出版产业链整合和转型的现实路径。传统的出版产业链是一个相对封闭的产业体系，行业界限比较清楚，行业发展过程中发生过的一些产业链整合大多是在产业体系内部进行的，整合路径也大多是垂直整合。在大数据时代，出版产业链不再仅仅表现为垂直型，而是表现为既垂直整合又平行发展的复合型结构，出版商既可以根据业务发展需要选择不同的媒体或介质进行出版活动，也可以利用多种收费和免费等不同方式开展业务活动，还可以基于图书产品开发影视剧、儿童玩具和游戏等相关衍生产品。也就是说，新型出版产业链的打造既可以走多种媒体互动开发之路，将图书、报刊、广播电视、数字化产品打通开发，进行横向价值链拓展，拓宽产业发展口径；也可以围绕品牌建设，纵向拉长

---

① 孙波：《自媒体大数据云计算数字出版到了怎样的时代》，《中国文化报》2013 年 7 月 3 日。

产品价值链，进行相关产品的纵向开发，开发衍生产品扩展品牌效应。还可以横向和纵向复合拓展，走"纸质图书＋电子书＋数据库服务＋咨询服务＋物流服务＋产业服务"的复合拓展之路。

二　大数据出版转型的现代视域

出版产业转型是一个复杂的问题，可以有多重视域，既有基于政治时代的视域，也有基于经济时代的视域，还有基于技术时代的视域，本书选择基于大数据的研究思路，就是从技术时代的视域来研究问题，因为从历史上看，自中国发明印刷术和造纸术以来，出版产业每一次大的转型都是直接由技术革命推动的。基于大数据视域研究出版产业转型是一个较新的研究思路。

将中国出版产业的转型和出版产业链的重构放在大数据时代视域下，可以使我们更加解放思想，与时俱进。中国出版产业是一个业态相对老化的行业，线性产业链的形态比较明显，而且相对固化、僵化。本来，出版是信息传播行业，应该离信息技术较近，能最早感受到信息技术革命带来的挑战，但由于国家政策保护等因素，出版行业对信息技术革命的挑战是被动应战，国有出版企业目前已处于民营出版公司或出版工作室的重重包围之中，还面临互联网大公司随时进军出版业的威胁，国有出版公司只有发挥自己的优势，融入大数据时代潮流之中，才能突出重围，获得新生。

除了研究视域以外，研究出版产业转型还需要一个明晰的分析框架，本书选择产业链的分析框架进行研究，这样可以将复杂的出版产业转型问题用一个统一的分析框架串联起来。大数据对出版产业转型的推动是全方位的，一篇论文或一部著作不可能对所有问题进行研究，同时，出版产业与其他产业门类一样，既有上游、下游之分，也有左邻右舍之分，用产业链作为分析框架便于对问题进行梳理。中国出版产业的转型是必然趋势，但产业转型是个鸿篇巨制，如果不运用一个理论分析框架，研究的成果就是泛泛而论，研究的结论可能陷入空洞。关于产业链的维度有三维度说、四维度说、五维度说。本书选择采用三维度说，即供应链维度、价值链维度、空间链维度来研究中国出版产业转型和产业链重构问题。出版产业链的存在是一个客观事实，这个产业链存在问题也是客观事实，如何迎接大数据挑战勇敢实现产业链重构，这里有较大的研究空间。

三　大数据出版转型的构造模型

一是大数据时代中国出版产业价值链的2＋＋＋模型构造。基于大数据在产品价值组合方面实现立体多元的组合，即有形产品＋无形产品的产品组合，收费产品＋免费产品的产品组合；在用户组合方面实现目标用户＋非目标用户的用户组合，付费用户＋免费用户的用户组合；有价值网链结构方面实现内部价值链＋外部价值链的立体价值网链，业内＋业外合作者参与的多维出版价值网链。构造大数据时代中国出版产业价值链的2＋＋＋模型。传统的出版产业价值链主要是线性的，在大数据时代，大数据出版的价值版图是立体的、多元的、网状的。出版业不仅通过出版图书获利，还可以通过出版数字化产品获利；不仅可以通过出版实物产品获利，还可以通过出版虚拟出版物获利；不仅可以通过出版内容获利，还可以通过出版数据获利；不仅可以通过提供产品获利，还可以通过提供服务获利；不仅可以通过实体书店获利，还可以通过电商获利。这种立体的、多元的、网状的价值版图可以尝试用2＋＋＋模型来概括，即2种介质（纸介质＋光电介质）、2种资源（内容资源＋数据资源）、2种服务（产品服务＋体验服务）。这种立体的、多元的、网状的2＋＋＋模型的构建必然要求出版产业从决策到生产再到营销的各个环节都重新构造。该研究成果已在《出版科学》2015年第1期上发表。

二是基于大数据的出版供需链2＋＋＋构造模型。传统的出版供需链主要是刚性的标准化的线性构造，在大数据时代，基于大数据的出版供需链是立体的、多元的网状结构。从供需链上游的稿源来讲，出版不仅要拥有专业作者，还要大力开发业余作者；从供需链中游的生产形态来讲，出版不仅要按标准出版，还要按需出版；从供需链下游的市场形态来讲，出版不仅要开发大众市场，还要开发分众市场。这种立体的、多维的、柔性的、网状的出版供需链可以尝试用2＋＋＋模型来概括，即2种作者稿源（专业作者＋业余作者）、2种出版生产方式（标准出版＋按需出版）、2种市场划分（大众市场＋分众市场）。这种2＋＋＋构造改变了传统出版供需链的运行模式，拓展了出版供需链的运行空间和价值创造方式。

三是基于大数据的出版空间链 3 + +构造模型。传统的出版空间链主要是一元的地域空间结构，在互联网和多媒体时代，出版空间链延伸至网络空间。和其他物质生产部类的产业领域不同，出版产业作为信息和文化产业领域，其生产、传输和销售传播的各个环节都可以在互联网上进行。在互联网和多媒体模式下，出版产业活动不仅具有新的生产空间和传播空间以及市场空间形式，还具有泛互联空间和云空间形式。这种新型的网络空间链可以尝试用 3 + +模型来概括，即存在空间 + 选择空间 + 活动空间的网络空间构造、纸质版 + 网络版 + 手机版的媒介空间构造。

第一章　大数据浪潮与出版
产业战略转型

第一节　大数据浪潮与大数据战略

一　大数据时代来临

大数据浪潮始自 2011 年，首先是 EMC 公司（以倡导云计算著称）举办"云计算相遇大数据"年会，吸引了全世界的目光。随后，麦肯锡公司提出了《大数据：下一个创新、竞争和生产率的前沿》的研究报告，指出新一轮创新竞争的关键是大数据，大数据将逐渐成为重要的生产要素，预示着新一波生产力增长和生产方式、生活方式、管理方式、思维方式的变革。2013 年 1 月，被誉为大数据权威的维克托·迈尔—舍恩伯格的著作《大数据时代：生活、工作和思维的大变革》中文版出版，迅速被中宣部、国家新闻出版广电总局列为向全国领导干部推荐阅读书目。短短两年多时间，大数据一路走红，甚至有人将 2011 年形容为大数据启幕之年，将 2012 年称为大数据启蒙之年，将 2013 年称为大数据元年。①

关于大数据的讨论尽管社会各界视域不一，层面不同，但有一个观点是共同的，就是大数据时代已经到来。这和以往一个技术时代浪潮到来时，社会各界争论不已、莫衷一是的情形不一样，各界人士对大数据时代到来高度认可，达成了广泛共识，这在过去是很少见的。中国工程院院士倪光南指出："虽然大数据只是近几年才兴起，但各

---

① 冯海超：《大数据时代正式到来》，《互联网周刊》2012 年第 24 期。

国从政府到工业界、学术界都毫无例外地予以高度重视，可以肯定地说，大数据时代已经到来，它将给人类社会的发展和人们的生活带来深刻的变化。"①

大数据作为一个技术时代浪潮，会影响到各行各业。城田真琴在《大数据的冲击》一书中说："大数据已经不再是一个虚无缥缈的概念，而是与每个人的生活息息相关，实实在在且触手可及。大数据火了，它催生出无数新的服务和商业模式，也让一些传统行业找到了新的机会。"②

国际数据资讯公司（IDC）预测，"到 2015 年，大数据市场将增长至 169 亿美元，该领域每年的增长率将达到 40%，约为其他信息技术领域的 7 倍。"③ 数据取代信息成为大数据时代经济增长和社会发展的驱动力，这一点正在成为人们的共识，正如美国哈佛大学前校长、奥巴马首席经济顾问拉里·萨默斯所指出的，"我感觉到当迄今 200 年来的历史被书写时，出现了一种趋势，这种趋势就像我们活着的时候人类思维中发生的某个重要的事情，那就是与过去相比，在很大范围的行动中，我们正在变得理性、善于分析和由数据驱动"。④ 大数据应用方式也很多，大卫·芬雷布在《大数据云图》中列举了几项主要应用，如在线广告应用、销售和营销应用、可视化应用、商业智能应用、运营智能应用、数据服务应用、数据清理应用、数据保密应用等。⑤

大数据和历史上的其他科学技术一样，也是一把"双刃剑"。大数据保密和隐私保护就是各界高度重视的问题。大数据保密应用涉及"非传统安全"，通过法律法规和大数据技术手段实现数据安全，也是大力发展大数据的重要方面。特别是斯诺登事件出现以后，美国政府

①　倪光南：《关于大数据》，《高科技与产业化》2013 年第 5 期。

②　［日］城田真琴：《大数据的冲击》，人民邮电出版社 2013 年版，第 229 页。

③　［美］大卫·芬雷布：《大数据云图》，浙江人民出版社 2014 年版，第 133 页。

④　Bjom Bloching Lars Luck Thomas Ramge，In Data We Trust：How Customer Data Is Revolutionizing Our Economy，Original German Copyright. 2012 Redline Verlag.

⑤　［美］大卫·芬雷布：《大数据云图》，浙江人民出版社 2014 年版，第 145—151 页。

借口反对恐怖主义肆无忌惮地收集世界各国各类信息数据的"隐秘的、巨大的计划"被曝光，更是引起了人们对大数据应用数据安全和隐私保护问题的深深忧虑。美国的大数据研究与发展计划中很大一部分内容是针对信息和数据安全问题的研究。"在情报界，分析公众信息并不是什么新鲜事。"CIA 前分析师格雷说："现在是搜集情报的黄金时代，因为所有人都在自觉自愿地表达他们是谁。"被誉为大数据权威的舍恩伯格对大数据隐私性保护的观点，更多的不是讨论隐私保护的必要性和重要性，而是研究保护的模式和措施。

　　大数据能受到各国家政府的高度重视和社会各界的广泛共识，在于其涉及社会生产和生活的方方面面。中国工程院邬贺铨院士认为，"大数据应用的领域"十分广阔，"可运用到各行各业"，在工业领域，"华尔街对冲基金依据购物网站的顾客评论，分析企业产品销售状况；一些企业利用大数据分析实现对采购和合理库存量的管理，通过分析网上数据了解客户需求、掌握市场动向。有资料显示，全球零售商因盲目进货导致的销售损失每年达 1000 亿美元，这方面的大数据分析大有作为。""在农业领域，硅谷有个气候公司，从美国气象局等数据库中获得几十年的天气数据，将各地降雨、气温、土壤状况与历年农作物产量的相关度做成精密图表，预测农场来年产量，向农户出售个性化保险。在商业领域，沃尔玛公司通过分析销售数据，了解顾客购物习惯，得出适合搭配在一起出售的商品，还可以从中细分顾客群体，提供个性化服务。在金融领域，华尔街'德温特资本市场'公司分析 3.4 亿微博账户留言，判断民众情绪，依据人们高兴时买股票、焦虑时抛售股票的规律，决定公司股票的买入或卖出。""在医疗保健领域，'谷歌流感趋势'项目依据网民搜索内容分析全球范围内流感等病疫传播状况，与美国疾病控制和预防中心提供的报告对比，追踪疾病的精确率达到 97%。"[①] 大数据的应用领域涉及各行各业，与其高度智能化有关，由此产生出智能商务、智能政务、智能制造等新形态。倪光南院士在谈到大数据应用领域时指出，"商业智能等的应用主要是在企业的商业运作方面，应用面较窄，而大数据的应用领

---

① 邬贺铨：《大数据时代的机遇与挑战》，《求是》2013 年第 4 期。

域已经拓展到了社会科学的各个领域，如经济学和社会学应用、政治和政策应用等，应用面要宽得多。"中国工程院李国杰院士也认为，"大数据是与自然资源、人力资源一样重要的战略资源，是一个国家数字主权的体现。"而且，"大数据是现有产业升级与新产业诞生的重要推动力量。"①

二　大数据战略

各国从政府到工业界、学术界都高度重视大数据，体现在各界正大张旗鼓地制订大数据研究与发展计划，搭建大数据平台，实施大数据战略，开展大数据业务，迎接大数据的挑战。

（1）在政府层面实施大数据战略。在国际上，2013 年 3 月，美国奥巴马政府发布《大数据研究和发展计划》，将大数据正式列为美国的国家战略。该计划涉及美国国防部、能源部、国家科学基金、国家卫生研究院、地质勘探局等众多政府机构。涉及自然科学研究、环境保护、生物学研究、文化教育以及国家安全等众多领域，仅针对网络信息安全的研究项目就有多项。如多尺度异常检测项目（AD-AMS）；网络内部威胁计划（CINDER）；Insight 计划；加密数据的编程计算（PROCEED）；视频和图像检索分析工具（VIRAT）；任务导向的弹性云计划（Mission – oriented Resilient Clouds）；XDATA 项目计划。② 这些研究项目还只是有代表性的几项，显示美国政府正在聚集大量大数据人才，全面搭建开发大数据平台。

在中国，党的十八届五中全会公报提出要实施"国家大数据战略"，这是大数据第一次被写入党的全会决议，标志着大数据战略正式上升为国家战略。大数据的发展已经成为当今重要的发展领域，就大数据战略上升为国家战略而言，党的十八届五中全会的公报具有重要意义，表明大数据建设不仅是商业驱动，而且还是政府引领、国家驱动。从国家层面制订大数据行动计划，建立大数据发展的标准体系，为整个市场做好标准制定工作，从而指导大数据产业的健康发

---

① 邬贺铨：《大数据时代的机遇与挑战》，《求是》2013 年第 4 期。
② 中国电子科学研究学报编辑部：《大数据时代》，《中国电子科学研究院学报》2013年第 1 期。

展。从国家层面立法规范大数据发展，在开放政府数据，搜集储存记录个体、企业、组织信息，交易、再利用大数据资源等方面，通过国家立法的形式予以规范。通过法律法规使得整个围绕大数据产业的发展置于系统性的国家法律体系约束之下，从而保障大数据发展切实地服务于公共利益。

2013 年 9 月 30 日，中共中央政治局第九次集体学习是集中参观中关村国家自主创新示范区展示中心，学习内容包括大数据、云计算等内容。2014 年 6 月 12 日，在全国政协召开的双周座谈会上，全国政协主席俞正声就"利用大数据技术提升政府治理能力"发表讲话。提出要加快建立国家级大数据标准化体系；要推动数据立法；要加快技术研发，选择重点领域开展大数据应用；要以提升政府治理能力现代化为切入点，利用大数据为社会提供更好的服务。①

在国家层面重视大数据的同时，各级地方政府也在加快应用大数据，由政府规划的大数据产业化步伐越来越快。2014 年 4 月 28 日，武汉市市政府常务会议原则通过了《大数据产业发展行动计划》。该计划重点建设光谷云村、左岭大数据产业园两大基地和武汉市政务数据中心、国家地理空间信息云数据中心等 7 大中心，预计在 5 年内形成 2000 亿元的产业规模，带动相关产业销售过万亿元。②

（2）在产业层面实施大数据战略。大数据的兴起，产业界尤其兴奋，特别是互联网行业、金融业、零售业、电信业最先感受到大数据浪潮的冲击。

在被称为中国硅谷的中关村，为了大力发展大数据产业，做了几件很有意义的事情：一是将发展大数据产业纳入《中关村战略性新兴产业集群创新引领工程（2013—2023）》；二是将 2012 年 12 月 31 日命名为首个"中关村大数据日"；三是在中关村示范区成立了大数据产业联盟；四是成立并发布三只产业投资基金。这些措施将有力推动中国大数据产业的发展。

在互联网行业，谷歌、亚马逊和 Facebook，在各自拥有数据优势

---

① 《俞正声主持全国政协双周协商座谈会》，《人民日报》2014 年 6 月 13 日。
② 《武汉大数据产业剑指 2000 亿规模》，《长江商报》2014 年 4 月 29 日。

的情况下，开始了新一轮的产业垂直整合。2012 年，Splunk 的成功上市更是引发了风险投资对大数据行业的关注，风险投资公司 Accel Partners 迅速设立了大数据公司投资基金。大数据处理创业公司 10gen 在 2012 年 5 月融资 4200 万美元，其客户已达 500 多家，覆盖金融、通信、媒体等多个领域。EMC 提出"数据星球"概念，通过构建云基础框架和提供大数据服务来帮助客户迅速实现大数据应用。

在金融行业，中国建设银行的"善融商务"，中国交通银行的"交博汇"，中国银行广东分行的"云购物"等平台，都表明金融行业也在跨界进军电子商务，其意图并不是通过做电子商务赚钱，而是获取一线市场数据，加快网上金融业务的发展。

在电信行业，谷歌是最早一只脚伸进来的，已经在提供基础的电信服务了，其意图是要在信令级获取人们的行为数据。Skype、微信的广泛使用，不断减少传统通信业务的语言通话时间，侵蚀电信行业的利润空间。其实，电信运营商掌握着令人垂涎三尺的实名客户数据，但基于隐私保护而不便开发挖掘。现在，谷歌等一群站在电信业门口的"野蛮人"正准备闯进门来，电信运营商只有选择行业垂直整合之路才能拓宽生存的空间。

（3）在科学研究层面实施大数据战略。大数据作为高度交叉的新兴学科方向，涉及计算科学、网络科技以及社会科学等众多领域，必须各学科通力合作才有成就。在中国，大数据科研平台正在搭建，2012 年 10 月，中国计算机学会和中国通信学会都成立大数据专家委员会，从科研层面组织推动大数据的研究与应用。2012 年 5 月，香山科学会议组织了"大数据科学与工程"学术研讨会，参会人员横跨IT、经济、管理、社会、生物等多个不同学科。中国科学院院长白春礼也呼吁"构建大数据研究平台"，实施"专项计划"，"突破关键技术，构建大数据良性生态环境"。① 可以说，"大数据技术及其相关基础研究已经成为科技界的研究热点"。

（4）出版产业不能拒绝大数据。大数据已经影响和渗透到各行各

---

① 白春礼：《把握科技发展新态势　实现创新驱动新发展》，《中国科学报》2012 年12 月 31 日。

业，作为新闻传播行业的出版产业也不例外。在大数据这个概念刚出现不久时，外国学者对它可能在出版领域造成的影响大体上分为两种看法：一种认为运用大数据技术分析读者的购买行为以及其在社交网站上的活动情况能解决长期困扰出版界的销售"黑箱"问题，从而大大减少库存消耗，如 Frederic Filloux 认为，挖掘读者阅读行为数据的潜在价值将使出版业的盈利模式发生根本性的改变，从内容供应转变为服务提供商[①]；另一种认为大数据技术门槛高，早期投入大，而且由于读者的数据质量得不到保障，导致分析结果极不稳定，偏差值很大。

随着大数据技术的不断发展，其运行成本不断降低，以前人们所担心的技术与资金都不再是问题，各种图书销售大数据解决方案的 App 层出不穷，如英国的前出版商 Peter Collingridge 和技术师 Stephen Betts 合作开发的 Bookseer 和 CoverCake 能从 Twitter、Facebook、亚马逊 Saleblog 以及 BookScan Report 中获取和收集图书销售的相关信息，并即时发送给用户以便及时做出正确的决策，可以帮助预测举行媒体见面会能否达到期望的促销效果，或者是让当红明星签名售书能否引起销售狂潮等。[②]

第二节　大数据时代出版产业
面临的机遇与挑战

研究现阶段中国社会发展势态，比较一致的意见认为中国现在是一个转型社会，即从传统社会向现代社会转型，从农业社会向工业社会转型，从计划经济向市场经济转型。和中国的转型社会特征一样，中国出版产业也处于转型发展阶段。大数据时代浪潮的冲击，对中国出版产业发展和出版产业链的转型重构既是严峻挑战，又是发展机遇。

---

① Frederic Filloux, The value is in the reader's Big Data, the guardien September 17, 2012.

② Calvin Reid May, Can Big Data' Fix Book Marketing? pw daily May 28, 2012.

一　大数据时代出版产业面临的挑战

毋庸讳言，中国出版产业是改革相对滞后的领域，这种相对滞后性可以用"四化"，即体制僵化、思维固化、业态老化、资源狭化来概括和形容，虽然这种概括不一定准确，出版产业"四化"问题的存在直接影响出版产业链的结构优化和运行效率。大数据和市场经济浪潮，对传统僵化的管理体制、思维方式、运营模式和资源利用方式都形成了剧烈冲击和巨大挑战。

1. 挑战传统的出版管理体制

长期以来，单一审批制的出版管理体制导致许多出版机构形成严重的路径依赖，出版业政企不分，事企不分，书号的非市场化配置使书号成为短缺资源，有些出版社甚至靠买卖书号来维持生存。出版管理体制的固化和僵化程度比其他行业更加严重，虽然历经三十多年的改革开放，但抱残守缺的惰性依然存在。面对大数据冲击，中国出版业既要面对和研究新问题，同时也要解决老问题。中国出版产业的惰性是个老问题，面对大数据浪潮，"有的表现为'惰'，动力不足，对出版发展新趋势缺乏敏感性，习惯于老观念、老办法，对外面山呼海啸的世界，却我自岿然不动。"[①] 体制问题虽然是老问题，但面对新技术革命和市场经济浪潮的剧烈冲击，必须增强忧患意识。现有的出版体制，"很难适应大数据时代的信息'野蛮增长'"。"外面哪怕是洪水滔天，我自岿然不动。这种以不变应万变的定力不是来自对时代发展趋势的深刻洞察，而是源自体制的惰性。近年来，数字出版的概念在业内备受追捧。一时间，大家大呼小叫地搞起数字出版，但多是在浅滩戏水，谈不上在深水作业。在这一过程中，传统出版制度的路径依赖仍然很严重，出版业的转轨可谓任重道远。"[②]

2. 挑战传统的出版思维方式

传统的出版思维有两个方面：一是思想态度，二是思维方式。目前，中国出版界对待大数据的思想态度五花八门，中国出版界对新生事物的反应一直都不是很敏感，现在提到大数据，就有人说"怎么，

---

① 宋永刚：《大数据时代加快出版业转型升级的思考》，《中国编辑》2013 年第 5 期。
② 张涛甫：《大数据时代的出版困局及其突破》，《编辑学刊》2013 年第 2 期。

出版业又要追新概念了？云计算还没搞清楚呢。""出版业一直在努力做整合和挖掘数据的工作，不过效果不好。现在提出大数据的说法，我们还得好好思考。"① "大数据在出版业还只是个概念，很少有出版社对此下功夫，再加上很多大数据技术提供商对出版并不是很懂，所以目前大数据在出版业尚处于统一思想阶段。"② 因此，端正思想态度，提高思想认识，及时更新观念是出版产业界进入大数据时代的当务之急。更新观念，实际上就是要树立三个观点：一是数据为王的观念，"得数据者得天下"；二是数据是资产的观念，数据是宝藏，是"21 世纪的石油"；三是"数据的本质是人"的观念，把满足人的需要，特别是人的个性化需要当成大数据时代出版从业者的责任甚至义务。关于大数据思维方式，必须学会运用大数据思维分析问题、解决问题。第一，在大数据思维条件下，分析问题和进行决策不再是依据样本数据，而是依据整体的、全面的数据。比如，我们在决定某一本书的定价时，就不能仅仅只是分析了解自己内部系统的书价状况，还要分析了解外部系统的书价状况，要和其他系统的价格情况进行比较，这就是全面的概念。第二，大数据更关注相关性而不是因果关系。第三，大数据不仅通过已知探索规律，还通过未知探索规律，其核心价值是预测，它更注重对事物发展趋势的推测，并且是基于数据分析的推测。总之，"大数据时代不是纯粹的数据大和小的问题，更多的是一些运用方式问题。"③ 大数据革命虽然是由技术革命引发的，但大数据思维是决定大数据技术应用的关键。

3. 挑战传统的出版运营模式

出版运营模式主要有两个方面：一是生产模式，二是商业模式。

首先，关于生产模式，传统的出版生产模式是一种"孤岛式"的生产和传播结构，这种孤立的粗放式的生产模式在大数据时代面临严重危机。"传统出版是单一（有限）内容、单一（有限）媒介、单一（有限）传播形式的固化生产流程，基于大数据的出版则是 N 种内

---

① 陈雪：《出版业关注"大数据"概念》，《科技新书目》2013 年第 3 期。

② 张岱：《出版业离"大数据"还有多远》，《中国出版传媒商报》2014 年 4 月 1 日。

③ 参见郭虹《大数据时代出版发行业走向》，《中国图书商报》2013 年 9 月 3 日。

容、N 种媒介、N 种传播形式之间复杂的变态式映射。这是生产模式的巨大变革，其背后的导演和动力有且只能是技术。"① 多种媒介、多种传播形式、多种内容表明读者受众消费方式的转变，这就要求新媒体建立多功能、综合化的数字化平台。"挖掘读者的阅读习惯和喜好，在凌乱纷繁的数据背后找到更符合读者兴趣和习惯的产品和服务，并对产品和服务进行有针对性的调整和优化。"② 安徽出版集团有限责任公司董事长王亚非认为，中国传统出版运营模式"长期以来习惯以文化内容不同于一般产品的心理暗示为挡箭牌，从选题策划到印数、到市场投放地区、到库存管理，更多的是靠不透明的经验、'拍脑袋'、心血来潮，而非科学精确的数据分析。目前我国的出版产业在市场化上仍处于一个比较粗放的阶段，在收集、存储、处理、呈现、利用数据上与大数据时代的要求还相差很远，这种粗放的差距在大数据时代呈曝光式凸显。"而在大数据时代，"以数据为基础，实现科学定位和精细化生产是大数据时代日益突出的产业生态逻辑。"③ 章宏法在研究大数据时代的报业变革问题时认为，"从海量数据中挖掘、分辨出读者的行为模式、兴趣偏好等，摸准读者心理，是报业制定内容策略和商业模式的基础。全媒体产业链的打造，促使大数据时代报纸的生产流程产生变革。"这种流程变革包括"内容定制化带来的流程变革"、"内容的动态化带来的流程变革"、"内容的跨界化带来的流程变革"。也就是说，在大数据时代，流程再造已是必然趋势，传统的运营模式运行效率低、资源浪费严重，在大数据技术应用冲击下面临巨大挑战。

其次，关于商业模式，传统出版的商业模式是单一的买卖模式和线下模式，这种缺乏用户信息、缺乏用户互动性的直线式商业模式在大数据时代面临严重危机。其一，单一的买卖模式是一种简单的买卖关系，出版发行机构只是和付款的人打交道，这种你买我卖的一对一

① 王亚非：《大技术与大数据时代坐标下的出版产业》，《中国出版传媒商报》2013 年 8 月 27 日。

② 章宏法：《大数据时代的报业变革猜想》，《中国记者》2013 年第 6 期。

③ 王亚非：《大技术与大数据时代坐标下的出版产业》，《中国出版传媒商报》2013 年 8 月 27 日。

的交换关系具有很强的功利性。在互联网和大数据时代，像亚马逊、阿里巴巴、京东商城、当当等电商之所以有越来越多的出版物销售额，重要原因之一就在于它们不仅只卖给人们东西，还通过用户的浏览记录收集数据，通过数据挖掘和数据分析，它们构建了庞大的基于大数据的商品推荐系统和口碑评价系统。在互联网的虚拟平台上，人们下单不是因为看到了商品的实物，而是因为价格优惠、物流方便以及商品评价产生的信任。因此，基于大数据和互联网的电商强调的不仅仅是如何获得收入，而是如何获得受众，庞大的没有买卖关系的受众不仅仅是潜在的用户，更是大数据的来源。其二，简单的线下主导模式导致出版物大量库存和实体书店数量不断减少。据《中国新闻出版报》报道，2006 年全国出版物（新华书店系统、出版社自办发行单位）年末库存 44.59 亿册（张、份、盒），价值 524.97 亿元，到 2012 年，全国出版物年末库存 61.22 亿册（张、份、盒），价值 880.94 亿元，从这些数据看，全国出版物库存量呈逐年增长趋势，增长比率逐年提高。按这些数据计算，全国 570 多家出版社，每个出版社平均库存 1070 万册（张、份、盒），每个出版社平均库存出版物价值 1.5 亿元。这些库存可以分为两个部分：一部分是有效库存，来年可以继续滚动销售，不一定都滞销；另一部分是无效库存，特别是库存两年以上的产品，很大一部分可能报废。大量无效库存的出现，既有销售不好等产业链下游方面的原因，也有选题不适应市场需要等产业链上游方面的原因。这两方面原因都与不充分了解、不完全掌握市场信息数据有关，很多出版社不知道自己的出版物卖给了谁，手里没有读者客户的数据，出书卖书凭经验而不凭数据，这种粗放式、经验式的出版模式应该转变为大数据时代凭数据、凭信息决策的精准出版模式。这么大的库存量，还表明中国出版的体制性弊端，难怪有别的行业人士说，出版业这么高的库存，换到别的行业企业早就亏损倒闭了，但由于中国出版社是审批制设立的，不是登记制设立的，行业垄断色彩浓厚，库存量虽大也还有饭吃，因而即使在大数据时代下，大家也缺乏业态转型和产业链重塑的紧迫感。同时，在电商的冲击下，实体书店数量不断减少，2012 年，新华书店及其发行网点比 2011 年减少 1.16%；供销社发行网点比 2011 年减少 24.97%；出版社自办发行网点比 2011 年减少 0.22% 。在有些城市，进行旧城区连片改造拆除了书店，而新城区规划中没有书店网点建设项目，这种情况也使国家新闻出版管理的部门领导深感忧虑。

出版物库存量逐年递增，实体书店数量逐年减少，表明中国传统的知识信息传播方式和知识生产方式已不适应时代要求，亟须变革。而大数据的核心价值是预测，大数据的精准预测，使新一代营销模式进入精准营销和按需投送时代，大数据有望实现出版产业链的信息数据共享并保证信息数据及时、完整、准确。

二 大数据时代出版产业面临的转型机遇

任何事物的发展都具有两面性，大数据浪潮对中国出版产业的生存和发展既是严峻挑战，又是发展机遇。

任何一次划时代的技术革命，都将促使传统产业进行新一轮的产业转型升级。大数据应用也必将改变传统出版的经营管理模式、生产运营模式和商业模式，促使出版产业加快转型升级，而出版产业的转型升级将会引发出版产业链的重构。中国社会科学院新闻与传播研究所、社会科学文献出版社在联合发布新媒体蓝皮书《中国新媒体发展报告 (2013)》时指出，2013 年全国网民总数超过 6 亿，大数据将带动各个产业调整结构。[①] 在第三届全国出版物供应链论坛上，与会出版界人士提出，大数据的应用正在重构很多行业的管理模式、商业模式、运营模式和科研模式。国家新闻出版总署原副署长、中国出版协会常务副理事长邬书林在会见国际出版商协会主席池永硕时指出："大数据时代，出版业要进一步发挥出版功能，加快业态转型，加快战略谋划和布局，推动信息服务成为支撑未来科技、教育、经济发展的重要力量，这也是中国建设创新型国家的重要基础。"[②]

1. 大数据为中国出版产业实现转型升级提供了历史机遇

从进入信息时代以来，中国出版产业就已经吹响从传统出版向现代出版转型的号角，但几十年过去了，中国出版产业还总体上处于传

---

① 唐绪军：《大数据将带动产业调整结构》，中国智慧城市网，www. cnscn. com. cn。
② 邬书林：《"大数据"时代出版业要加快转型》，《中国新闻出版报》2013 年 3 月 21 日。

统出版时代。如果我们按技术时代划分把印刷出版称为科学意义出版的第一阶段，数字出版称为第二阶段，大数据出版称为第三阶段的话，中国出版产业目前应该仍然处于第一阶段，而只有一个触角伸进了数字出版的第二阶段。"不少出版机构，甚至还是一种手工业生产方式"。① 中国出版业态的传统落后，我们可以用"垄断、定力、路径依赖"等几个词来说明其原因，出版权的垄断性，使出版机构具有以不变应万变的定力，多少年来形成的行政性路径依赖，使出版机构固化了一种"孤岛式"的生产和传播结构，相对于其他行业来说，出版产业链有点固若金汤。大数据应用正冲击着传统的中国出版业，如果中国出版业不抓住大数据机遇实行业态转型，错过了大数据应用对出版产业链重构的又一次机遇，中国的出版业态将远远落在其他产业的后面。任何一次划时代的技术革命，都将带来新一轮的产业转型升级，而出版产业的转型升级将会引发出版产业链的重构。新中国成立60 多年以来，特别是经过改革开放 30 多年的发展，中国出版产业有了长足的进步，但应该看到，中国虽然是一个出版大国，但不是一个出版强国，特别是在出版业态方面与世界先进水平还有一定的差距。因此，要借大数据浪潮的东风，抓住机遇，顺势而为。"每一次新的技术革命都会催生出很多机会，抓住机会，即可弯道超车，后来居上。对于转型中的中国是如此，对于转轨中的中国出版业也是如此。"② 要抓住大数据机遇，"需要形成全员动员格局"。③ 美国在 20世纪 90 年代实施"信息高速公路计划"使美国占据了信息技术产业制高点，现在，奥巴马政府又在实施"大数据研究与发展计划"，试图占领大数据的制高点，他们每次都是全员动员格局。因此，"中国亟须从国家战略高度对大数据战略做出规划，并在制度上有实质性突破。而现有的信息管理体制显然不足以适应大数据时代的需要。比如，大数据战略的规划与执行不能局限在工信部、文化部、新闻出版总署之内。如今这种各自为政的体制机制安排，与大数据的逻辑是格

---

① 张涛甫：《大数据时代的出版困局及其突破》，《编辑学刊》2013 年第 2 期。
② 同上。
③ 陈一鸣：《美国：以国家战略应对大数据时代》，《人民日报》2013 年 1 月 17 日。

格不入的。"① 因此，中国出版产业要抓住大数据时代的历史机遇，既需要基层努力，也需要顶层设计。

2. 大数据为中国出版产业发展提供的另一个机遇是商机

商业机遇是产业界最关心的问题，毕竟盈利是企业的生存和发展之道，能帮助赚钱何乐而不为呢！但是，中国出版产业的信息化建设虽然已经进行了几十年，基本现状依然是：整个行业存在着严重的信息壁垒，信息化建设既步伐缓慢，同时又存在低水平重复建设和分散化现象突出，很多出版单位自搞一套系统，并且，云计算、大数据等新型信息技术与核心业务融合程度非常有限，信息传播渠道不畅，全行业缺乏统一的资源共享、互联互通、业务有效协同的大平台。传统的出版数据库的数据信息是静态的、局限的、残缺的、封闭的，大数据时代的"数据仓库"是动态的、整体的、开放的。"大数据"的基本要求之一就是实行数据信息整合与共享，行业大数据信息平台建设可以消除现在普遍存在的"信息孤岛"现象，从而提高出版产业链协同效率。因应大数据技术应用的推动，国家有关部门在《2013 年新闻出版改革发展工作要点》中明确提出"要加强中国出版物在线信息交换（CNON1X）标准应用推广"，就是要以 CNON1X 标准为抓手，采用平台集成的方式对出版产业链各环节的数据信息进行整合与共享，建立融私有云、云有云、混合云为一体的综合性数据信息服务平台。在传统的数据库模式下，出版机构最缺乏的是读者的数据信息，而大数据、云计算、智能商务将能提供数据挖掘、数据存储、数据分析利用的解决方案。例如，作为图书出版业邻居的浙江日报报业集团在 2012 年 4 月斥资 32 亿元收购边锋浩方网络平台，这一收购行为不仅涉资规模大，而且跨界范围广，因此引人注目，业内人士认为，浙江日报报业集团斥巨资收购边锋浩方，不仅仅是要补自己网络出版的短板，其更看重的是其网络平台上活跃的 2000 多万游戏用户，这个拥有几千万用户的巨大平台既是进行分众化、对象化、可视化、互动化开发的广大市场，又是可以深入筛选捕捉用户行为、习惯、兴趣和需求，从而积累和挖掘用户大数据资源的宝藏。目前，在大数据的驱

---

① 张涛甫：《大数据时代的出版困局及其突破》，《编辑学刊》2013 年第 2 期。

动下，产业融合的趋势日益明显，互联网巨头的手伸得越来越长，不仅做硬件，也做软件；不仅卖产品，也卖服务；不仅卖图书，也卖数据；不仅涉足零售业，也开始涉及金融保险业。产业融合使行业平台规模越来越大，中国出版产业面临着新一轮产业发展的巨大商机。

3. 大数据为中国出版产业链重构提供了难得机遇

其一，大数据为出版产业链在三个维度进行重构提供了条件。在基于互联网、物联网、移动互联、云计算和人工智能的大数据时代，人类的经济活动加快进入了模块化和网络化发展阶段，模块化和网络化是分工协作进一步深化的结果，新的分工已经从线性的生产布局进入主体的网络功能分工。基于网络化、模块化的产业分工使得传统产业链中企业之间原有的价值丰度不断发生变化，利益格局的调整使得产业链中的各环节对价值创造的贡献被重新界定，价值和利润也在产业链上变化转移，而且转移的范围越来越大，转移的方式越来越多样化，转移的频率也越来越高。①

其二，基于网络化、模块化的产业重新分工使得传统产业链中企业原有的供需关系也发生了巨大的变化，在知识分工和知识共享条件下的资源开放性和外部性带来的报酬递增不断推动着产业供需链的分解和演化，产业链的核心也从成员之间的纵向关系演变为成员之间的知识关联，基于知识整合、知识共享的知识创新不断推动着产业供需关系发生革命性的变化。熊彼特提出知识创新的实质是"创新性破坏"，创新的过程是不断超越旧知识，不断创造新知识的过程，是一个破旧立新的过程。网络状、模块化产业链的形成有助于获得产业创新的"熊彼特租金"②（Schumpeter Rents），以提高产业竞争力。由于网络状、模块化的工作原理是在"可见"设计规制下进行的，不同模块的创新都是自律的、自主的。对于成型的产品，客户的个性化需求一般是对产品的某一部

---

① 芮明杰、张琰：《产业创新战略》，上海财经大学出版社 2009 年版，第 10 页。

② 熊彼特租金，亦称 S 租金，指因创新而获取暂时性垄断权，并由此而获得超额回报，这种超额回报即"熊彼特租金"。企业通过新商业、新技术、新供应商和新组织模式的创新来获得企业经济租金，这种租金通过创造性破坏或创新打破现有优势企业的竞争优势而获得，由于创新的领导者往往是企业家，并称企业家租金（Entrepren-eurs rent，E 租金）。

分、某一方面进行改进以增添个性化用途。为了满足客户个性化需求，在生产安排上可以将客户需求渗透到产品的开发设计阶段，即从产品的最终设计阶段到最后的交付，产品价值链的整个过程都有客户的参与，客户的个性化需求能够及时地、充分地得到体现。小米手机之所以短短几年就风靡全国，就在于它让用户参与从产品设计研发到销售售后的全过程，并根据用户互动反馈的意见不断改进产品。

其三，基于模块化和网络化的重新分工使原来产业链中企业之间的空间关系发生了巨大的变化，"无尺度网络"具有的网络运行的复杂性和随机性不断改变传统的生产组织结构和商业模式，出版产业空间链也在重新构建。特别是对于像出版产业这样的知识型产业来说，虚拟性、网络化、模块化组织为知识流动提供了创新平台，其组织特性特别适合知识流动和创新，因此，出版产业链是基于知识链的价值链、是基于知识链的空间链和基于知识链的供应链。在知识创新的大数据时代，作为出版产业链三个维度的出版价值链、出版供需链、出版空间链的重构就是势所必然的了。

第三节　大数据时代中国出版产业链的整合转型

出版产业链的整合与转型是指打破原有的产业分工界限，对原有的产业界限进行超越，其表现形式是产业融合，形成新业态，其驱动力是技术进步和技术创新。如在信息技术不断创新驱动下，出版产业出现了电子出版、网络出版、手机出版等新业态。手机出版、网络出版都是基于互联网、移动互联网，这种新业态就是出版产业与通信产业、互联网产业融合的结果。

一　产业融合趋势下的出版产业链整合和转型的推动因素

在产业融合的趋势下，由于产业格局的变化和竞争范围的扩大，出版产业的产业链整合成为出版企业在新形势下谋求发展的重要举措。"产业融合实际上是企业在技术支持和政策允许的前提下对利润最大化、范围经济和市场势力追求的结果。这一结果带来的产业融合趋势通过模糊产业边界、改变产业结构、影响产业布局、推动产业升级等效应对产业内企业的生产、经营和发展产生反作用。"① 产业融合的推动力有两大因素：一是技术因素，二是政策因素，如在中国，许多专业出版集团和地方出版集团的成立，将编辑、印刷、物流、销售等众多机构打包整合，有的甚至打包上市，这中间的主要推手是政府，因此，产业融合中有许多政策因素和行政手段，当然，在市场经济条件下，产业融合的强大驱动力是技术创新，技术创新的推动靠的是市场手段。在分析影响中国出版产业链整合转型的影响因素时，吴楣认为，有四大环境因素影响出版产业链建设：一是政治环境；二是经济环境；三是社会环境；四是技术环境。在谈到社会环境因素时，吴楣指出，"就全球范围来看，发达国家的出版产业链发展占有很强的优势，这其中不可忽视的事实是，在一个开放的国际出版环境中，越是强势的出版产业越能够扩大市场的占有率；相对弱势出版产业则更容易受到外来的冲击，甚至是威胁到自身存在的冲击，而我国的出版产业相对于发达国家的国际化程度极高的出版产业而言抵抗力是非常小的。但是，国际发展趋势告诉我们一个现实，那就是融入世界是一个不争的事实。"② 除了市场经济、全球化等社会经济因素，技术因素对出版产业链整合或转型的影响是众多研究最关心的问题，比较一致的观点是数字技术对出版产业链影响巨大。中国出版集团原总裁、韬奋基金全球理事长聂震宁认为，面对新技术，"个人可以放弃新技术，整个行业不能放弃。""中国传统出版业必须接受这一不可逆转的转变。"③ 技术商的攻城略地步伐越来越快，产业融合迫在眉睫。

二　出版产业链整合和转型的路径

出版产业链的整合与转型是指打破原有的产业分工界限，对原有的产业界限进行超越，其表现形式是产业融合，形成新业态，其驱动力是技术进步和技术创新。如在信息技术不断创新的驱动下，出版产业出现了电子出版、网络出版、手机出版等新业态。

---

① 班子嫣、乔东亮：《产业融合趋势下的出版产业链整合》，《科技与出版》2008 年第 8 期。

② 吴楣：《我国出版产业链建设的环境分析》，《编辑之友》2007 年第 6 期。

③ 参见屈一平《数字出版走向产业融合》，《瞭望》2013 年第 2 期。

"出版集团建设的一个重要问题就是,紧紧围绕内容的生产和提供,形成合理有效的产业链和价值链,以求对市场的全程覆盖,争取效益最大化。信息技术和产业融合使得内容产业增值能力倍增的情况下,也使得内容产业的价值链和产业链出现新的变化,产业链不再仅仅表现为垂直型,而是表现为垂直和水平相混合的复合型结构,出版集团可以根据产品内容选择多种媒体或介质,利用多种方式进行增值活动;同时出版集团也可以根据内容开发相关衍生产品,从而获得丰厚的利润回报。基于此,我们认为出版产业链和价值链的打造可以采取以下两种路径:一是多种媒体互动开发,走图书、报刊、广播电视、数字化产品开发之路,将同样内容用不同媒体形式包装转化,最大限度地推向市场和占领市场。二是围绕品牌建设,进行相关衍生产品的开发,尽可能延长产品价值链,覆盖更广泛的市场。"① 上述两种路径都有一些实际案例,第一种路径是宽口径,如将图书内容改编成电影或电视剧,有些出版集团因此成立了影视事业机构。第二种路径是拉长产业链,如将少儿图书与玩具、教具制造勾连起来,开发衍生产品扩展品牌效应。胡金星在《产业融合的内在机制研究——基于自组织理论的视角》一文中认为,产业融合包括技术融合、企业融合、产品融合、市场融合、制度融合等。② 这也就是说,产业融合是一个大概念,涉及产业的方方面面,但产业融合不是杂乱无章的,其构成要素排列有先后顺序。包鹏程在《产业融合:出版业面临的挑战与机遇》一文提出产业融合路径,如图 1 - 1 所示。③

从以上路径图可以看出,技术融合是推手,技术融合推动了产品服务融合和市场融合。班子嫣、乔东亮认为,出版产业链整合的路径有三种模式:一是基于内容的横向整合;二是基于价值链的纵向整合;三是基于收益与风险规避的多元整合。④ 基于内容的横向产业链整

① 陈昕:《出版业需要在产业链上下功夫》,《市场报》2005 年 6 月 17 日。

② 胡金星:《产业融合的内在机制研究——基于自组织理论的视角》,博士学位论文,复旦大学,2007 年。

③ 包鹏程:《产业融合:出版业面临的挑战与机遇》,《出版发行研究》2009 年第 7 期。

④ 班子嫣、乔东亮:《产业融合趋势下的出版产业链整合》,《科技与出版》2008 年第 8 期。

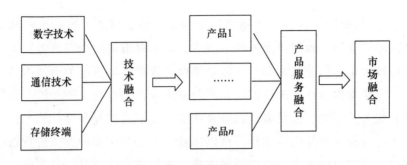

图 1 - 1　产业融合路径

合是多媒体整合，即出版传媒业、电信业、广播电视业、互联网产业之间相互渗透导致传播方式的多样化，而且这种横向产业链整合是跨国传媒集团发展的重要形式，如有"传媒帝国"之称的新闻集团拥有175 家报纸、20 多家杂志社和一家图书出版社（柯林斯出版社）。还拥有卫星电视、美国福克斯电视网、20 世纪电视公司、英国天空电视台、亚洲 STAR、亚洲卫视以及 20 世纪福克斯影业公司。基于价值链的纵向整合路径向前端整合进入第二产业，控制造纸、油墨、印刷设备等原材料生产厂家，向后端整合则是创办自己的发行公司以及影视院线机构，同时还会控制广告公司以完成信息产品的二次售卖。基于收益与分散风险的多元整合则主要是通过资产重组以及整合关键资源进入投资回报率较高的部门，开展跨行业的多元化经营，如传媒集团通过投资进入银行、保险、证券等金融行业，或通过投资进行房地产、物流等行业。多元整合是基于资本投资的整合，要求投资主体有较强的资本运营能力，资本运营虽然投资回报率高，但经营风险和市场风险也高，高回报与高风险是同时并存的，因此，这种模式适用于出版集团等大公司。

三　数字出版产业链整合与转型

数字出版产业是出版产业的新业态，也是学术界和出版产业界研究讨论的重点领域之一。

一是关于数字出版产业链与传统出版产业链的区别。两者的区别在于，"两者在生产方式、内容呈现方式以及销售、阅读方式上的不同，都是由技术差异造成的。数字出版依赖通信技术、网络技术、计算机技术等更加先进的技术环境，因而其生产业态及产业链变得更加复杂。"① 数字出版产业链的特点主要有：其一，出版模式多样化；其二，参与主体复杂化；其三，内容增值技术化。王燕梅等在比较数字出版产业链和传统出版产业链后指出两者的不同之处（如图 1 - 2 所示）。②

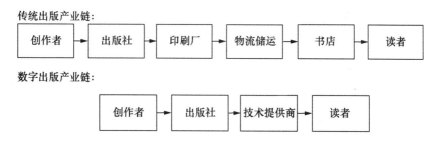

传统出版产业链：

创作者 → 出版社 → 印刷厂 → 物流储运 → 书店 → 读者

数字出版产业链：

创作者 → 出版社 → 技术提供商 → 读者

图 1 - 2 传统出版产业链与数字出版产业链

由于数字出版的兴起，传统出版产业链将面临巨大冲击，除了出版社将实行多媒体出版外，图书物流、书店、图书馆都将面临冲击，其从业人员也将面临转行和失业的压力。

二是关于数字出版产业链的高技术特征。"数字出版产业链随着内容生产和传播方式的变化而发生很大变化，出现一些新特点。"③ 首先是出版环节趋向简约。出版环节的简约表现为两种模式：四环节模式（作者＋传统出版＋网络平台＋终端读者）、三环节模式（作者＋网络平台＋终端读者）。四环节模式是目前数字出版的主流模式，其优势是有利于保护版权和商业盈利。三环节模式由于省去了出版机构这一环节，其版权保护问题不好解决，同时商业化程度也不高。其次是内容增值技术化。内容是出版业的基础，但内容必须依赖技术实现它的传播和增值。最后是物质载体的置换。数字出版运用声、光、电等新技术，传播速度快，视觉效果好，因此数字出版是出版载体的革

① 周利荣：《我国数字出版产业链整合模式分析》，《出版发行研究》2010 年第 10 期。
② 王燕梅等著：《出版发行产业链研究》，中国经济出版社 2009 年版，第 3 页。
③ 周利荣：《数字出版产业链整合：技术转化是关键》，《编辑之友》2011 年第 3 期。

命性变革。

三是关于数字出版产业链的整合途径。目前主要观点主张四途径：第一是内容整合。即从横向整合数字内容提供商，加强合作，防止选题重复，建立数据共享机制，开发出高质量、适应市场需求且可供数字出版的资源，充分发挥内容提供商在选题、编辑、内容深加工方面的核心优势，提高在整个产业链中的话语权。第二是渠道整合。即从纵向角度打通产业链中的不畅通环节，加强分工协作，防止功能重复，构建协作标准化平台，建立合理的利益共享机制。第三是技术整合。技术整合数字出版产业链主要从横向上一方面整合数字内容出版商，实现数字出版产品数据格式的一致性，改变目前因格式不一致导致读者阅读成本过高，阅读方式不便；另一方面整合数字技术提供商，加强集成研发，防止重复研发，浪费资源。中国现有的数字出版产业链还在动荡中，难以实现真正的联盟和分工，也没有统一的能让整个产业都可以接受的技术标准，技术整合的路还很长。第四是资本整合。即以资本为纽带，以市场为导向，以建立现代数字出版产业集团为目标，对现有出版企业采用联合、重组、兼并等形式进行股份制改革，充分利用国有、民营、外资三种资本，打破条块分割、地区垄断、渠道不畅的局面，实现数字出版企业产权结构的多样化、投资主体的多元化，充分发挥规模经济的优势，有力地参与国际竞争。资本整合能促进体制创新和运行机制创新，有利于发挥资本的市场化效益，提高市场占有份额。

数字出版产业链整合的四种模式，实际上是内容资源、渠道资源、技术资源、资本资源等要素整合的不同路径，具体到不同的出版机构，有的可能选择某一条路径，有的可能多管齐下，同时开展几个方面的整合。除了从资源整合的角度探讨数字出版产业链整合模式之外，还可以具体从技术权力主导的视角探讨数字出版产业链整合问题。周利荣认为，有三种基于技术的数字出版产业链整合模式：① 一是信息技术运营商主导的整合模式。如北大方正、万方数据、盛大网络、中文在线等高新技术型 IT 企业通过技术整合不仅向上游集成获

---

① 周利荣：《数字出版产业链整合：技术转化是关键》，《编辑之友》2011 年第 3 期。

取作者和传统出版业的内容资源，而且向下游联系各家手持阅读终端商，有些已经初步完成了由自身主导的产业链模式的整合。二是终端商主导的产业链整合模式。如汉王、大唐、微星、华为、华硕、易博士等电子书生产厂商通过整合集成内容资源大量销售电子书。2010 年的销售量为 300 万台，比 2009 年的 80 万台翻了 3—4 倍，增速惊人。汉王还不惜重金构建数字化内容平台——汉王书城网站，把业务由终端商向数字出版运营商拓展，并仿照 iPad 的经营方式，把书城打造成一个网络运营服务平台，为上游内容提供商提供数字化图书出版平台，也为下游用户提供电子书的内容资源。在策略上，汉王让利内容商，采取"内容商定价、一书一密、二八分成（汉王二，内容商八）、免费加工"的合作模式，深得内容商认可。三是出版商主导的整合模式。如上海世纪出版集团与上海新汇光盘（集团）有限公司和上海联合投资有限公司合作创建易文网，从事数字出版业务。易文网不同于一般性的宣传性出版社网站，而是以内容创新为主，努力主导和整合数字出版产业链，打通内容提供者、技术开发者、硬件销售者等上中下游各个关键环节，探索全盘运作的数字出版模式。

四　大数据与出版产业链的改变

新技术引起出版产业链重新建构一直都是出版业发展的历史轨迹，大数据必然引起出版产业链重新建构这也是历史的趋势。贾森·爱泼斯坦认为，"我们所预测的是一种转变范例，在这种转变中，新技术将以大量完全不同的方式影响世界。这种转变潜在的意义就是，其影响有可能超过 500 年前发明活字印刷所产生的冲击。"①

1. 大数据催生并加快出版产业的跨界整合

中国传统的出版产业链是边界清晰的产业构造，作者、出版社、印刷厂、新华书店、读者之间的上中下游产业链关系清晰、明确。但在大数据时代，产业跨界整合问题对传统的出版业态形成巨大冲击。当前讨论和研究最多的是产业整合问题。产业跨界整合是指一些企业以核心业务为主业，向上游产业链和下游产业链延伸，产业延伸的过程既是开设新公司的过程，也是兼并老公司的过程。在大数据浪潮冲

---

①　［美］贾森·爱泼斯坦：《图书业》，中国人民大学出版社 2006 年版，第 4—5 页。

击下，出版传媒产业也出现了整合趋势，互联网巨头亚马逊本是做图书出版物销售发行的，在历经磨难站稳脚跟后，开始拓展产业领域，一面向出版行业各环节全面纵深进军，一面向全球商品目录销售领域进军。① 中国的互联网巨头，如阿里巴巴、腾讯、京东等，也都是不甘寂寞的玩主，它们向金融业、保险业、出版业扩展的势头不可小觑。王亚非指出，在大数据时代，出版产业面临"越来越多从其他行业转型或扩展而来的信息服务商的蚕食"②，这绝不是耸人听闻。目前，国家已经允许没有特许出版权的商业机构投资经营对外出版和网络出版，有特许出版权的出版机构的经营地盘面临被蚕食的危险。若干年后，我们可以看到，不是出版传媒机构整合别人来壮大自己，就是被早就盯上出版产业利润的其他机构整合，在大数据时代，谁占有数据，谁就占据了整合的先机。而跨界整合的加速，将改变原有的新闻出版业态。如浙江日报报业集团在 2012 年 4 月斥资 32 亿元收购边锋浩方网络游戏公司，既有利用用户信息获取有效数据的意图，也有开展网络游戏业务获取利润的成分，这种跨界整合看似不务正业，但实际上是大数据时代新闻出版业态转型的表现。

2. 大数据促使传统出版传媒产业链解构

传统的出版传媒产业链是线性的、单一的链状结构，大数据条件下的出版传媒产业链是网络复合结构。"在传输环节中，网络融合带来庞大的网络，这些网络和媒体强调的就是'互动'；在终端服务环节，一个巨大的市场正在形成，平台化成为信息沟通、交流、获取和生产的全新模式。"③ 出版产业链面临解体和重构与"全媒体"的发展密切相关，全媒体的突出特征是三网合一和三屏合一。三网合一和三屏合一是基于互联网、移动互联网、云计算、大数据、人工智能等高新科技的技术实现，促使出版传媒环境出现内容无限丰富、传播渠道高度互动、数据信息平台化的革命性变化，全媒体的上述核心要素

① 赵国栋等著：《大数据时代的历史机遇》，清华大学出版社 2013 年版，第 199 页。

② 王亚非：《大技术与大数据时代坐标下的出版产业》，《中国出版传媒商报》2013 年 8 月 27 日。

③ 黄升民、刘珊：《"大数据"背景下营销体系的解构与重构》，《现代传播》2012 年第 11 期。

的呈现，将解构传统出版传媒产业链。

3. 大数据时代出版产业链的多维媒介空间

大数据时代出版产业链的多维媒介空间是指纸质版、网络版、手机版三个媒介空间。① 这里的"三维空间"和出版产业链的价值链、供需链、空间链三维结构不是一个概念。"三维空间"关系链是微观层面的，和我们所讨论的出版产业链三个维度不是一个层面的问题，但其基本思路是大数据的思路，即通过三个媒体空间的关系链平台，挖掘用户数据，掌握用户心理和行为，实现精准营销，构建基于不同媒体空间的盈利模式。

4. 创建大数据出版模式

（1）关于"大数据出版"的"猜想"。任何高新技术的出现都不是为了拿来当花瓶做摆设的，大数据技术应用就是为了更好、更多地创造价值。大数据技术的应用有可能改变原有出版模式，创造一种新的"大数据出版"模式。王明亮②提出关于"大数据出版"的"猜想"，认为如果将每一条数据"出版"到基于互联网、移动互联网、物联网的更大的大数据云层中，大数据的内容将与整个虚拟社会融合到一起，而无处不在。

关于创建大数据出版模式，新华文轩在线电子商务有限公司进行了有益的尝试，新华文轩的大数据战略是将供应链做细做深，做成小而美的供应链，旗下的九月网主营数字出版物，文轩网主营纸质版图书。新华文轩不仅自建网站，还和当当、亚马逊合作；不仅是合作开店，还做后台，通过线上线下联动，打造更深更细的供应链。

（2）从内容供应商向服务提供商的转变。在互联网和大数据时代，加强与读者进行积极互动，使其 App 用户量不断上涨，这是出版商与互联网巨头都在做的事。出版业以后的卖点不是内容而是服务，出版商要从内容供应商向服务提供商进行转变。读者买书是要买书里面能为他所用的价值；学生买书是为了学习考试，我们可以开办培训

---

① 程忠良：《大数据时代出版业"三维空间"关系链一体化经营策略分析》，《编辑之友》2013 年第 9 期。

② 王明亮：《关于"大数据出版"的一些体会和猜想》，《中国新闻出版报》2013 年 8 月 29 日。

课程让他们更容易理解书上的内容；学者买书是为了研究，我们可以举行专题讲座让他们畅所欲言，自由交换观点；工人买书是为了工作，我们可以请老师傅进行现场演示让他们更快地掌握要领；农民买书是为了种田，我们可以请专家到田间进行技术指导让他们获得更好的收成；商人买书是为了买卖，我们可以举办交易会让四方来客会聚于此，大家互通有无。服务不分线上线下，以让用户满意为宗旨。只有让用户满意了，才能赢得口碑，有了口碑，就能先于竞争对手拥有数量庞大的用户，成为出版产业的领导者与出版产业链的组织者。①

（3）出版价值丰度的变化。大数据改变传统出版产业链的突出表现是出版价值丰度的变化。大卫·芬雷布指出，大数据技术使得收集、储存、分析数据的方式变得更有效率，而收集、储存、分析数据的价格却不断下降，需求却"蒸蒸日上"②，这种带讽刺的关系正如所谓的"杰文斯悖论"。③ 需求上升是市场份额，价格下降是市场竞争力和竞争优势。美国哈佛商学院著名战略学家迈克尔·波特在《竞争优势》一书中指出，企业获得竞争优势有两个来源：一个是企业内部价值链，另一个是企业外部价值链，企业内部和外部价值增值活动具体表现为企业基本活动和支持性活动，基本活动的主要环节有研发设计、原材料进货、产品生产、产品销售、售后服务等。支持性活动的主要环节有人力资源支持、财务支持、物流支持等。基本活动和支持性活动构成了企业的价值链。不同的企业参与的价值活动中，并不是每个环节都创造价值，实际上只有某些特定的价值活动才真正创造价值，这些真正创造价值的经营活动，就是价值链上的"战略环节"。④ 也就是说，竞争优势并不是在所有环节上都占有优势，本质上是指企业在价值链上的某些特定战略环节占有优势。波特基于价值链的分析框架来确定企业的核心竞争力，就是通过对价值链各个环节的价值丰度的分析找出企业的竞争优势。波特关于竞争优势的分析对出版企业也是适用的，如美国的马克劳希尔公司与英国的培生

---

① Michael Porter, *Competitive Advantage*, 1985.
② ［美］大卫·芬雷布：《大数据云图》，浙江人民出版社 2014 年版，第 45—48 页。
③ 杰文斯悖论是经济学家通过观察工业革命得出该悖论，并且以他的名字命名。
④ ［美］迈克尔·波特：《竞争优势》，华夏出版社 2005 年版，第 68 页。

集团垄断了全球的教育出版资源，德国斯普林格出版集团则掌握了全球的专业出版资源，而亚马逊的网上书店则占据了美国图书零售的线上渠道。这些都是出版企业为了占据竞争优势成为价值链上的战略环节的实际例子。但一个出版企业的兴盛并不意味着出版产业的繁荣，至少带不来出版产业可持续性的发展。

（4）"双赢"或"多赢"的出版生态。出版产业是一个生态链，某一环节过于强大而其他环节的凋敝会导致整个链条的断裂，覆巢之下焉有完卵！任何出版企业离开了出版业这个大环境都无法独自生存下去！以往的出版产业链组织者都在信息互通与利润分配上没有顾及出版产业链其他节点利益，形成赢者通吃的局面，导致出版产业链的生态严重失衡，最终所谓的赢者也不过是昙花一现的历史过客。出版产业链的和谐发展在于产业链上各节点的信息互通与关键节点对产业链的反哺（保护产业链上的非关键节点）。产业链上各节点的信息互通能让产业链上的关键节点更好地整合资源服务与市场，关键节点对非关键节点的利润维护能让产业链各个节点更加紧密合作，团结共赢。出版产业链上各节点要想信息互通需要建立开放的产业公共信息平台，出版产业链的组织者应及时发布相关市场信息而各节点企业也应及时更新自己的活动状况，这样出版产业链上的信息才能流畅；而出版产业链的占据主导地位的企业要想对产业链上处于非主导地位的企业的利益进行维护，就得给非关键节点企业留下足够的盈利空间，而这与价值链的竞争优势理论是相悖的。为此，出版产业链的关键节点企业要有牺牲小我成就大我的胸襟，而这种大胸襟建立在对自我能力极大自信的基础上。要想有大自信就得把握大势，要想把握大势就得从纷繁复杂变化多端的大数据中去寻找。大数据也是从一个个小数据中来的，把出版产业链中的一个个具体的节点问题都分析清楚了，那么出版产业链这个大数据问题也就没那么困难了。从出版产业链的大数据中来分析一个个具体的节点问题，从文化产业链这个更大领域的大数据中去分析出版产业链一个个具体的节点问题，我们将清晰地看到出版产业链各个维度之间的关系。

第二章　大数据与出版产业链
相关理论实践问题

人类出版发展史始终和科技进步密切相关，出版产业的每一次重大转型都是技术革命推动的。在信息技术革命进入以互联网、移动互联网、物联网、人工智能、云计算为基础的大数据时代后，出版产业必将迎来一次新的产业变革。"每一次新的技术革命都会催生出很多机会，抓住机会，即可弯道超车，后来居上。对于转型中的中国是如此，对于转轨中的中国出版业也是如此。"[1] 虽然每一次出版产业转型都由新的技术革命推动，但具体到大数据时代，时代条件和出版产业结构以及产业发展的内生动力都具有与以往不同的特征，因此，我们讨论大数据时代中国出版产业链的重构问题首先应该对大数据与出版产业链相关理论实践问题进行理论解释。

第一节　大数据与出版产业链主要
概念和理论支撑

一　概念界定

（一）大数据

1. 大数据的定义

关于大数据概念的界定，虽然有不同表述，但一般采用著名咨询公司麦肯锡在 "Big data: The next frontier for innovation, competition, and productivity" 报告中给大数据下的定义：大数据指的是大小超出

---

① 张涛甫：《大数据时代的出版困局及其突破》，《编辑学刊》2013 年第 2 期。

常规的数据库工具获取、存储、管理和分析能力的数据集。[①] 这一定义强调大数据是巨量的数据集，突出的是"大"字，即体量大。同时，赵国栋等认为，大数据还应突出强调其功能，因此，大数据应定义为："大数据是在多样的或者大量数据中，迅速获取信息的能力。"[②] 这个定义突出强调的是"能力"，强调大数据功能强大，强调大数据的核心能力是发现规律和预测未来。

中国工程院、世界科学院院士李国杰[③]，国务院物联网领导小组组长、中国工程院邬贺铨院士[④]，《大数据》一书的作者涂子沛[⑤]都认为，大数据是指那些体量巨大的数据和全面整体的数据，体量巨大是其大小已经超出了传统意义上的尺度，传统的软件工具难以捕捉、存储、分析、处理。全面整体是其数据集对事物的产生和发展有完整的记录和处理过程。

2. 大数据的特性

关于大数据的特性，虽然表述各有不同，但都强调大数据体量巨大、速度快、多样性的特点。而且在谈到大数据之"大"时，反复强调"大"并不仅仅指体量大，而是还包括数据的完整性和数据的价值性。不运用大数据技术挖掘分析数据的价值，数据体量再大也是"数据废气"，同样，不运用大数据技术提高数据的整体性，数据再多也价值不大。有些数据集可能体量并不大，但只要数据完整性好，包含了所有数据，也可以叫作大数据。也就是说，大数据本质上是一种全数据模式。关于大数据的特性，主要有三种观点：第一种观点认为，大数据具有 3V 特性，3V 特征即 Volume（体量大）、Volocity（速度快）、Variety（样态多），这一观点最早由美国哈佛商学院教授托马斯·达文波特提出，得到中国一些学界和企业界人士认同。[⑥] IBM 也把

---

① 赵国栋等著：《大数据时代的历史机遇》，清华大学出版社 2013 年版，第 20 页。

② 同上书，第 21 页。

③ 李国杰等著：《大数据研究：未来科技及经济社会发展的重大战略领域》，《中国科学院院刊》2012 年第 6 期。

④ 邬贺铨：《大数据时代的机遇与挑战》，《求是》2013 年第 4 期。

⑤ 涂子沛：《大数据》，广西师范大学出版社 2013 年版，第 57 页。

⑥ 张建设：《大数据悖论》，《中国计算机报》2013 年第 16 期。

大数据特性概括为 3V，贾利军、许鑫也认同 3V 特征观点。① 第二种观点认为，大数据具有 4V 特性，李国杰院士②、倪光南院士③认为，大数据的特点可以用 4 个 V 概括，即 Volume、Velocity、Variety 和 Value（价值巨大但密度很低）。第三种观点认为，大数据有 5V 特征，5V 特征是在 4V 基础上加上 Veracity（真实性）。5V 特征最先由 IDC（国际数据公司）和 Teradata（天睿公司，美国前十大上市软件公司之一）提出，④ 也得到中国一些研究人员认同。《中国电子科学研究院学报》编辑部的文章提出大数据特点是 "4V + 1C"，即 Variety（多样化）、Volume（海量）、Velocity（快速）、Vitality（灵活）、Complexity（复杂）⑤，则是对大数据 5V 特征观点的另一种表述。

3. 大数据的价值

当前学界的讨论主要集中在两个方面：

第一个方面，大数据的核心价值，比较一致的观点认为，大数据的核心价值是预测。现代管理学之父德鲁克曾说过，预测未来最好的方法，就是去创造未来。自维克托·迈尔—舍恩伯格提出："大数据的核心就是预测"以后，这一观点就被广泛接受。大数据预测能力来自数据挖掘，数据挖掘技术的成熟又是基于云计算、人工智能、移动互联网等高新科技的技术进步。大数据应用则是帮助企业提高预测力或洞察力的有效利器。也就是说，大数据的核心价值是基于预测的决策，决策行为的依据是基于数据和数据分析，而不是像过去那样是依靠决策者的经验和直觉。张建设、李志刚⑥认为，大数据的预测价值，就在于通过数据挖掘、数据分析处理来预测事物未来趋势，并提出解

---

① 贾利军、许鑫：《谈 "大数据" 的本质及其营销意蕴》，《南京社会科学》2013 年第 7 期。

② 李国杰：《大数据研究：未来科技及经济社会发展的重大战略领域》，《中国科学院院刊》2012 年第 6 期。

③ 倪光南：《关于大数据》，《高科技与产业化》2013 年第 5 期。

④ 张建设：《大数据悖论》，《中国计算机报》2013 年第 16 期。

⑤ 中国电子科学研究院学报编辑部：《大数据时代》，《中国电子科学研究院学报》2013 年第 2 期。

⑥ 张建设、李志刚：《大数据：大价值、大机遇、大变革》，电子工业出版社 2012 年版，第 54 页。

决方案。大数据的预测能力是全方位、多方面的，可以进行粮食生产趋势预测、天气预测、传染病预测、经济形势预测等。

　　第二个方面，除了大数据核心价值以外，大数据还具有其他方面价值。高白光①认为，大数据价值表现为三个方面，即信息挖掘、用户挖掘、关系相关。国家工业和信息化部通信科技委原副主任陈如明②认为，"大数据带来的价值"有五个方面：一是深度挖掘流量与数据价值。二是在多业务环境下掌握用户体验效果，实施精准营销。三是运用大数据作为决策支撑，应用于企业的日常运营和战略转型中。四是充分利用大数据应对新型安全威胁。五是利用大数据减少欺诈行为及错误数据的负面作用。赛迪智库在提交给国家工业与信息化部的研究报告中认为，大数据的价值表现在下列三个方面：其一，能提供更多的有用信息；其二，能让信息管理系统的效率更高；其三，能提供更真实可信的信息。③

　　4. 大数据的产业应用

　　（1）关于大数据的产业应用领域。邬贺铨院士④认为，大数据的应用领域涉及各行各业，在工业领域，企业可以运用大数据分析管理采购和库存，应用大数据分析客户需求实现精准营销；在农业领域，从业者可以利用天气和其他环境数据预测农场来年产量，定制个性化保险；在商业领域，商家可以通过大数据分析顾客购物习惯，细分顾客群体；在金融领域，金融机构可以根据大数据分析来了解投资者的意向，为公司决策股票投资方向提供支撑。大数据的应用领域广泛与其高度智能化有关，由此产生出智能商务、智能政务、智能制造等新形态。

　　（2）关于大数据在文化产业的应用。向远之⑤在《不要小看大数据对文化创意产业的颠覆》一文中认为，目前国产文化创意产业已经出现了初步依据大数据的迹象。例如万达院线就将数据库作为重要的核心资产，在 2013 年年底建立的会员数据库就达到 600 万，而万达刚刚并购

---

①　高白光：《大数据做的三件事》，iheima. http：www. bkpcn. com，2013 年 6 月 13 日。
②　陈如明：《大数据时代的挑战、价值与应对策略》，《移动通信》2012 年第 17 期。
③　赛迪研究院：《人才，还是人才，才是我们不断前进的动力》，www. ccidthinktank. com。
④　邬贺铨：《大数据时代的机遇与挑战》，《求是》2013 年第 4 期。
⑤　向远之：《不要小看大数据对文化创意产业的颠覆》，《钛媒体》2013 年第 7 期。

的美国院线 AMC 会员数据库人数达到 400 万。文化创意产业是一个产业大类，出版产业也是文化创意产业的重要组成部分，影视业对大数据应用的重视，对出版业的大数据应用也是一个很好的示范与启示。

（二）出版产业

这里之所以将"出版产业"也作为核心概念进行界定，是因为出版产业有广义与狭义之分，而本书讨论的出版产业是指狭义的出版产业。

1. 广义的出版产业

广义的出版产业是指新闻出版业，包括图书出版、电子出版、音像出版、报纸出版、期刊出版、网络出版以及相应的印刷复制业、物流业、广告业和发行业。国家在管理出版产业时，一般实行出版资质管理并设立出版机构。出版资质包括图书出版资质、报纸出版资质、期刊出版资质、电子出版物出版资质、音像制品出版资质、网络出版资质等。出版机构包括图书出版社、电子出版物出版社、音像出版社、报社、期刊社、网站（拥有出版资质）。

2. 狭义的出版产业

狭义的出版产业是指图书出版、数字出版、音像出版和网络出版，而不包括报纸出版和期刊出版。在中国，由于长期实行计划经济体制，报社一般设立到县一级，因此报纸数量和报社最多，期刊一般办到地市司局一级，因此期刊数量和期刊社次之，出版社一般设立到部委省市（直辖市或计划单列市）以及重点高校，因此出版社的数量相对较少。虽然现在有些大型的报业集团和期刊集团也拥有图书出版、数字出版、音像出版和网络出版资质，也在从事图书出版、数字出版、音像出版和网络出版的业务，但是，绝大多数出版社不拥有报纸出版和期刊出版的资质，因此，出版社和报社、期刊社的交集较少。本书讨论的出版产业是指狭义的出版产业，就是从这个方面考虑出发的。

（三）出版产业链

1. 出版产业链概念

出版产业链是由产业链的概念引申而来的，因此，产业链是讨论出版产业链时不可回避的一个前置性概念。关于产业链的概念，学界有各种不同表述，这源于学者研究产业链的出发点不同：有的基于波特的价值链理论，有的基于产业关联理论，有的从经济学的视域出发，有的从管理学的视域出发，有的从企业微观运行的视域出发，有的从产业发展的宏观视域出发。同时，产业链本身是个复杂性系统，关联内容很多，有产品关联、信息关联，还有价值关联，这都会造成产业链的概念界定出现不同的层次。综合各种观点，本书认为，"产业链是建立在波特价值链基础上的、由不同的产业企业所构成的一种空间组织形式，是相互独立的企业之间的连接，通常是指不同产业中企业之间的供给与需求关系。"① 这个概念界定中，包含了"价值链"、"空间组织形式"、"供给和需求关系"三个方面，应该说概括了产业链的整体内容。上述三个方面正好揭示了产业链的三个维度，即价值链、供需链、空间链。本书选择使用三维度说。即认为产业链包含供需链、价值链、空间链。

本书使用的出版产业链概念，是方卿教授界定的定义，即出版产业链"是指以出版价值链为基础的具有持续追加价值关系的出版关联企业组成的产业联盟"。② 或者简单地讲，出版产业链就是出版关联企业基于出版价值增值所组成的产业联盟。出版产业链的基础和归属是出版产品与出版服务的价值增值，出版产业链的表现形式是出版关联企业组成的产业联盟。或者说，出版产业链是指在出版的规模生产中，为实现出版物的生产、复制、发行而不断追加资本、劳动，在形成价值链的基础上由不同的企业、组织等形成的各种经济关系。简单地讲，出版产业链就是出版关联企业基于出版价值增值所组成的产业组合。

关于出版产业链的概念，方卿教授、③ 班子嫣、乔东亮④认为，"出版产业链是指以出版价值链为基础的具有持续追加价值关系的出版关联企业组成的企业联盟。或者简单地讲，出版产业链就是出版关联企业基于出版价值增值所组成的企业联盟。"这一概念包含两层意思：一是出版产业链的基础和归属是价值增值；二是出版产业链的表现形式是关联

① 刘刚：《基于产业链的知识转移与创新结构研究》，《商业经济与管理》2005 年第 11 期。

② 方卿：《论出版产业链的基本属性》，《出版科学》2006 年第 4 期。

③ 方卿等著：《出版产业链研究》，高等教育出版社 2011 年版，第 34 页。

④ 班子嫣、乔东亮：《产业融合趋势下的出版产业链整合》，《科技与出版》2008 年第 8 期。

企业组成的企业联盟。显然，关于出版产业链的概念借用了产业链的概念，是产业链概念在出版产业的延伸，强调的是产业链的价值增值属性和企业关联属性。出版产业链的价值增值属性表现为出版价值链，出版产业链的企业关联属性分为供求关系关联和空间关系关联，表现为出版供需链和出版空间链。

在讨论出版产业链的一些文本中，较多的研究是关于数字出版产业链的概念问题。数字出版作为出版产业的一个重要组成部分和新业态，其发展日益迅猛，相关的理论研究日益增多。覃琴[①]认为，"数字出版产业链，主要是由完全独立的数字出版关联企业组成，包括内容供应商、技术服务商、渠道运营商、市场终端等以及用户所构成的一种长期的战略联盟关系。"这里，作者强调数字出版产业链是一个联盟的概念，联盟企业独立运营，价值丰度不一，只有各环节通力合作才能实现产业共赢。

2. 出版产业链的类型

产业链分类研究，属于产业链基本理论范畴。关于出版产业链的分类，陈昕[②]认为，有两种主要类型：一是生产者驱动型，这类出版产业链的组织者主要是大型出版集团。二是购买者驱动型，此类出版产业链的组织者是市场营销企业。在中国，教育出版与大众出版的区别在于对内容资源的掌控不同，教育出版具有较强的行业垄断性，渠道运行的行政化色彩较浓，如中小学教材的出版发行一直以来都是政府行为，实现义务教育教材免费供应后，新教材都由政府财政埋单，更是加强了教育出版的集中度和集成性。

二 理论支撑

（一）出版组织理论

出版产业的运行和发展是以出版组织为基础和载体的，出版组织是根据既定目标运用优势专业资源进行出版物生产的结构化组织，出版组织一直以来都存在着定性问题，即出版社是一个文化组织还是一个商业组织？出版是文化行为还是商业行为。在美国，自 1639 年第一本书在

---

① 覃琴：《我国数字出版产业链构建问题分析》，《青春岁月》2012 年第 22 期。
② 陈昕：《加快出版产业链和价值链的建设》，《编辑学刊》2004 年第 3 期。

马萨诸塞州出版和印刷以来，这个问题一直纷争不断，美国学者阿尔伯特·N. 格莱科、克拉拉·E. 罗德里格斯、罗伯特·M. 沃顿用了近三年时间，拜访了数百名出版人士，参观了数百家书店，并与相关研究人员进行了广泛交流，对美国出版业的现状与未来趋势进行了社会学和经济学的分析，最终，他们得出结论：图书出版过去是、现在是、将来依旧是文化行为和商业行为的结合，出版社是文化组织和商业组织的复合体。[①] 在计划经济时代，中国的出版社长期是非营利性的文化组织，随着计划经济向市场经济转型，绝大部分出版社从事业型组织向以营利性为目标的企业型组织转变。因此，中国出版组织与世界各国的出版组织一样具有文化组织与商业组织的双重属性。

出版组织的双重性决定了出版社运行既要遵循文化规律，又要遵循市场规律。从文化规律的角度讲，文化具有相对独立性，因此，出版文化活动要注重积累和传承，积累和传承需要有文化自信和文化自豪，同时，文化又具有传播性，因此，出版文化活动需注重交流和创造，交流和创造需要文化自觉和文化创新。从市场规律的角度讲，出版商业活动需注重资源的市场化配置，而资源配置方式的变化必然导致出版组织结构的改变。

长期以来，出版产业组织虽然保持文化与商业两重性，但其组织运行模式却随时代的发展而不断发生改变，出版组织运行模式的转型相应会引起出版产业链的重构。在影响出版产业组织变革的产业组织理论中，迈克尔·E. 波特的五种力量理论是影响力最大的一种。

（二）文化产业理论

出版业不仅具有信息传播特征，而且还具有文化创意特征，文化产业研究的历史表明，出版业是一个历史悠久的文化产业领域。法兰克福社会学派的阿多诺（Adorno）与霍克海默（Hockeimer）在《启蒙的辩证法》中首次提出了"文化产业"概念，主要针对的就是具有大量复制特征的出版业与印刷业。

文化产业具有两个最明显的特征：一是作为文化产业成果的文化产

---

① ［美］阿尔伯特·N. 格莱科、克拉拉·E. 罗德里格斯、罗伯特·M. 沃顿：《21 世纪出版业的文化与贸易》，中国人民大学出版社 2010 年版，第 3 页。

品既具有一般商品属性，又具有意识形态属性。一般商品属性要求按市场规律组织生产和经营，意识形态属性要求行政监管，这决定了出版行业具有市场行为和政府行为两重性。二是文化产业属于创意产业。在英国，文化产业原本就叫创意产业。创意依赖的是人类的智慧，而不是像其他物质生产部门那样更多地依赖于各种自然资源。英国所界定的创意产业涉及五个方面的基本内容，其中"个人的天才"就是界定创意产业的首要依据。现在出版业中的一个重要模块是游戏出版，游戏就是典型的虚构创意产品。发展文化产业，就是要最大限度地发挥人的聪明才智、开发人的智力资源，同时要建立和完善保护创意成果的出版权和知识产权制度。

在文化产业理论研究中，学者们根据出版业在文化产业中的不同地位提出了不同的观点，主要有：一是大卫·索斯比"同心圆体系"中关于出版业的地位划分。二是花建"同心圆"和"创意核"理论关于出版业的地位划分。三是国家统计局《文化及相关产业分类》中关于出版业的地位划分。国家统计局将文化产业分为三个层次，即核心层、外围层、相关层。核心层主要包括新闻、广播、电视、电影、戏剧、展览服务，出版发行和版权服务，文化艺术服务等。外围层主要包括网络文化服务、文化娱乐服务、文化休闲服务等。相关层主要包括文化衍生用品、文化服务设备、文化服务设施、文化休闲场所、文化产品销售等。[1] 国家统计局的分类是官方统计分类口径，这个体系将出版发行和版权服务定位为文化产业的核心层，表明了政府职能部门的官方看法，代表了政府对出版产业在文化产业体系中所处地位的态度。

出版业作为文化创意产业的重要组成部分，具有内容为王的行业特征，因此，出版业的发展要遵循文化产业发展的一般规律，如既尊重创作自由又当好"守门人"相统一的规律；既追求经济效益又讲求社会效益相统一的规律；既传承文化精品又不断地与文化创新相统一的规律。同时，出版业的发展要不断与时俱进，特别是面对大数据等新技术革命的挑战，出版业要融入最新科技成果，既要进行内容创新，也要进行形式创新。

---

① 方卿等著：《出版产业链研究》，高等教育出版社 2011 年版，第 7 页。

（三）传播模式理论

传播模式是指研究传播过程、性质、效果的公式。卡尔·多伊奇在1966年出版的《政府的神经》一书中专门讨论过社会科学模式建构的意义和功能。首先，模式具有建构功能，能够将对象系统化、模块化，能够对系统内部和系统之间的要素和关系进行规制和有序化，能够对事物的整体形象和各种不同的特殊状态图景进行建构。其次，模式具有解释功能，能够帮助我们理解一些用其他方式可能解释不清楚的相当复杂或含糊的信息。从本质上说，模式是一种人为设想的具有主观目的性的象征性图示，既是人们思想观念的一种表达形式，也是人们阐述对客观事物认识的一种研究范式。同时，在人们的思维空间中构想出来的模式却具有与它所表现的现实客观体系相同的结构属性。传播模式将传播过程中展开的系统诸要素有序化、图示化，帮助人们厘清系统内现实存在而又杂乱无章的各种关系，实现人的主观对客观关系的建构，从这个意义上来说，传播模式既是合目的性的，又是合规律性的，是人们认识传播规律的研究范式。传播模式理论在西方具有鲜明的分析科学特征，研究者从不同的视域出发，运用不同的研究方法研究问题，形成了许多不同的理论学派。传播模式理论主要有"5W"模式、香农—韦弗模式、两级传播模式、施拉姆模式、德弗勒模式、韦斯特利—麦克莱恩模式、波纹中心模式、一致性模式等。

在研究传播模式的西方学者中，许多人将传播媒介与国家类型和社会形态相联系，将传播媒介也分成不同的类型。一方面，传播理论自产生之日起就处在不断演变发展中；另一方面，其演变发展围绕着一个轴线，即传播模式分类，不同国家在不同历史时期处于不同的模式类型，而权威主义管制型始终是传播模式的一个选项。传播模式的选择与传播论有关，日本出版学会前会长清水英夫曾指出："研究出版学的最大课题，仍然是传播论。"① 传播模式决定了出版模式，因为出版是传播的重要组成部分，正如英国学者约翰·费瑟所说："出版是传播的一个行业、过程和系统"，并且"出版业极易受信息和传播技术的影响，但另一方面又特别能发挥信息和传播技术对其的正面影响力。作为信息产业

---

① ［日］清水英夫：《现代出版社》，中国书籍出版社1991年版，第29页。

的一部分，出版业可以利用信息和传播技术，尤其是互联网所提供的信息收集、组织和传播有关的专业功能。"①

出版传播既有共性又有个性。出版传播的共性具有中性特征，具有全球通用性，而出版传播的个性具有极性特征，往往与一个国家一个民族的政治、文化、制度、经济发展状况相联系。在中国，出版管理体制和出版政策具有很强的政府主导性，行政手段色彩强于市场手段色彩，这彰显了中国出版传播的浓厚的政治色彩，因此，中国出版传播产业面对数字技术、大数据技术等新技术挑战往往缺乏敏感性和主动性，这与中国出版传媒缺乏主体地位有关。

（四）产业链理论

虽然关于产业链理论最早可以追溯到亚当·斯密"制钉"例子所揭示的产业分工理论，但真正揭示产业链理论起源的，是马歇尔（Marshall）的分工理论，他把分工拓展到企业间的层面上，强调企业间分工协作的重要性，分工理论发展到后来，出现了产业链理论。第二次世界大战后，产业链理论日益成熟。赫尔曼在1958年出版的《经济发展战略》一书中对产业链的概念是从产业的前后向联系的角度进行论述的。荷利汉（Houlihan）认为，产业链是一个具有流动性的资源传递过程，这个资源传递链条一般分为上游、中游、下游，处于上游位置的是供应商或技术提供商，处于中游位置的是生产商或服务商，处于下游位置的是销售商和最终消费者。史蒂文斯和格拉汉姆（Stevens and Graham）也将产业链看成一个上游、中游、下游各个环节互动的协作系统，这个系统由上游供应商、中游制造商、下游分销商和消费者构成，产业链不仅是产品链，同时也是信息链和功能链，产业链中存在着信息反馈，而信息链是连接制造商、供应商、分销商和消费者的纽带。哈伦森基于价值网络的概念，将产业链界定为采购原材料，制造产品并进行销售的功能网络。曼哈尼和潘汀将产业链协同系统区分为"竞争性协同"和"特殊性协同"，指出产业组织一方面存在着竞争关系，另一方面又存在着协同关系。产业组织在将不同能力紧密结合起来的时候，能够创造

---

① ［英］约翰·费瑟：《传递知识——21世纪的出版业》，苏州大学出版社2007年版，第87页。

价值，这种协同促进了对联合的需要。① 虽然基于能力的分工可以在一个企业的内部完成产品的生产、销售（纵向一体化），也可以由分散在产业链上的各个环节的企业独立完成，但是，在一般情况下，大而全的企业毕竟是少数，而且大而全的企业还要考虑生产成本。大多数产品的生产往往会超出单个企业的能力和资源。为了企业生存和发展，企业应该与别人合作，借力用力，将企业的内在能力和外在能力以适当的方式组合起来进行生产经营活动。

第二节　大数据时代表征探究

一个新的技术时代的到来总会让人兴奋不已，也会让人议论纷纷，大家都在谈论大数据时代，但对于什么是大数据的时代表征，却少有文章进行归纳阐释。在众多研究探讨大数据的著作和文章中，也大都只是不同程度地讨论阐释了大数据定义、大数据特征（4V 或 4V + 1C）、大数据技术、大数据价值、大数据营销等问题。但是，不对大数据的时代表征进行归纳概括，我们对大数据的认知就只能是零散的而不是整体的。根据百度百科的解释，"时代"指历史上以经济、政治、文化等状况为依据而划分的某个时期。我们不能轻言一个时代的到来，大数据时代的到来，应是多种社会发展要素的集合。本书认为，大数据的时代表征主要体现在以下几个方面：大数据技术、大数据科学、大数据思维、大数据资源、大数据平台（工程及应用），正是以上要素的有机集合，才真正揭示了大数据时代的到来。

一　大数据时代表征之一：大数据技术

大数据时代的突出特点是大数据技术日益成熟。大数据技术本质上是信息技术的拓展和延伸。从拓展的角度看，大数据技术是在互联网、移动互联网、物联网、云计算、人工智能基础上迅速发展起来的新兴技术；从延伸的角度看，大数据的 MPP、MapReduce、Hadoop 平台等关键技术的广泛应用极大地提高了数据收集、处理、分析的体量和速度。

---

① 芮明杰、张琰：《产业创新战略》，上海财经大学出版社 2009 年版，第 10 页。

（一）大数据技术的定义

根据 IDC（国际数据资讯公司）的定义，大数据技术是："为了更为经济地从高频率获取的、大容量的、不同结构和类型的数据中获取价值，而设计的新一代构架和技术。"① 根据这一定义，我们可以理解大数据技术的出现是在原有技术不足以处理大容量、高频实时、不同结构数据的条件下应运而生的。这一定义实际上也概括了大数据的四"V"特征：①体量巨（Volumes）；②类别多（Variety）；③速度快（Velocity）；④价值大（Value）。从体量的角度讲，数据量从 TB 级升至 PB 级，根据 Winter Crop 的调查显示，最大的数据仓库中的数据量，年均增长率为173%，每两年增加3倍，其增长速度远超摩尔定律增长速度。② 到 2020 年，全球每年产生的数据量将达到 35ZB（使用现在最快的宽带，下载 1ZB 的数据需要至少 110 亿年）。这样体量巨大的数据已经不是原有技术可以存储、挖掘、分析和管理的了，大数据技术的出现就成为必然。从数据结构的角度讲，大数据不仅包括结构性数据，还包括网络日志、音频、视频、图片、地理位置信息等大量半结构和非结构性数据，这些类型繁杂的数据也需要大数据技术处理。从快速的角度讲，大数据包含大量高速实时数据，需要进行快速、持续的实时处理。从价值的角度讲，大数据技术能够做到"大、全、快"地挖掘数据洪流中潜藏的巨大财富，发挥"云—管—端"智能管道的作用。根据世界著名咨询机构麦肯锡的分析，大数据创造价值有五种方式：创建透明度、发现需要、细分人群、支持决策、创新模式。

（二）大数据技术的作用

关于大数据技术的作用，《大数据时代到来》一文有简洁的表述，指出大数据技术的作用"就是把 TB、PB 级数据采集进数据仓库中，然后用分布式的技术框架（Hadoop），对非关系型数据进行异质处理（NOSQL），通过数据分析和挖掘，发展一对一的商业智能。"③ 上述表述偏重技术性和商业性，如果换成抽象一点的表述，我们可以把大数据

---

① 周震刚：《中国大数据市场 10 大预测》，《通讯世界》2012 年第 10 期。

② Winter Crop：2005 TopTen program Summary，http：//www.com/White Paper/WC - TopTenWP. pdf.

③ 姜奇平：《大数据时代到来》，《互联网周刊》2012 年第 1 期。

的作用概括为它加速了人类将信号转化为数据，将数据分析为信息，将信息提炼为知识，将知识上升为智慧，将智慧转变为行动的新的社会发展进程。

（三）大数据的关键技术

大数据技术是一个技术群，其技术来源于计算机科学、统计学、应用数学、经济学等多个学科。麦肯锡公司在《大数据：下一个创新、竞争和生产力的前沿》的报告中将大数据关键技术分为两类：

第一类是可用于大数据分析的关键技术，主要包括 A/B 测试、数据挖掘、数据分类、数据聚类、数据众包、数据融合、数据集成、关联规则挖掘、神经网络、神经分析、遗传算法、模拟、时间序列分析、时间序列预测模型、优化、模式识别、空间分析、统计、预测模型、回归、情绪分析、信号处理、自然语言处理、集成学习、机器学习、监督式学习、无监督式学习、可视化技术等。需要说明的是，这些可用于大数据分析的关键技术有些也可应用于小数据集分析，如 A/B 测试、回归分析技术等，这表明大数据技术不是凭空产生的，其技术来源具有广泛性和兼容性。

第二类是可专门用于整合、处理、管理和分析大数据的关键技术，主要包括 BigTable、数据仓库、数据集市、元数据、云计算、Cassandre、分布式系统、Dynamo、GFS、MapReduce、Hadoop、Mashup、HBase、商业智能、结构化数据、非结构化数据、半结构化数据、非关系型数据库、关系型数据库、R 语言、SQL、流处理等。这些可专门用于处理大数据的关键技术发展迅速，一些新的工具和方法正不断地被开发。其中应用最直接、最广泛的技术工具是 MapReduce 和 Hadoop。

MapReduce 是 2004 年由 Google 推出的用于进行并行处理和生成大数据的编程模型，它是一套软件框架，包括 Map（映射）和 Reduce（化简）两个阶段。MapReduce 的优点：一是简单快捷，二是并行容错，三是成本低廉。它是由面向数千台低端计算机组成的大规模机群而设计的，对硬件的要求较低，并且免费开源，其具有的可拓展性和可用性使其特别适用于海量的结构性、半结构性和非结构性数据的混合处理。

Hadoop 是 MapReduce 一种流行的开源版本，起源于 Apache Nutch，开发者是 Apache 软件基金会。Hadoop 平台是分析处理大数据的强大工具，为了抽象 Hadoop 编程模型的一些复杂性，已经开发出多种在 Hadoop 平台上运行的应用开发语言，其中有代表性的有 Pig、Hive 和 Taql 等。如同任何技术都有缺陷一样，Hadoop 存在可靠性的问题，当前 Hadoop 采用主从结构，主节点一旦失效，将导致整个系统失效，因此，相关科技人员加强了这方面的研究。

一般来说，产业革命源于技术创新，成于金融创新。技术革命推动产业革命，产业革命推动社会变革。首先是大数据技术的蓬勃发展，揭示了大数据时代的到来。

二 大数据时代表征之二：大数据科学

对大数据技术以及相应的基础理论问题的研究催生了大数据科学。大数据时代在科学领域的表现是数据科学的兴起。

（一）大数据科学的学科性质

中国科学院院长、中国科学院大学（国科大）校长白春礼院士指出："大数据（Big Data）是一门新交叉学科。"[①] 中国工程院院士、世界科学院院士李国杰也指出："大数据科学作为一个横跨信息科学、社会科学、网络科学、系统科学、心理学、经济学等诸多领域的新兴交叉学科方向正在逐步形成。"[②] 两位院士在阐释大数据科学的学科性质时都认为大数据是新兴交叉学科。

大数据科学的交叉性不仅表现在自然科学和技术科学的交叉上，还表现在与社会科学的交叉上，这大大增加了大数据科学的学科跨度。根据大数据的来源，我们一般将其分为两个大类：第一类是来自物理世界的数据，第二类是来自人类社会的数据。第一类数据大多数是科学实践数据或传感数据等结构性数据，第二类数据大多数是随机的半结构性或非结构性数据，特别是互联网数据，大多表现为多源异构和交互性、高噪声、突发性、时效性等社会性特征。因此，社会科学领域的大数据分析，比如基于网络数据的社会安全、网络舆情、经济形势、群体事件的预测，往往比来自物理世界的科学实验方面的数据分析难度更大。根据

---

① 白春礼：《把握科技发展新态势　实现创新运动新发展》，《中国科学报》2012 年 12 月 13 日。

② 李国杰：《大数据研究：未来科技及经济社会发展的重大战略领域》，《中国科学院院刊》2012 年第 6 期。

IDC 检测，全球数据量大约每两年翻一番，并且85%以上的数据是以非结构化或半结构化形式存在的。与社会科学有关的大数据问题，如社会安全形势分析、经济形势分析、舆情分析、情感分析等，都需要自然科学、技术科学与社会科学通力合作进行研究。

（二）大数据科学的研究内容

关于大数据科学的研究内容，中国科学院院士、北京大学长江讲座教授、美国普林斯顿大学教授鄂维南指出："数据科学主要包括两个方面：用数据的方法来研究科学和用科学的方法来研究数据。前者包括生物信息学、天体信息学、数字地球等领域，后者包括统计学、机器学习、数据挖掘、数据库等领域。这些学科都是数据科学的重要组成部分，但只有把它们有机地放在一起，才能形成整个数据科学的全貌。"① 这一表述借用了开普勒和牛顿关于科学研究的例子，开普勒关于能量运动三大定律的提出走的是从数据到科学结论的路径，即从个别到一般；牛顿运用的则是一般到个别的方法，他用他的第二定律和万有引力定律把能量运动归结为一个纯粹的数学问题，并由此推出开普勒的三个定律。从个别到一般、从一般到个别本是科学研究的一般方法，大数据科学研究也离不开这些一般方法。

（三）大数据科学的研究范式

迄今为止的科学研究范式主要有三种：第一范式是实验型科学研究，这一范式已经有几千年历史；第二范式是理论型科学研究，这一范式已经有几百年历史；第三范式是计算型科学研究，这一范式有几十年历史。这三种范式中，计算型科学研究（e – Science）由约翰·泰勒提出，现在许多重大科学研究领域，如核反应模拟、生命科学研究、航空航天设计等都广泛运用计算型科学研究。

面对大数据浪潮，已故图灵奖得主吉姆·格雷提出了数据密集型科研的"第四范式"（The forth paradigm）。第四范式之所以可以与第三范式区别，在于第三范式的研究需要模型和假设，而 PB 级的大数据使人们做到没有模型和假设也可以分析处理数据，只要将海量数据交给联网的计算机机群，统计分析计算就可以给出过去科学方法发现不了的新结

---

① 参见赵国栋等著《大数据时代的历史机遇》，清华大学出版社 2013 年版，第 286 页。

论或新规律。正因如此，Google 公司的研究部主任 Peter Norvig 宣称：
"所有的模型都是错误的，进一步说，没有模型你也可以成功。"① 这句
话前半句错，后半句对。在大数据条件下，没有模型你也可以成功，这
是对的。但即使在大数据条件下，也不是"所有模型都是错误的"。因
为科学研究的范式不是排他的，而是兼容的。

三 大数据时代表征之三：大数据思维

大数据的应用和发展需要三大要素作为支撑：一是数据，二是技
术，三是思维。在当今数据无时不在、无处不在以及大数据技术日益成
熟的条件下，数据和技术都不是大数据应用和发展的最大障碍，制约大
数据应用和发展的最大障碍是大数据思维的缺失。相对于技术变革而
言，人们的思维变革是最困难的。但思维变革往往是最重要的，也是最
深刻的。没有大数据思维，即使拥有再多的数据和最先进的技术，也难
有作为，因为没有思维就没有政策，没有思维就没有投入，没有思维就
没有运行机制的建立。对于大数据来说，是思维方式决定了数据要素和
技术要素的结合方式，是思维方式决定了大数据应用的商业模式。关于
大数据思维的重要性和艰巨性，讨论已经很多，本节重点从思维范畴的
视角讨论大数据思维方式的变革问题。

众所周知，思维范畴是思维方式的抽象化，是主观辩证法和客观辩
证法的有机统一，反映了事物存在发展的辩证关系。

（一）因果与相关关系

传统思维中的因果关系分析是建立在严密的数理推理逻辑基础上
的。传统的因果关系分析虽然逻辑链条完整，但由于是小数据，往往容
易以部分代替整体，难免出现误差。寻找事物的因果关系是人类长久以
来形成的习惯，对因果关系的分析研究促进了科学体系的建立和科学的
发展，科学是研究因果关系的重要手段。

但在大数据条件下，大数据研究的特点是对海量数据做统计性的搜
索、分类、聚类和比较分析，带有统计学的显著特点。统计学更关注相
关性，相关性是指两个或两个以上变量的取值之间存在某种规律性。大

---

① Chris Anderson, "The End of Theory: The Date Deluge Makes the Scientific Method Obso-
lete", *Wired*, 2008, 16 (7).

数据技术所运用的简单算法是统计学的逻辑，这一点有点类似热力学的分析模式，热力学并不关心具体的分子运动，而是关心温度、体积、压强之间的宏观关系。腾讯副总裁吴军博士在《数学之美》一书中论述了统计学对于现代科学的意义，他指出，人们花了近 20 年时间实现了从基于规则的语言处理到基于统计的语言处理的转变，统计语言模型在形式上非常简单，任何人都容易理解，因为"基于统计的自然语言处理方法，在数学模型上和通信是相通的，甚至就是相同的。因此，在数学意义上自然语言处理又和语言的初衷——通信联系在一起了"。① 而且，统计语言模型的简单性正符合牛顿在《自然哲学的数学原理》中所主张的"简单性原则"。

这里就出现了两种路径，一条是学术研究遵循的"从数据到信息再到知识和智慧的研究思路"；另一条是商业活动走的"从数据直接到价值的捷径"。美国 *Wired* 杂志主编 Chris Anderson 在他的著名文章 "The End of Theory：The Date Deluge Makes the Scientific Method Obsolete" 中引用 Google 通过广告大赚其钱的案例后大声发问："现在是时候问这一句了：科学能从谷歌那儿学到什么？"②

2. 关于部分与整体关系

从亚里士多德到黑格尔，从贝塔朗菲到普里高津，都从自己理论的角度探讨了部分与整体关系范畴。这个古老的思维范畴在大数据时代又有了新的表现。在大数据时代，大数据技术使人们获得接近于整体的数据越来越方便、容易。互联网、移动互联网、物联网的广泛应用，各种应用终端特别是移动终端的普及使用，使 Facebook 和 Twitter 等网站点击、手机导航传感器以及物联网终端能够实时产生海量数据，而大数据分析处理技术可以对这些数据进行实时高效处理。因此，舍恩伯格认为："采样的目的就是用最少的数据得到最多的信息。当我们可以获得海量数据的时候，它就没有什么意义了。"他进而提出在大数据时代的

---

① 吴军：《数学之美》，人民邮电出版社 2012 年版，第 26 页。
② Chris Anderson, "The End of Theory：The Date Deluge Makes the Scientific Method Obsolete", *Wired*, 2008, 16（7）.

"全数据模式，样本＝总体"。①

全数据模式无疑提高了我们把握事物的精度，通过使用整体数据，我们可以发现一些可能被忽略的蛛丝马迹，例如，为了防止信用卡诈骗，就不能放过哪怕一次异常交易情节。Xoom公司是一个专门从事跨境汇款业务的公司，它运用大数据技术分析每一笔交易的所有有关数据。2011年的一段时间，它发现用"发现卡"从新泽西州汇款的交易量比往常明显增多，于是紧急启动报警程序，从而防止了一个诈骗集团的金融犯罪。现在，很多银行都广泛使用了信用卡消费监测报警系统，如果一个正常使用的信用卡突然出现一次大额度消费或跨国消费情形，监测报警系统就会马上预警，银行的客服人员会马上打电话或者发短信提示持卡人，这表明，银行对每张信用卡的消费记录不是零散的，而是整体的。

全数据模式涉及我们对大数据之"大"的认知。大数据之"大"不仅仅是指数据的体量大，而且还指数据的整体性和价值性。不运用大数据技术分析挖掘数据的价值，数据体量再大也只是"数据废气"，同样，不运用大数据技术分析挖掘提高数据的整体性，数据再多也没有用。因此，大数据不是运用传统的随机抽样分析法，而是运用近似于全数据的方法。也就是说，大数据方法不是抽样分析法，而是整体分析法。

贝塔朗菲曾将亚里士多德关于部分与整体关系的观点概括为"整体大于部分之和"，因为在小数据时代，人们获得的部分数据的有限性与整体差距太大，部分之和不可能等于整体。但在大数据时代，人们获得整体数据的能力大大增强，亚里士多德的结论受到日益广泛的质疑。

（三）可能与现实的关系

现实标志着当下的实际存在，可能则是指包含在事物之中的、预示事物发展前途的种种趋势。在小数据时代传统思维条件下，人们对预示事物发展趋势的可能性的认识往往是经验式的，可称为经验式的可能性认识。这种经验式的可能性认识对事物发展趋势的预测不准，主要是因

---

① ［英］维克托·迈尔—舍恩伯格：《大数据时代：生活、工作与思维的变革》，浙江人民出版社2013年版，第37页。

为缺乏准确的、全面的、海量的数据作为支持。《大数据》一书的作者涂子沛引用胡适的著名文章《差不多先生传》来比喻中国人带有"差不多先生"的文化标签①，是说中国人的思维方式缺乏科学性，习惯于"大概"。"大概"的预测准确率低，当然缺少科学性。而在大数据时代，在拥有海量的、整体的、实时的数据条件下，人们对事物发展趋势的预测就会准确得多，这种预测，可称为科学式的可能性认识。

在谈到大数据的核心价值时，一致的观点认为大数据的核心是预测。大数据预测可以运用到社会生活的方方面面和社会生产的各行各业，例如，在经济领域，IBM 日本公司建立了一个经济指标预测系统，该系统的一个重要功能是从互联网新闻中搜索影响制造业的 480 项经济数据，通过大数据分析来计算采购经理人指数的预测值。在医学领域，加拿大的研究人员开发了一种大数据诊疗技术，以便能预测早产婴儿的感染。他们通过把包括心率、血压、呼吸和血氧水平等 16 种生命体征转化成每秒 1000 多个数据点的信息流，从中找到早产婴儿生命体征极其轻微的变化与较为严重病情之间的关联性。在城市管理领域，美国纽约市开发了一套新的火灾预防方案，这一方案在全市 90 万座建筑物的数据库中加入市政 19 个部门所收集到的其他数据，包括欠税扣押记录、水电使用异常、缴费拖欠、服务场所、鼠患投诉等各类数据，并将这些数据与过去 5 年的火灾记录进行计算分析，从而发现了建筑物类型和建造年份与火灾的相互关系，还发现了非法在屋内打隔断的建筑物发生火灾的高概率，在此基础上制订出新的火灾预防方案。火灾已经发生是现实性，火灾可能发生是可能性。火灾已经发生我们只能通过救火努力把损失降到最低限度，而最好的办法是通过可能性预测预防火灾不要发生。医学领域同样如此，最好的办法不是生病以后再去治病，而是通过可能性预测预防疾病不要发生。

大数据预测拉近了可能与现实的距离，使我们有能力逐步做到将好的可能性变成现实，将不好的可能性不变为现实。可以说，在大数据时代，虚拟世界和现实世界的距离和界限将发生新的变化。人们对事物的认知不仅满足于"已知"，更能精准地认识"未知"；不仅能描写性地

---

① 涂子沛：《大数据》，广西师范大学出版社 2013 年版，第 329 页。

分析"现在"，更能预测性地分析"未来"。大数据在"此岸"与"彼岸"之间架通了一座快速、便捷的桥梁。

（四）必然与偶然关系

长期以来，人们习惯于将自然界和人类社会看成是二元世界，由此采用"科学"和"历史"两个叙事框架，并形成科学主义和人文主义两大思潮。科学主义认为，自然界是决定论的，它的运动变化是有必然规律的，是可预测的，而人类社会是非决定论的，它的运动变化充满随机性、偶然性，是不可预测的。著名科学、哲学家波普尔就否定历史决定论，主张非决定论。在小数据时代，之所以有人认为人类社会运动发展不可预测，是因为社会领域的数据杂乱无章，大都是非结构性数据，特别是情感数据、社交数据更是千头万绪、变动不居。但在大数据技术条件下，人类拥有了处理非结构性数据的强大能力，人们通过 LBS 采集人在地球上的全部运动轨迹，通过在线支付采集人们的全部支付记录，通过 SNS 采集人们的全部网络交往记录，通过电子邮件、文档、Timeline、视频监控等采集人们的言行记录。这使得大量随机的、偶然出现的数据可以实时捕获处理，使之变成确定性的、必然性的东西。马克·吐温说：历史不会重演，但自有其规律。历史事件虽然往往表现为一些偶发事件，但偶然性背后存在的是必然规律。随着科学技术的进步，支持历史发展存在规律观点的人越来越多。而大数据技术使人类揭示和认识社会历史规律更有可能和更加快捷。也就是说，大数据不仅是人们认识事物发展可能性的强大武器，也是人们认识事物必然性的有力工具。

在描述大数据的 4V 特征时，实时快捷（Velocity）是大数据的重要特征之一。在实际应用中，大数据技术的实时快捷分析能帮助人们捕获随机出现的、稍纵即逝的、看似价值不大的信息。在大数据时代，正是数据来源的多元化和实时快速处理，使人们能更多地摆脱偶然性的干扰而把握必然的东西。

大数据用数据事实不断改变人们对历史和社会发展的现象与本质、偶然与必然的认识，使人们更易于透过偶然把握必然。"无尺度网络"概念的提出者艾伯特—拉斯洛·巴拉巴西指出："虽然万事皆显出自发偶然之态，但实际上它远比你想象中容易预测。"他认为"人类行为93%是可以预测的。"只是"过去我们没有相关数据，也没有一定的方法来探究人类的行为。"其实，"人类的大部分行为都受制于规律、模型以及原理法则，而且它们的可重现性和可预测性与自然科学不相上下。"人类社会的运动规律和自然界一样，"许多事情遵循幂律分布：一旦幂律出现，爆发点就会出现。"① 巴拉巴西所指出的人类社会呈现幂律式周期爆发运动，是用科学方式揭示了人类社会周期式的治乱规律。在大数据条件下，社会科学越来越多地运用定量分析方法研究问题，雅虎的首席科学家沃茨博士在《自然》上发表了一篇题为《21世纪的科学》的文章，指出由于计算机技术和海量数据库技术的发展，使得个人在现实世界的真实活动被前所未有地记录下来，这些海量记录为社会科学进行信息挖掘和定量分析提供了丰富的源源不断的数据资源。

（五）精确与模糊关系

传统的思维定式一直致力于追求对事物精确度的认识，从"测量就是认知"到"知识就是力量"，开尔文男爵和培根都是科学测量方法的创造者和倡导者。进入20世纪以后，量子力学的"测不准定律"揭示了统计性、不精确、不确定性也是物质运动的一种基本样式，使人们开始了对精确与模糊关系的重新认识。现在，大数据时代的到来，使人们开始进一步讨论"大数据混杂"带给人们思维方式的变化。

大数据之所以会给人混杂模糊的感觉，主要基于以下几点：

（1）大数据思维往往没有预设。既没有设定的目标，也没有设定的问题；既没有设定的条件，也没有设定的理论模型。没有预设会给人思维混乱的印象，但也会给人思想自由的感觉。由于大数据更多的是探寻事物之间的相互关系，输入数据后能够发现什么新情况、新规律，能够从中得到什么启示，很多是自然形成的结果，这些随机出现的结果往往超出既有的思维判断，人们有时没有思想准备，一下子难以接受。谷歌公司研究部主任彼得·诺维格认为，在大数据时代，"没有模型你也可以成功"，大数据技术和大数据资源使我们可以在没有预设目标和理论模型的情况下进行数据挖掘，在互联网、云计算、人工智能的条件下，只要有相关关系的数据，统计分析就能够发现过去的科学方法发现

① ［美］艾伯特—拉斯洛·巴拉巴西：《爆发：大数据时代预见未来的新思维》，中国人民大学出版社2012年版，第111页。

不了的新情况和新规律。

（2）大数据混杂的出现与大数据之大有关。数据量越大，精确性越小，规模越大，错误越多。也就是说，数据量往往与精确性成反比，规模与错误成正比。因此，为了扩大规模，我们接受适量错误的存在。正如技术咨询公司 Forrester 所认为的，有时得到 2 加 2 约等于 3.9 的结果，也很不错了。

（3）大数据混杂的出现与大数据的非结构化有关。大数据既包括文本数据，还包括图片、音频、视频、日志、地理位置以及聊天记录、支付记录等各种类别数据，这些数据结构混杂，格式也不统一。如果要做到格式统一，就需要混杂的数据进行分类清理，而这样做有时候并无必要。在现在的数据仓库中，"只有 5% 的数据是有框架的且能适用于传统数据库的，如果不接受混乱，剩下 95% 的非框架数据都无法被利用，只有接受不精确性，我们才能打开一扇从未涉足的世界的窗户。"①

（4）大数据混杂的出现与大数据的容错机制有关。Google 的翻译系统是这方面较好的例证。"尽管其输入源很混乱，但较其他翻译系统而言，谷歌的翻译质量相对而言还是最好的，而且可翻译的内容更多。""从谷歌的例子来看，它之所以能比 IBM 的 Candide 系统多利用成千上万的数据，是因为它接受了有错误的数据。"② 美国纽约大学教授冯启思（Kaiser Fung）在《数据统治世界》一书中论述了"出错的好处"，指出"虽然明知容易犯错，可依然信心饱满，这是大统计学家的标志。他们认识到没人能独占真理，只要世界上还有不确定性存在，真理就未可知。"③ 正是大数据的容错机制大大提高了大数据预测的准确性，"不怕一万就怕万一"，因为万一的疏漏也许就是致命的。正如大数据专家 D. J. Patel 所指出的，在网上搜索 I. B. M 可以有成千上万种指代，而数据混杂换来的是没有遗漏，没有遗漏会使我们获得一些本可能被错过的变化。

---

① 张涛甫：《大数据时代的出版困局及其突破》，《编辑学刊》2013 年第 2 期。
② 维克托·迈尔－舍恩伯格：《大数据时代：生活、工作与思维的变革》，浙江人民出版社 2013 年版，第 54 页。
③ ［美］冯启思（Kaiser Fung）：《数据统治世界》，中国人民大学出版社 2013 年版，第 222 页。

大数据的混杂、模糊表面上破坏了数据的精确性，其实它是在更大的规模上和更大的范围内实现数据的精确性，因为它减少了遗漏，减少了被错过的机会，提高了大数据预测的准确率，而准确预测正是大数据的核心所在。从小数据精确到大数据混杂再到大数据精确，人们的思维仿佛是走了一条正—反—合的道路，也就是肯定—否定—否定之否定的道路。

四　大数据时代表征之四：大数据资源

资源是一个技术时代人类赖以生存发展的生产要素。在传统的生产要素中，人力资源、财力资源、物力资源被视为基本要素，后来又加入信息资源要素。在大数据时代到来后，大数据呈现为新的资源样式。其实，从本质上讲，大数据资源是信息资源的时代延伸，之所以将大数据资源作为大数据的时代表征单独进行阐释，是因为大数据资源具有其独有性。

（一）更廉价的资源

随着人类物质文化生产和生活水平的提高，人力资源、土地资源、矿产资源等生产要素的价格越来越高，使用这些资源不得不付出更高的成本。大数据资源却是越来越廉价的资源。大数据资源的廉价性主要表现在两个方面：一是获取的廉价，二是使用的廉价，这些都有赖于大数据技术的进步。从通信能力来讲，随着光纤网络的发展，全球宽带速度将提升 10 倍以上，IPv6 的地址范围是 IPv4 的 8×10^{28} 倍，而成本却大大下降，2009 年的全球宽带资费相对于 2008 年下降 42.1%（ITU），2011 年与 2008 年相比，全球消费者的宽带使用费用平均减少 50%（Point Topic 的调查）。从计算能力来看，CPU 始终速度由最初的 4.77MHz（Intel 8086）提高到 4.8GHz（AMD Fx – 8150），而成本从 1980 年的 10MIPS/美元下降到 2005 年的 10MMIPS/美元。从存储能力看，硬盘的存储容量从 5MB（IBM 推出的世界上第一个硬盘）扩大到 6TB（2012 年 3 月西部数据推出），而成本小于 100 美元/TB，是 10 年前的 1/100。[①] 在大数据时代，数据量越来越大，获取和使用成本反而越来

---

① 李志刚等著：《大数据：大价值、大机遇、大变革》，电子工业出版社 2012 年版，第 195 页。

越低。随着公有云数据的扩大，大量"数据孤岛"被打破，共享数据量越来越多，数据资源的使用成本还会越来越低。现在很多互联网公司学习 Google 模式，用户从 Google 网站获取数据信息几乎是免费的，Google 是靠提高点击率获得广告收益来大赚其钱。

（二）更开放的资源

迄今为止，土地、矿产、人才、金钱等生产资源都有其固有的垄断性，大数据资源可能是少有的具有非垄断性和开放性的资源。开放性是大数据的固有特性，不开放就无以为大，有容乃大，数据封闭不可能形成大数据。首先，从技术上讲，大数据技术以开源为主，迄今为止没有形成绝对技术垄断，开源技术对任何一个国家都是开放的，任何公司和机构都可以分享开源的"蛋糕"。其次，从政策上讲，开放大数据资源是大数据时代的政府行为。当然，大数据资源的开放性是有限度的，这里涉及数据安全和隐私保护，既要提倡数据共享，又要防止数据被盗用，这是大数据时代面临的新矛盾、新问题。

对于大数据资源的意义，有人为突出其重要性，将其上升为"大数据资产"，认为大数据已经"成为推动产业融合兼并的战略资产""成为独立的生产要素"。①

五　大数据时代表征之五：大数据平台

从泛指的意义上讲，平台是指人类从事某项活动所需要的环境或条件。大数据平台，可理解为大数据人才、大数据技术和大数据资源相互联系、相互作用的空间和舞台。也就是说，大数据平台是各种大数据要素的汇集和应用。目前，各类大数据平台的迅猛发展，昭示着大数据时代的到来。

（一）大数据政府平台

2012 年 3 月，美国奥巴马政府发布《大数据研究和发展计划》，这是政府主导的大数据研究平台。除了研究平台之外，还有数据开放平台，美国政府的 data. gov 是典型的数据开放平台。在欧洲，欧盟委员会全新的开放数据平台（ODP）Beta 版也已经正式向公众开放（http：//open – data. europa. eu/open – data）。目前，已经由 30 多个国家建立了

---

① 赵国栋：《大数据时代的三大发展趋势》，《高科技与产业化》2013 年第 5 期。

政府数据开放平台。2010 年，英国首相卡梅伦还提出深化数据开放，其新施政纲领中明确要"公开发布政府数据"，并由此推动"大社会"的建立。① 由"大数据"推动"大社会"建立，实际上是在推动新一轮的社会变革。

（二）大数据科技平台

大数据作为高度交叉的新兴学科方向，涉及计算科学、网络科技以及社会科学等众多领域，必须各学科通力合作才有成就。在中国，大数据科研平台正在搭建，2012 年 10 月，中国计算机学会和中国通信学会为了组织力量研究大数据，都先后成立了大数据专家委员会，从科研层面组织推动大数据的研究与应用。2012 年 5 月，香山科学会议组织了"大数据科学与工程"学术研讨会，参会人员横跨 IT、经济、管理、社会、生物等多个不同学科。

（三）大数据产业平台

大数据的兴起，最兴奋的是产业界。在产业界，互联网行业、金融业、零售业、电信业最先感受到大数据潮流的冲击。

在互联网行业，谷歌、亚马逊和 Facebook，在各自拥有数据优势的情况下，开始了新一轮的产业整合。Facebook 在巩固原有人际关系数据优势的基础上，一只脚伸进了搜索引擎地界，Facebook 推出的 graph search 引擎，让谷歌感到了实实在在的竞争威胁，因为谷歌缺少 Facebook 所拥有的社交数据，这是它最大的"软肋"。在中国，2012 年 7 月阿里巴巴集团在管理层设立"首席数据官"一职，并推出了大型数据分享平台"聚石塔"，为天猫、淘宝等电商提供大数据服务。互联网行业是大数据资源最丰富的领域，一时间，人员、技术、资金云集，都意在获取更多的大数据财富效应。

在金融行业，中国建设银行在 2012 年 6 月正式推出"善融商务"平台，其目的是获取电子商务交易信息和商家的经营数据，预测商家的贷款需求和还款能力，进而降低贷款风险。Facebook、腾讯、阿里巴巴等互联网巨头则开始发行虚拟"货币"或筹建银行，阿里巴巴更是从第三方支付，到小额信贷、担保、保险，再到收购基金公司或建立商业

---

① 涂子沛：《大数据》，广西师范大学出版社 2013 年版，第 311 页。

银行，其触角已经伸向传统商业银行的绝大部分领域。目前，我国已经获批成立的民营银行中，阿里银行、腾讯银行、苏宁银行都是从互联网行业和零售业进入银行业，其依托的主要是大数据优势资源。银行业感到威胁在一步步逼近，必须通过参与大数据游戏来化解风险。中国建设银行的"善融商务"，中国交通银行的"交博汇"，中国银行广东分行的"云购物"等平台，都表明金融行业也在跨界进军电子商务，其意图并不是通过做电子商务赚钱，而是获取一线市场数据，加快网上金融业务的发展。

大数据时代已经到来，而正是大数据技术、大数据科学、大数据思维、大数据资源以及大数据平台等要素的汇聚，昭示着大数据时代的到来。

第三节　出版产业链范畴分析

首先要说明的一点是，本节将出版产业链作为一个"范畴"而不仅仅只是作为一个"概念"进行分析，是因为对出版产业链的研究既涉及作为前置性概念的产业链概念，也涉及作为后置性概念的出版价值链、出版供应链、出版空间链以及数字出版产业链等诸多概念，只有将出版产业链作为一个"范畴"进行研究才具有分析的系统性。

一　出版产业链的前置性概念阐释

出版产业链概念并不是一个古老的概念，它是从产业链概念延伸而来的，因此，产业链是出版产业链的前置性概念，要探讨出版产业链概念的来源，就应该先行探讨产业链概念的来源。

（一）产业链概念探源

产业链（industry chain）问题研究兴起于 20 世纪 90 年代初，它是在价值链问题研究的延伸过程中催生出来的，在中国，最早提出产业链一词的是傅国华，他在研究农业产业发展问题时最早使用了产业链概念。学界比较一致的观点是，产业链理论来源于西方产业分工和产业关联理论。首先，亚当·斯密（Adam Smith，1776）的分工理论是产业链理论的理论来源之一。亚当·斯密在《国富论》一书中讨论产业分工问题时指出，工业生产是一系列基于分工的迂回链条，他详细分析了劳动分工的益处，并举了著名的"制钉"例子。① 其次，产业关联理论也是产业链理论的来源之一。产业关联思想的提出者是英国古典经济学的代表人物威廉·配第，他认为各个经济组织不可能单独从事生产活动，不同经济部门之间在生产中相互联系、相互依存，从而形成一种循环流。法国重农学派的创始人魁奈于 1758 年发表了《经济表》，他也从产业关联的角度把生产看成是一个循环的过程，并通过重点分析经济剩余的形成问题，来揭示生产各环节的关联性，从而深入描述再生产过程。进入 20 世纪以后，诺贝尔经济学奖得主列昂惕夫将产业关联理论进一步系统化，他在 1941 年出版的《美国经济结构（1919—1929）》一书中对投入产出理论的基础原理进行了系统阐述，他运用投入产出分析方法研究生产活动过程，揭示了各个生产部门之间不仅是相互依赖的关系，还是复杂的交易关系。在 1966年出版的《投入产出经济学》（英文版）一书中，列昂惕夫又进一步发展了投入产出理论，他运用投入产出表进一步定量地分析了产业关联的前向、后向联系。② 产业之间关联的显在表现是供需关系，潜在表现是价值关系。产业之间的关联由供需关系和价值关系维系，这是产业关联的共性，但维系的方式却因各产业在产业分工中所处的地位不同而有所差异，这是产业关联的个性。后来，赫尔曼在《经济发展的战略》中提出了"关联效应"概念，他基于"关联效应"论述了产业链条的关联性，强调了前向联系（forward linkage）与后向联系（backward linkage）对产业发展的价值。由此展开，产业关联理论日益成熟，产业链的范畴逐渐延伸到企业外部，成为产业组织理论的重要内容。但随后的理论研究进一步深入，新的产业关联概念层出不穷，"产业链"概念逐渐被其他概念所替代。Fredriksson 和 Lindmark在 1979 年提出"生产系统（production system）概念，认为生产系统

---

① 参见［英］亚当·斯密《国富论》，华夏出版社 2005 年版，第 167 页。
② ［美］瓦西里·列昂惕夫：《投入产出经济学》，商务印书馆 1966 年版，第 89 页。

由生产某种产品时所发生的一系列联系所组成。"① Hopkins 和 Waller-stein 提出"商业链"（commodity chain）概念。迪肯（Dicken）提出"生产链"（production chain）概念，用来分析全球生产系统的地域结构。1985 年，波特提出了"价值链"概念，为产业链理论研究提供了重要的理论支撑，波特最先使用价值链概念是用于分析企业内部竞争优势，更多的是一种比较微观的分析视角，但随着经济全球化进程，出现了全球价值链（global value chain）等概念。Gereffi 在提出全球价值链（Gvc）概念时指出，在全球范围内，为实现某种商品或服务的价值而连接生产、销售直至回收处理等全过程的跨企业网络组织，即构成全球价值链。② 由此可见，产业关联理论、产业链理论和价值链理论一直处于不断发展之中。当产业关联理论的研究关注的重点是微观层面的具体企业、其研究对象是特定的企业时，就形成了企业内部价值链，当产业关联理论研究关注的重点是宏观层面的产业发展、其研究对象由具体的特定企业转向整个产业的时候，就形成了产业价值链。因此，产业链主要是宏观层面的产业协同关系，主要是指企业的外部关系链，产业链背后所包含的价值关系和价值增值传递，反映了产业链的价值属性和价值丰度分布，从而决定了产业链的竞争优势和经营战略。由以上分析可以看出，产业链虽然是近几十年才提出来的概念，但作为其理论来源的产业分工理论和产业关联理论却历史悠久。同时也要看到，由于西方经济学在现代日益学派化，关于产业链的理论认识观点并不一致，有些概念的使用有些混乱。

（二）概念的厘定

正如我们在分析产业链的理论来源时所看到的，"产业链"这个概念虽然是个常见的概念，但人们对这个概念的内涵和外延的认识并不一致，有代表性的几种主要观点：第一种观点认为，产业链主要是指产业价值链。"从本质上说，产业链是具有延续追加价值关系的活动依附于一定的产业环节所构成的价值链关系。"③ 这种观点所依据的

---

① ［法］泰勒尔：《产业组织理论》，中国人民大学出版社 1997 年版，第 132 页。

② Gray Gereffi, *Commodity Chain and Global Capitalism*, Greenwood Press, 1993.

③ 宋玲、成达建、陶济：《我国电子信息产业问题及对策研究》，《商场现代化》2004年第 14 期。

是波特的价值链理论。强调企业经营活动的出发点和归宿是追求价值增值，价值增值关系是形成产业链的基础，产业链是在价值链理论的基础上形成和发展起来的。第二种观点认为，产业链主要是指产业供需链，这种观点所依据的是产业关联理论，强调产业链是由具有供求关系的产业链环所构成，链环之间具有严格的上下游关系，这种上下家的供需链具有明显的时间特征。"产业链可以定义为具有某种内在联系的产业集合，这种产业集合是由围绕服务于某种特定需求或进行特定产品生产（及提供服务）所涉及的一系列互为基础、相互依存的产业所构成。"[①] 供求关系是最容易形成链环结构的，这种链环结构明显地有上下家的先后时间顺序。第三种观点认为，产业链主要是指产业空间链，产业链是关联企业基于资源禀赋和产业布局而形成的地域上的空间分布状态和空间组织形式，是具有竞争优势的资源企业的战略联盟，"产业链是一种建立在价值链基础上的相关企业集合的新型空间组织形式。"[②] 这种观点突出强调的是产业链的空间存在形式和空间特征。也就是说，供应链描述的是产业链的时间特征，空间链描述的是产业链的空间特征。产业链有空间的分布，产业链上诸产业总是从空间上落脚到一定地域。[③] 产业链的空间存在特征与产业资源分布和产业发展生态环境有关，当某一地域产业发展资源丰富，而产业发展环境相对宽松时，就容易形成产业发展的空间链。

综合上述观点，本书认同的观点是："产业链是建立在波特价值链基础上的、由不同的产业企业所构成的一种空间组织形式，是相互独立的企业之间的连接，通常是指不同产业中企业之间的供给与需求关系。"[④]

（三）产业链维度的厘定

产业链理论经过多年发展，已成为研究产业发展问题的最重要理

---

① 卢明华、李国平、杨十兵：《从产业链角度论中国电子信息产业发展》，《中国科技论坛》2004 年第 4 期。

② 蒋国俊、蒋明新：《产业链理论及其稳定机制研究》，《重庆大学学报》2004 年第 1 期。

③ 龚勤林：《论产业链延伸与统筹区域发展》，《理论探讨》2004 年第 3 期。

④ 刘刚：《基于产业链的知识转移与创新结构研究》，《商业经济与管理》2005 年第 11 期。

论工具之一。目前各行各业都在运用产业链的理论工具分析各自产业的发展问题，这表明产业链理论能实现微观企业与中观行业的有效对接，既能帮助我们分析产业链上的微观企业内部的运作机制，又能帮助我们分析产业链各企业之间的运行关系，从而达到从部分到整体的认识目的。但产业链理论涉及经济学、管理学等诸多学科，不同学科有不同的研究视域和研究维度，因此，目前，学界关于产业链的维度问题主要有三种观点：

（1）五维度说。即认为产业链包含供需链、价值链、产品链、技术链、空间链五个维度。郑大庆等在《产业链整合理论探讨》一文中认为，产业链是供需链、价值链、产品链、技术链、空间链的五位一体。[①] 供需链是反映产业关联企业之间满足彼此供应和需求的契约关系。价值链是反映产业内从原料到交付产品或服务的物理性能或功能的完成过程。技术链是产业链的主导核心技术。空间链反映的是产业链的地理空间分布特征，描述产业空间分布状态。五维度说与三维度说、四维度说的重要区别在于突出技术链这一知识价值的作用。将技术链独立出来作为产业链的一个维度进行描述固然有其合理性，但正如科学技术是"第一生产力"而又不是生产力的独立要素一样，技术和知识一般是内化在产业链的各个环节，既有显性形式又有隐性形式，因此，将技术链独立作为一个维度的观点并未达成共识。

（2）四维度说。即认为产业链包含供需链、价值链、企业链、空间链。吴金明等在《产业链形成机制研究》一文中认为，"产业链是基于产业从上游到下游各相关环节的由供需链、企业链、空间链和价值链这四个维度有机组成而形成的链条。"[②] 四维度突出强调产业链的载体——企业链的作用机制，这也有其合理性。因为企业间的关系也能创造价值，即关系也能创造价值。但吴金明等在论述产业链"四维对接"机制时，又引入了技术链维度，使用了技术链概念，使其观点变成了事实上的五维度说。

---

① 郑大庆、张赞、于俊府：《产业链整合理论探讨》，《科技进步与对策》2011 年第 1 期。

② 吴金明、邵昶：《产业链形成机制研究》，《中国工业经济》2006 年第 4 期。

（3）三维度说。即认为产业链包含供需链、价值链、空间链三个方面。方卿教授等在《出版产业链研究》一书中认为，产业链的内涵大致涉及几个方面的主要内容：第一，产业链是在价值链理论的基础上形成和发展起来的，企业活动的价值增值是产业链形成和发展的基础。第二，产业链是建立在价值增值活动基础上的新型企业空间组织形式，是为满足特定需求或进行特定产品生产（及提供服务）的相关企业的集合，是企业与其相关企业组成的一种战略联盟关系链。第三，产业链是由具有供应关系的产业链环所构成的，链环之间具有严格的时间顺序。① 方卿教授等虽然未直接使用三维度的提法，但从其对产业链内涵的三个方面概括来看，与三维度是相符合的。

关于产业链维度的三种观点虽有差异，但本质上并无原则区别，四维度说和五维度说都是在三维度基础上的拓展和延伸。也就是说，四维度和五维度中都包括了供需链、价值链、空间链这三个维度。因此，本书在论述出版产业链重构问题时采用的是三维度的框架。

二　出版产业链及其类型和特征

（一）出版产业链的定义

出版产业链是指以出版价值链为基础的具有连续追加价值关系的出版关联企业组成的企业联盟。或者说，出版产业链是指在出版物的扩大再生产中，具有空间分布和时间顺序的相关企业组织和个人等形成的链状产业组合。出版产业链和其他产业链一样，也具有共性和个性。一方面，从共性方面来看，出版产业链同其他产业的产业链一样也存在价值关系传递和价值增值关系，出版产业链本质上也是一条价值链。另一方面，从个性方面来看，在整个产业链的延伸过程中伴随着各种信息的交换和交流，信息交换是否畅通、及时、准确，决定了整个出版产业链的效率。特别是信息技术的发展使得不同的产业关联性增强，出版、信息、网络等看似没有联系的产业间联系日益紧密，并出现一系列重叠、替代、交叉的趋势。② 显然，出版产业链的价值增值和信息关联性是其共性和个性的集中

---

① 方卿等著：《出版产业链研究》，高等教育出版社 2011 年版，第 33 页。

② 曹萍：《我国出版产业链研究》，硕士学位论文，北京印刷学院，2009 年。

表现。价值增值特征是所有产业链的共同特征，出版产业链当然也不例外，而信息关联特征强调了出版产业链的特殊性，出版本身就是信息传播，出版产业链也是信息传播链。只是在不同的技术时代，信息传播的方式不同罢了。

（二）出版产业链的特征

出版产业链有三个主要特征：其一，链状结构性。链状结构是出版产业链的主体结构特征，这种链状结构一方面体现了出版关联企业、组织或个人的主体独立性；另一方面体现了各个独立主体之间的价值关联方式。其二，整体功能性。构成出版产业链的各个独立主体是一个有机的整体，上下游环节之间围绕着完整的价值链结成交换关系，产业链任意一个环节的缺失都会严重影响整体产业链功能的发挥。其三，差异融合性。差异融合有两个意思，一方面是指出版产业链的各个环节由于资源禀赋与品牌价值的不同存在着价值增值与盈利水平的差异性；另一方面是指出版产业链上的各种媒体的融合性，包括平面媒体与网络媒体的融合、线下出版与在线出版的融合等。

（三）出版产业链的要素与结构分析

出版产业兼具文化创意产业、信息产业和新闻传播业等多重属性，是以内容服务、技术创新和信息传播为特征的知识型产业类别。因此，传播产业链的构成要素包括内容要素、技术要素和渠道要素三大要素。内容要素表现在出版业属于内容创意产业范畴，出版物的文化创意属性使其具有巨大的价值拓展性，出版产业核心竞争力的形成高度依赖以内容为核心的资源要素组合。技术要素表现在出版业属于信息产业范畴，出版物的信息传播属性使其具有巨大的价值拓展性，出版产业核心竞争力的形成高度依赖以现代信息技术为基础的技术要素组合。渠道要素表现在出版业属于流通传播产业范畴，在大数据和互联网时代，出版物的文化创意属性和信息传播属性使出版业更有条件通过虚拟网络进行流通传播。内容、技术和渠道等要素共同形成的合力是出版产业链得以形成的主导力量，因此，出版产业链属于综合要素主导型产业链（见图2-1）。

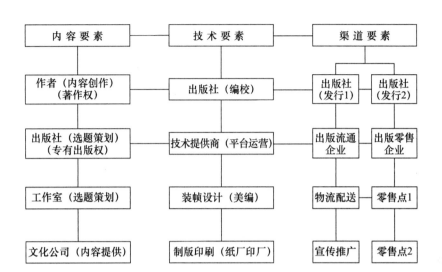

图 2-1　出版产业链要素结构

资料来源：笔者绘制。

　　由于组成出版产业链的不同企业在内容要素、技术要素和渠道要素方面的竞争力优势不同，因此，出版产业链分为不同类型，主要类型有三种：

　　第一种是内容要素驱动型或称生产者驱动型。这类出版产业链的组织者经过长期经营积累占有内容要素优势，如一些大型出版集团，如中国出版集团、中国科学出版集团、中国时代出版传媒集团、湖北长江出版传媒集团、江苏凤凰出版传媒集团、中南出版传媒集团等。出版传媒集团大多是由原来的专业出版社、印刷企业、发行机构、出版物资供应公司以及数字影像出版公司改制重组而成，这些集团有几十年的作者资源和内容资源的积累，并且集团内部的编印发环节相对完整，资金和技术力量雄厚，因此，它们可以主导整个产业链和价值链。

　　第二种是技术要素驱动型。这种类型产业链的组织者主要是电信和网络运营商，如中国移动、中国电信、中国联通等。它们因应技术垄断进军互联网阅读平台建设，抢占手机出版高地，创建阅读出版基地，既自己组织写作班子进行阅读内容创作，又吸引传统出版机构向其提供阅读内容，成为"三业融合"（信息产业、新闻出版业、文化创意产业）新产业链的整合者和网络阅读产业的组织者。

第三种是渠道驱动型。这类出版产业链的组织者主要是市场营销企业。包括民营书商以及蓬勃发展的互联网电商，这类出版产业链的组织者大多处于出版产业链的下游，其掌控市场渠道的竞争力优势明显，能够运用购买者的信息数据贴近市场进行选题策划和营销策划，进而组织和管理出版价值链，并且逐步从出版产业链的下游向出版产业链的上游进军，如京东的"京东出版"和亚马逊的"亚马逊出版"就是这种类型的代表。

随着高新技术的飞速发展，新的生产要素不断出现，出版产业组织形式也在不断地变化。在改革开放和市场经济大潮的推动下，中国出版已经逐步演化为大众出版、教育出版、专业出版的产业链格局。目前来看，内容或生产者驱动型出版产业链的组织者主要控制了教育出版领域，渠道或购买者驱动型出版产业链的组织者正在占据大众出版领域。教育出版与大众出版的区别在于对内容资源的掌控不同，教育出版具有较强的行业垄断性，渠道运行的行政化色彩较浓，如中小学教材的出版发行一直以来都是政府行为，实现义务教育教材免费供应后，新教材都由政府财政埋单，更是加强了教育出版的集中度和集成性。而大众出版的市场化程度较高，读者购书的选择性较强，渠道掌控者具有明显的竞争力优势。

三　出版产业链的几个关系辨析

（一）数字出版产业链与出版产业链关系辨析

这里之所以有必要对"数字出版产业链"概念进行说明，是因为现有文献中经常有人将"出版产业链"和"数字出版产业链"两个概念混用。本书认为，数字出版产业链，主要是由从事数字出版关联企业组成的一种长期的战略联盟关系，这个战略联盟包括内容供应商、技术服务商、生产商、渠道运营商、市场销售商以及终端用户所构成的。需要说明的是，数字出版产业链本质上是出版产业链的一种特殊形式和一个特殊样态，数字出版产业链与出版产业链的联系在于，"数字出版与一般出版在本质上有着一致性，都是把新产生的内容、信息通过一定的把关和技术处理，送达到读者手中"。两者的区别在于，"两者在生产方式、内容呈现方式以及销售、阅读方式上的不同，都是由技术差异造成的。数字出版依赖通信技术、网络技术、计算机技术等更加先进的技术环境，因而其生产业态及产业链变得更加复杂。"① 内容增值技术化是数字出版产业链的高技术特征，数字出版运用声、光、电等新媒介技术和网络传播等新传播平台，传播速度快，视觉效果好，实现了出版价值的快速增值。

（二）出版产业链与出版价值链、出版供需链、出版空间链的关系辨析

产业链的概念是一个比较典型的中国化概念，中国研究者使用较多，国外学者使用较少，外国人在研究中一般使用价值链概念、供应链概念和空间链概念。这种差别可能与国内外研究范式不同有关，国外研究者很多采用实证分析和量化研究方法，因此，他们习惯于将对象分门别类，有的从价值关系维度分析产业发展问题，形成价值链理论，有人从供需关系维度分析产业发展问题，形成供需链理论，有的从空间关系维度分析产业发展问题，形成空间链理论。而产业链是一个比较笼统的概念，这可能与中国传统的整体性和综合性思维习惯有关。由于上述原因，虽然"产业链概念"在 20 世纪 90 年代开始在中国使用，但至今人们对这个概念的内涵还是缺乏统一的认识。

第一种观点认为，产业链主要是指产业价值链，产业链只是价值链的一个笼统概括。宋玲等在《我国电子信息产业问题及对策研究》②，郑胜利在《产业链的全球延展与我国地区产业发展分析》③ 的文章中都主张产业链主要是指产业价值链。

第二种观点认为，产业链主要是指产业供需链，产业链只是供需链的一个笼统概括。卢明华等在《从产业链角度论中国电子信息产业

---

① 周利荣：《我国数字出版产业链整合模式分析》，《出版发行研究》2010 年第 10 期。

② 宋玲、成达建、陶济：《我国电子信息产业问题及对策研究》，《商场现代化》2004 年第 14 期。

③ 郑胜利：《产业链的全球延展与我国地区产业发展分析》，《当代经济科学》2005 年第 1 期。

发展》①，刘斌在《产业集聚竞争优势的经济分析》②，李仕明在《构造产业链、推进工业化》③，赵绪福、望雅鹏在《农业产业链、产业化、产业体系的区别和联系》④ 等文章中都认为产业链是由具有严格的上下家供需链时间顺序关系的产业链环所构成的。

第三种观点认为，产业链主要是指产业空间链。蒋国俊、蒋明新在《产业链理论及其稳定机制研究》⑤，龚勤林在《论产业链延伸与统筹区域发展》⑥ 等文章中认为，产业链不仅有时间的次序，上、下链之间有时间先后之分，产业链还有空间的分布状态，产业链上的各个企业都处于不同的空间地域。

出版产业是国民经济的一个门类，也具有本身的产业链结构。本书认为，为了深入分析出版产业链相关问题，有必要从出版价值链、出版供需链、出版空间链三个维度将出版产业链问题细化，这样做的理由在前面关于"核心概念界定"部分和"产业链维度的厘定"部分已经进行了阐述（见图 2 - 2）。

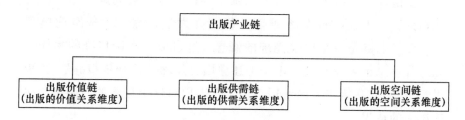

图 2 - 2 出版产业链维度结构

资料来源：笔者绘制。

---

① 卢明华、李国平、杨十兵：《从产业链角度论中国电子信息产业发展》，《中国科技论坛》2004 年第 4 期。

② 刘斌：《产业集聚竞争优势的经济分析》，清华大学出版社 2007 年版，第 13 页。

③ 李仕明：《构造产业链、推进工业化》，《电子科技大学学报》（社会科学版）2002 年第 2 期。

④ 赵绪福、望雅鹏：《农业产业链、产业化、产业体系的区别和联系》，《农村经济》2004 年第 6 期。

⑤ 蒋国俊、蒋明新：《产业链理论及其稳定机制研究》，《重庆大学学报》2004 年第 1 期。

⑥ 龚勤林：《论产业链延伸与统筹区域发展》，《理论探讨》2004 年第 3 期。

简单地说，出版产业链与出版价值链的关系是，出版价值链是出版产业链的一种维度表达，出版产业链是出版价值链的一种笼统概括，出版产业链以价值关系呈现形成出版价值链。出版资源在产业链的各个节点的传递是一个价值增值过程。因此，出版产业链的形成过程本质上就是出版价值链的形成过程。而且出版产业链的衍生范围与出版价值链的衍生范围是一致的，出版产业链有多长，出版价值链就可以延伸多长。

出版产业链与出版供需链的关系是，出版供需链是出版产业链的一种维度表达，出版产业链是出版供需链的一种笼统概括，出版产业链以供需关系呈现形成出版供需链。出版产业的市场活动天然存在供应和需求关系中，天然存在上、中、下游各个环节中。因此，出版产业链的形成过程也就是出版供需链的形成过程，出版产业链的运行显性地表现为出版供需链的运行。所谓显性运行，是因为与价值关系和空间关系相比，供需关系更直接、更直观、更容易被人们所认知。

出版产业链与出版空间链的关系是，出版空间链是出版产业链的一种维度表达，出版产业链以空间关系呈现形成出版空间链，出版产业活动与其他经济活动一样必然具有一定的空间形式，时空是事物的存在形式，出版产业必然具有自身的结构空间和活动空间。因此，出版产业链的形成过程也就是出版空间链的形成过程。

任何产业活动都存在价值关系、供需关系和空间关系，出版产业也不例外，也存在价值关系传递、供需关系关联和空间关系变迁。本书就是试图通过研究大数据对出版产业的影响来讨论出版价值关系、供需关系和空间关系的变化。

第三章　大数据时代出版
价值链的重构

出版价值链是出版产业链的重要维度，在大数据时代，出版产业链重构的重要表现就是出版价值链的重构。因此，讨论大数据条件下出版产业链重构有必要首先从价值分析的角度研究出版产业链各个环节价值丰度的变化和价值构造的变化。为了厘清对大数据时代出版价值链重构问题的研究思路，本章重点讨论四个方面的问题：一是关于价值链与出版价值链概念的界定及其关系分辨；二是出版价值链重构的基本动因；三是出版价值链重构的基本内容；四是出版价值链重构的模型。

第一节　价值链与出版价值链

自从 1985 年哈佛大学商学院迈克尔·波特教授提出著名的价值链理论之后，价值链问题研究日益热烈，是所有关于产业链理论问题中研究成果最多的领域，并且，价值链概念的提出在前，产业链概念提出在后，甚至有学者直接将产业链等同于价值链，可见价值链问题的重要性，虽然出版价值链与其他产业的价值链构造有不同之处，但构造所依据的基本原理和原则是共同的，出版价值链只是价值链在出版产业的具体表现。

一　价值链

价值链理论包括两个方面内容：一是关于价值链概念；二是关于价值链管理。前者讨论的是价值链的理论问题，后者讨论的是价值链的实践或实现问题。只有将理论问题和实践问题结合起来，对这一问题的研究才既具有理论意义，又具有实践意义。

（一）价值链概念

价值链概念是哈佛大学商学院迈克尔·波特教授在《竞争优势》一书提出来的。研读《竞争优势》一书可以看出，迈克尔·波特教授在两个意义上使用了价值链概念：一是企业内部价值链或称企业价值链，他指出："每一个企业都是用来进行设计、生产、营销、交货以及对产品起辅助作用的各种活动的集合。所有这些活动都可以用价值链来表示。"① 波特将这种企业内部价值链称为基本价值链。二是企业外部价值链或称为产业价值链，波特指出，"企业价值链与上游供应商价值链、下游买方的价值链连接，这一大串的活动构成价值系统"。② 虽然波特教授在讨论竞争优势与价值链的关系时更偏重从企业内部价值链出发来使用价值链概念，但是，他也看到了企业内部价值链不可能孤立存在，企业价值链的运行必须和产业价值链运行同步进行。进入 21 世纪以后，随着企业经济活动越来越网络化、模块化，更多人关注围绕核心企业构建价值链网链关系，"如核心企业与供应商、供应商的供应商乃至与一切前向的关系，与用户、用户的用户及一切后向的关系，价值链变成了一个网链。"③

根据波特教授的价值链理论，我们可以将价值链的内部和外部结构概括为狭义价值链和广义价值链。④ 或者称为企业内部价值链和外部价值链。

企业内部价值链是企业内部为了提高自己的核心竞争力实现价值增值而进行的"设计、生产、营销、交货以及对产品起辅助作用的各种活动的集合"。或者内部价值链"是一条由采购、生产、销售和服务等作业按照一定的前后顺序构成的链条。"⑤ 这里之所以将出版企业的采购、生产、销售和服务等环节构成的链条称为价值链，是因为链中的每一个环节都存在价值增值活动，链中每个环节都为下一环节增

---

① ［美］迈克尔·波特：《竞争优势》，陈小悦译，华夏出版社 2005 年版，第 36 页。
② 同上书，第 34 页。
③ 王海林：《价值链内部控制》，经济科学出版社 2007 年版，第 3 页。
④ 同上。
⑤ 同上书，第 7 页。

加一定价值。对于每一个环节，假设其增值量为▲V，则▲V可能是正值、负值或0；价值链业务优化的目标就是尽量消除负增值，减少0增值，扩大正增值。随着作业流的运动，价值不断增加，形成价值增值流。正是从这个意义上，有研究认为价值链实现了作业流、物流、信息流、资金流、控制流和价值增值流的"六流整合"。

企业外部价值链是产业价值传递过程中围绕某一主导企业形成的价值增值关系或者是以多个主要企业为主导形成的价值增值环链。企业外部价值链显示的是某个或某几个核心企业与协作企业的上下游关系和协同合作关系。有上下游关系的外部价值链也称纵向价值链，处于源头的供应商是外部价值链的上游，处于销售终端的营销商是外部价值链的下游。存在平行合作关系的外部价值链也称横向价值链，是指在一组相互平行的外部价值链中处于同等地位的企业之间相互合作所形成的价值增值关系。

（二）价值链管理

Gerhard Plenert认为，"价值链管理是对从最初供货商开始的所有资源的集成（Intergration）和优化（Optimization），它集成了影响响应时间和能够使财务资源最大化、损耗最小的能力管理方案的信息、物料、劳动力、能力、后勤等。也就是使供应链网络和所有的各级客户价值最优。"① Tom Mc Guffog认为，"价值链管理的本质是改进整个链条的整体效能，用系统化的、标准化的方法对整个价值链环和价值链的各个环节进行调节和控制，从而了解怎样使总体响应速度、成本效益能够最优"。② 中国人民大学的宋建波博士认为，"价值链管理是供应链管理的进一步发展，是将客户关系纳入其控制范畴，其管理的基本思想是以市场和客户需求为导向，以核心企业为龙头，以提高竞争力、市场占有率、客户满意度和增加企业价值为目标，通过运用现代企业管理思想、方法和信息技术，达到对整个供应链的信息流、物

---

① Gerhard Plenert, *The EManager*: *Value Chain Management in an Ecommerce World*, 2001.

② Tom McGuffog, "The obligation to keep value chain management simple and standard", *Supply Chain Management 2*, No. 4, 1997, p. 124.

流、资金流、商流、价值流和工作流的有效规划和控制。"① 王海林认为，"价值链管理是从价值分析的角度，实现对企业原料最初供应商开始的上游企业到核心企业，再到产品或服务最终用户的下游企业的集合体的管理过程。"②

关于价值链管理的内容，主要包括如下方面：一是利用 MRP、MRP Ⅱ、JIT 来制订集成的供应链计划；二是管理全部资源；三是对整个链条范围内的资源优化和信息集成；四是建立价值链管理平台。这个平台包括以下几个部分：第一部分是价值链管理的指导思想、管理理论和管理方法体系；第二部分是价值链管理信息平台；第三部分是价值链控制系统。价值链管理通过对产业链各环节活动和资源配置进行分析，来调节和控制价值链上各个企业的经营活动，优化价值禀赋和价值丰度高的核心业务流程，达到在满足市场价值需求的同时实现企业价值增值，实现强化企业竞争优势的管理目的。

二　出版价值链

（一）出版价值链的定义

出版价值链是由价值链概念延伸而来的，从定义上讲，出版价值链是出版产业链的价值维度和价值关系表达，是指相关出版企业、组织、个人基于出版物的价值增值而形成的具有连续追加价值关系的经营联盟。价值增值是出版产业链的基本属性，出版价值链是出版产业链的主要维度，出版产业链因出版价值链而存在，出版价值链是维系出版产业链存在和发展的纽带，出版价值链的解构就会意味着出版产业链的解构。

（二）出版价值链的价值增值属性

出版价值链的价值增值属性主要表现为时空差异性，具体表现在三个方面：一是共时性，共时性也即价值共创性，是指出版价值不是由出版产业链中的哪一个单个组织或个人单独创造的，而是由组成出版产业链的关联联盟共同创造完成的。显然，共时性体现的是出版价值链的空间特征。二是历时性，历时性也即价值增值的连续性，是指

---

① 宋建波：《企业内部控制》，中国人民大学出版社 2004 年版，第 9 页。
② 王海林：《价值链内部控制》，经济科学出版社 2007 年版，第 11 页。

出版价值链上的不同组织或个人分别处于不同环节，各个环节之间有着严格的上下游关系和时间先后顺序，出版物的价值增值是一个连续的价值追加过程。显然，历时性体现的是出版价值链的时间特征。三是差异性，差异性也即价值贡献率，是指出版价值链上的不同组织或个人对出版价值增值贡献的程度大小和水平高低。一般来说，处于出版产业链高端的组织或个人对出版价值增值的贡献率相对较大，而处于出版产业链低端的组织或个人对出版价值增值的贡献率相对较小。显然，差异性体现的是出版价值链各环节的比较性特征。

（三）中国出版价值链管理存在的主要问题

1. 价值链结构问题

主要表现在出版价值链结构形态单一，从产品形态来看，主要生产有形产品，价值呈现方式只是"有形产品＋有形产品"的产品组合，典型特征是实物封装形式，如图书、磁带、光盘等，而无形产品的开发相对滞后。从产品营销策略来看，主要盯着收费产品，忽略免费产品的价值创造功能。从用户构成来看，主要用户对象是目标用户，忽略非目标用户的价值意义。从创收来源来看，主要依靠主业收入来源，而缺少相关衍生性产品的收入来源，并且，不重视通过组合价值让渡建构合作者广泛参与的多维价值网链，或通过"逆向收入源"拓宽多元化渠道。

2. 价值链管理问题

主要表现在出版价值链各节点孤立封闭。这种封闭性从出版价值链管理的目标来看，是产业链的各节点企业没有形成有效的"供—需"链接，出版内容提供者、原材料供应商、出版生产企业、出版技术服务商、出版物分销商、出版物零售商等各个环节利益分割和利益碎片化，分销商和零售商往往各自强调自己的个体利益而漠视出版价值链整体的利益，这种各自为政的局面加大了产业链的脆弱性，在本来互为供需的基础上却形成各自封闭的供应环路，造成全行业整体效益下降。从渠道的设计和管理来看，出版价值链管理缺乏整体和系统的战略设计，各供需企业间的客户关系被设计成一种简单的线性的出版物买卖关系，没有建立起一种基于共同价值目标的长期合作共赢的伙伴关系，渠道结构的不合理，造成渠道运行不畅通和渠道关系松散，从而使得出版物交易成本过高，加大了市场风险。从渠道流程管理上来看，出版物渠道管理没有建立利益共享机制，渠道碎片化使得物流、商流和信息流处于分立状态或分离状态，信息不畅、物流不畅都无疑加大了出版价值链上各节点企业的利益冲突，使得出版物选题与营销的矛盾日益尖锐，物流配送矛盾也日益突出，出版物库存与退货问题也更加严重。与此同时，回款周期越来越长，也加大了出版企业的资金风险，因此，不突破出版物渠道管理不当这一严重影响出版物市场发展的"瓶颈"，就根本不可能降低出版企业的战略成本。[①]

第二节　出版价值链重构的基本动因

出版企业和其他领域的企业一样，其存在的价值是要盈利，尽管出版企业具有创造社会效益和经济效益两种功能，但从本质上说，它是通过创造经济效益来实现社会效益的，创造价值是出版企业存在的理由和运行发展的动力，因此，出版价值链重构的动力机制就是盈利机制，如果一种价值链不能盈利或者盈利能力持续衰减，抑或在新技术浪潮冲击下价值链面临断裂，那么，这种价值链被解构就在所难免。从这个意义上可以说，出版价值链重构的逻辑前提是传统出版价值链的解构，而传统出版价值链的解构必然导致出版价值链的重构。

一　传统出版价值链的解构

兰登书屋前总编辑贾森·爱泼斯坦在《图书业》一书中指出，新技术将"迫使出版商组成一个共同体，这种共同体的形成将逐渐淘汰许多传统的出版职能，尤其是那些与生产、储存、运输以及图书营销紧密相关的职能。事实上，这些新技术还将淘汰今日那些本身就是多余的诸多出版集团。"[②] 众所周知，出版企业建构价值链的最终目的是创造价值，如果现有的价值链不能实现价值增值或价值创造过程持续

---

① 于春迟、谢文辉：《出版管理学》，中国人民大学出版社 2011 年版，第 284—285 页。

② ［美］贾森·爱泼斯坦：《图书业》，中国人民大学出版社 2006 年版，第 4—5 页。

减缓，就会出现出版价值链结构的变化。因此，出版价值链的解构是出版价值链必须重构的基本动因之一。

（一）单一的线下价值链的解构

在传统的出版价值链中，出版机构主要占据的是以线下资源为盈利模式的价值版图。作为文化创意产业的出版产业，其主要成本要素是作者和编者的人力资源成本以及生产图书纸张的生态环境成本，在传统的线下价值链运行模式下，生产的边际成本不断上升，作者的稿费在不断上涨，人员工资在不断增加，纸张年年在涨价，给书店的让利折扣在不断加大，产品的信息推广费用也在不断增长。在成本不断增加的同时，出版物的销售量却不断下滑，退货量和库存量年年攀升。据统计，2013 年，全国新华书店系统、出版社自办发行单位年末库存 65.19 亿册（张、份、盒）、964.40 亿元，与 2012 年相比数量增长 16.42%，金额增长 14.55%。① 成本和库存增加会消耗和占用大量资金，进而加大了价值链的脆弱性或价值链断裂的危险性。在互联网经济和大数据条件下，单一的线下价值链正在被基于互联网和大数据的线上＋线下的 O2O 构造所改造。

用线上＋线下的 O2O 建构立体网状价值链的成功案例是使《纸牌屋》再度火爆的 Netflix（奈飞公司），《纸牌屋》原本是由迈克尔·多布斯在 1989 年创作、1990 年出版的一部政治小说，原来只在线下销售，销售量谈不上有多么火爆。但在 2013 年 2 月 1 日，Netflix 又将其改编成影视片出版发行。这部用大数据"算"出来的影视片，使用了 3000 万用户的收视选择、400 万条评论、300 万次主题搜索等海量数据。最终，拍什么、谁来拍、谁来演、怎么播，都由数千万观众的客观喜好统计决定。② 《纸牌屋》梅开二度大获成功与 Netflix 的大数据商业模式有关，成立于 1998 年的 Netflix 从创业伊始，就将建构立体网状 O2O 作为商业模式，首先是开放 Netflix 的整个平台，甚至用户可以在游戏机上用 Netflix 观看影视出版物，然后，采用网上在线预

---

① 《2013 年全国新闻出版业基本情况》，《中国新闻出版报》2014 年 8 月 13 日。

② 郑培源：《大数据时代背景下影视业如何玩转数字魔方》，《上海证券报》2013 年 6 月 6 日。

订和物流邮寄的营销方式实现线上和线下的联动，并用这种方式取得了与百事得市场对决的优势，再一步，Netflix 用直接的流媒体的模式颠覆了在线预订和物流邮寄的营销模式，流媒体是采用流式传输的方式在互联网上播放的媒体格式，这种在线观看和数据包选择的即时性或便捷性大大增强了用户黏性，因此，Netflix 迅速成长为全球重大的流媒体，中国的优酷、爱奇艺等流媒体从 Netflix 那里借鉴了不少有益的经验。

（二）单一的产品价值链的解构

在传统的出版价值链中，出版机构主要占据的是以纸媒为盈利模式的价值版图，产品线相对单一是传统的出版价值链盈利功能持续弱化的重要原因。虽然在中国，多年来非纸媒出版物增长速度有限，但在西方出版发达国家，非纸媒出版物增长不断加速。据英国出版商协会公布的《2013 年出版商协会年度数据》显示，2013 年英国图书和学术期刊总收入为 47 亿英镑，其中有 15 亿英镑来源于数字服务，占比 29%。经过 5 年发展，实体书和电子书的总收入增长了 6%，而其中实体书同期销售下降了 6%，电子书销售增长了 305%。[①] 尽管现阶段非纸媒出版还没有占到整个出版的半壁江山，但增长势头不容忽视。据《美国纸媒加速数字化转型》报道称，到 2014 年，占美国报业收入 80% 的广告收入已经从 2005 年的 500 亿美元锐减至每年约 230 亿美元，为了留住读者，美国报纸纷纷开设网络版，以吸引纸质订阅用户以外的网站读者。2011 年，《纽约时报》效仿英国《金融时报》，率先在美国报纸竖起"付费墙"，用数字订阅挑战大众一直认为互联网内容应该免费的思维。"付费墙"确实发挥了作用。2013 年 5 月，纽约时报公司宣布该报已拥有约 70 万数字订阅用户，为报纸创造了上亿美元的营收，并且仍在增长。[②]

在中国，改变单一出版产品价值链的成功案例是《熊出没》，由深圳华强数字动漫有限公司开发制作的《熊出没》2012 年春节期间在央视开播，随后在百度—爱奇艺视频网站上线，三年时间，《熊出

---

① 《英国出版业 1/3 收入来自数字业务》，《中国新闻出版报》2014 年 6 月 30 日。

② 陈丽丹：《美国纸媒加速数字化转型》，《中国新闻出版报》2014 年 7 月 15 日。

没》点击率已经突破 72 亿次，平均每天达 2400 万次，作为后续产品的《熊出没之环球大冒险》自 2012 年 6 月开始上线以来，点击率也已经突破 40 亿次，平均每天达 2200 万次。同时，《熊出没》系列片还在中国移动、中国电信、中国联通等专业视频网站和手机视频平台上持续热播，一直占据着中国动漫点击排名第一的位置。除了影视出版物以外，《熊出没》还被出版成纸媒图书，2012 年 2 月 1 日，开发商深圳华强数字动漫有限公司与北京华图宏阳图书有限公司正式签订独家授权协议，授权《熊出没之环球大冒险》系列动画片由北京华图宏阳图书有限公司出版印制销售纸质图书，到 2013 年 1 月底，已出版发行了《熊出没之环球大冒险（丛林篇）：追踪器》等 5 套相关图书。同时，《熊出没》还被开发成系列玩具，华强数字动漫有限公司授权深圳盟世奇商贸有限公司等机构开发推出儿童玩具产品。这样，《熊出没》的产品线就涵盖了纸媒的图书出版和非纸媒的动漫影视网络出版甚至玩具开发等广阔领域，产品线的扩展就是产品价值链的拉长延伸和价值丰度的提升，单一的产品价值链变成了丰富的、多维的产品价值链。

（三）单一的内容价值链的解构

一般来说，我们通常把出版产业称为内容产业或"内容为王"的产业，将出版商定位为内容提供商，在传统的出版价值链中，出版内容一直是创造价值的核心，出版产业价值链的构建和运行一直是以出版物的内容为中心展开的。在大数据和互联网经济时代，传统的以"内容为王"的出版价值链面临解构，取而代之的是"内容＋体验为王"新的价值链构造。"内容＋体验为王"新的价值链构造颠覆了以往的单一的内容价值链，构建的是一种立体的、多元的、复合的价值链构造。也就是说，在大数据和互联网经济条件下，出版机构不仅能通过出版内容创造价值，还可以通过出版数据、提供体验服务实现价值增值。哈雷·曼宁的《体验为王》一书将"用户体验"称为"互联网时代商业竞争的核心哲学"和"伟大产品与公司的创生逻辑"。称现在是一个"体验为王"的时代，由外向内的客户体验反馈，必然要求公司的关注重点乃至组织架构进行全新转变。"只有客户体验是一切的核心——它决定了你如何进行你的业务，你的员工在同客户和彼此之间互动时的行为方式，以及你所提供的价值。"① 被誉为"客户体验领域最权威专家"的迪士尼世界度假区前副执行总裁李·科克雷尔在《卖什么都是卖体验》一书中将现时代称为"体验经济时代"，他将提供体验服务从以往冷冰冰的商品买卖关系中提炼出来，上升为社会交往中人与人的社会关系以及商业活动中人的情感因素，指出：用户体验使"情感因素与金钱交易相挂钩，有些执迷于金钱的人对这些情感因素往往嗤之以鼻，但凭借在世界上多家盈利水平最高的企业中效力数十载的经验，我认为，情感因素比交易过程中的金钱更重要。因此，我们不仅要把商业中的情感因素经营到位，而且要做到至美、至善、至诚。"② 其实，在商业活动中提供用户体验服务，不仅仅只是增强商家与用户的情感联系，增强用户忠诚度和用户黏性，还有一个重要意义是通过用户体验来获取用户数据，对用户数据的存储积累、分析挖掘将带给商家新的大数据价值。

通过用户体验实现出版价值增值的案例是 Coliloquy，Coliloquy 的联合创始人丽莎·卢瑟福基于"书籍应该可以是互动的"的理念，和"Kindle 主动型内容开发者计划"合作，在 Coliloquy 出版的电子书中允许读者自己设计人物角色和情节线索，经数据分析，让作家调整故事迎合大众口味。③ 大数据应用可以增强内容提供者、技术服务商、出版商和读者用户之间的互动性，满足读者用户的体验感，获得读者用户的消费体验数据，不断改进出版内容和出版方式，创新的盈利模式。Coliloquy 的编辑营销模式在某种意义上说明了大数据技术应用于出版的可行性和现实性。"如果我们能够量化用户的阅读题材、阅读场所、阅读时长、标注章节和重复浏览内容，大数据时代的快销书指日可待。"④

二　推动出版价值链重构的大数据魅力

新技术革命从来都是产业发展和业态转型的强大推动力，大数据

---

① ［美］哈雷·曼宁：《体验为王》，中信出版社 2012 年版，第 6 页。
② ［美］李·科克雷尔：《卖什么都是卖体验》，中信出版社 2014 年版，第 3 页。
③ 杨鑫捷：《大数据会颠覆出版业》，《IT 时报》2013 年 8 月 19 日。
④ 鲁公子：《量化用户信息，还原用户性格》，《中国出版传媒商报》2013 年 10 月 8 日。

和互联网经济技术革命在促使传统的单一线性的出版价值链解构的同时，也在推动出版价值链重构。作为一个新的技术经济时代，大数据的魅力在于它在改变人们传统的思维范式的同时，也在创新商业模式。因此，大数据的商业魅力是推动出版价值链重构的基本动因之一。对于出版价值链的重构来说，大数据的商业魅力具体体现在对几个基本的大数据原理的运用上。

（一）基于大数据的"相关性原理"推动建构出版价值链

所谓"相关性原理"是指通过大数据技术对大量没有因果关系的非结构性数据之间"相关性"关系进行分析挖掘和判断决策的工作原理。"相关性"的大数据原理在于从原来习惯的对商业活动数据的"因果关系"分析转变到"相关关系"分析上。一直以来，寻找事物的因果关系是人类长久以来形成的习惯，但在大数据时代，我们无须再紧盯事物之间的因果关系，而应该寻找事物之间的相关关系。被誉为"大数据权威"的维克托·迈尔—舍恩伯格指出，"相关关系分析本身意义重大，同时它也为研究因果关系奠定了基础。通过找出可能相关的事物，我们可以在此基础上进行进一步的因果关系分析，如果存在因果关系的话，我们再进一步找出原因。"[①] 能找出相关关系，就没有必要非要寻找因果关系，这是大数据思维的新特点。其实，这里有两种情况：第一种情况是对学术性的科学研究来说，因果关系永远是探究科学之谜的密钥。《大数据时代》一书的译者周涛教授指出："放弃对因果性的追求，就是放弃了人类凌驾于计算机之上的智力优势，是人类自身的放纵和堕落"。[②] 第二种情况是对实用性的商业活动来说，烦琐的因果关系探究已无必要，有相关关系支持赚钱就行，赚钱讲究短、平、快，所以企业收集和处理大数据，不必深究为什么能增加利润，更没有必要花大力气深究其背后的内在规律和数理模型。

通过大数据分析从"相关关系"中挖掘商机的典型案例是沃尔玛在其卖场中将啤酒与尿布摆放在一起销售的故事，还有在季节性飓风

---

① ［英］维克托·迈尔—舍恩伯格：《大数据时代：生活、工作与思维的变革》，浙江人民出版社 2013 年版，第 88 页。

② 周涛：《在路上晃晃悠悠》，载《大数据时代》，浙江人民出版社 2013 年版，第 IX 页。

来临之前，将手电筒与蛋挞放在一起销售的例子。这些案例说明，在大数据条件下，看似两个互不相干的没有什么因果关系的事物，通过销售数据分析可以发现它们之间存在某种相关关系。而对于追求利润率的商家来说，不需要知道"为什么"啤酒与尿布放在一起会增加销量，只需要知道结果"是什么"就行。

在出版传播领域，大数据通过"相关关系"分析挖掘商机的典型案例是电商巨头之一的京东商城推出的"2012京东数据汇"。2013年1月9日正式发布的"2012京东数据汇"是通过对8000多万京东网购用户的购物行为习惯的分析挖掘汇集而成的。关于图书，"2012京东数据汇"发现很多读者将《百年孤独》和《淡淡的人生不寂寞》同时放入购物车，《百年孤独》是哥伦比亚作家加西亚·马尔克斯的代表作，是拉丁美洲魔幻现实主义文学的代表作，而《淡淡的人生不寂寞》则被称为"华人世界第一心灵抚慰书"，对于很多读者为什么同时将《百年孤独》和《淡淡的人生不寂寞》一起放入购物车，京东也不知道其"因果关系"，但凭借大数据分析得出的"相关关系"表明，这两种图书放在一起推荐给读者同时好销。"2012京东数据汇"还发现，热衷于健身的人中居然有很多人偏爱历史，数据显示100位购买了健身器材的客户中会有70人同时购买《中国通史》，于是，京东将这两大类看似不同的商品关联在一起放在商品推荐系统平台上。

显然，大数据所提供的"从数据直接到价值的捷径"的"相关关系"分析路径大大简化了以往的相对烦琐的刨根问底式的"因果关系"分析模式，这种简化不仅大大降低了生产和营销成本，还大大加快了产品的销售进度和销售数量。因此，我们可以说，通过大数据分析找出"相关性"是人类活动一直追求的"简单性原则"在日益复杂的商业活动中得到了成功应用，因此，基于大数据的"相关性原理"建构出版价值链应该是我们要考虑的一个原则。

（二）基于大数据的"全数据原理"推动建构出版价值链

所谓"全数据原理"是指通过大数据技术对特定事物的整体性数据进行分析挖掘和判断决策的工作原理。"全数据"的大数据原理在于从原来习惯地对人们活动数据的"样本数据"分析转变到"全数据"分析。在小数据时代，人们对事物整体的把握只能通过窥斑见全豹的方式来实现，抽样调查是数据有限条件下获得结论的主要手段。但抽样调查有其局限性，主要表现在抽样随机性的实现比较困难；随机抽样不适合细节考察，不适合分析子类的情况，子类一旦细分，抽样分析结果的错误率会大大增加；还有，随机抽样调查结果缺乏延展性，调查结论数据不可重新使用来实现别的分析要求。进入大数据时代，大数据收集分析处理技术使获得接近于整体的数据越来越容易，大数据技术可以对瞬间发生的实时海量数据进行即时处理，因此，"样本＝总体"的"全数据模式"被称为精确分析市场需求和防范经营风险的新的商业模式。

"全数据模式"有两个最大的好处：一是可以提高我们把握事物的精度，如2011年10月，美国国家气象局（NWS）对外宣布，该局已经在全国几千辆客运大巴上安装了专业数据传感器，这些传感器能够随着客运大巴的运动，将所到之处的温度、湿度、露水、风力、光照度等数据进行采集并且实时传回国家气象局的数据中心，数据采集以一定的频率进行，每10秒钟采集一次，数据传感器每天要采集10万次以上的数据，数据中心对这些实时的、随机的、高粒度、高频率的数据进行分析处理，其发布的天气预报就不再仅仅只是"预"报，而逐渐走向"实"报、"精"报。二是可以通过实时监测防范经营风险。全数据模式涉及我们对大数据之"大"的理解，大数据之"大"不仅仅指数据体量大，还包括数据的整体性或完整性。大数据的完整性和实时性减少了遗漏，减少了被错过的机会，通过使用整体数据，我们可以发现一些可能被忽略的蛛丝马迹，例如，金融机构为了防止信用卡诈骗，会通过实时监测提示报警每一次异常交易情节。

在出版传媒行业，2014年7月25日，苹果公司为了改善其图书业务板块 iBook 的服务，花费了近1500万美元收购爱达荷州图书分析服务商 BookLamp。BookLamp 最吸引苹果公司的产品是"图书基因组计划"（Book Genome Project），该平台的优势是基于自然语言分析技术，根据对不同读者的阅读爱好和购买记录的大数据分析，制订出"量身定做"的"图书基因组计划"推荐方案，为读者用户搜索和分类购买图书提供快捷、精准的营销服务。苹果收购 BookLamp，看中的正是其最具有特色、最具有竞争性的"图书基因组计划",这有助于其在图书市场与亚马逊展开竞争。事实上,亚马逊也看中了"图书基因组计划",曾试图出高价收购 BookLamp,但最终未能如愿,而只是收购了 BookLamp 的竞争对手——GoodRead。

对出版传播来说,大数据的精准营销因应的是从大众传播向分众传播转变的趋势。丹尼斯·麦奎尔在《麦奎尔大众传播理论》中提出"受众的满足模式"(Gratification Set)[①] 这一术语,"受众的满足模式"概念"意味着受众是处于分散各处、无相互联系的个人集合体。"需求的差异化、个性化和分散性使得现代消费越来越趋向于"私人订制"或"量身定做",这种从聚众时代的人类族群到分众时代的人类族群关系的变化,要求出版传播机构要精准把握每一个用户族群,了解每一个用户的消费心理和消费习惯,通过消费数据分析标示用户差异化个性,建立品牌和受众之间的社会化的营销关联。

(三)基于大数据的"第四范式"推动建构出版价值链

"第四范式"概念是图灵奖获得者吉姆·格雷(Jim Gray)提出来的,他将大数据作为一种新的研究范式列为与实验型范式、理论型范式、计算型范式并列的第四范式(the fourth paradigm)。中国工程院倪光南院士指出:研究的实验型范式、理论型范式、计算型范式都是在已知规律的情况下发现新的规律,而大数据"则是在未知规律的情况下,运用计算能力从大数据中发现规律并发挥规律的作用。"[②] 通过"未知"发现规律,就很难预设理论模型,正是因为大数据能从"未知"中发现规律,其核心意义在于发现和挖掘可能存在的潜在价值,而不在于发现现实价值;不在于从"已知"的现实中发现问题和规律,而在于从"未知"的种种可能中发现问题和规律。因此,在谈到大数据的核心价值时,一致的观点认为大数据的核心是预测,是基于海量数据分析挖掘后的精准预测。这就告诉我们,在大数据条件下,传统意义上的"可能与现实"的关系正在发生变化。

从商业的意义上说,"可能与现实"关系的变化要求我们从关注

---

① Denis McQuail, Mass Communication Theory, SAGE, 2010, p. 334.
② 倪光南:《关于大数据》,《高科技与产业化》2013 年第 5 期。

"现实用户"转变为更多地关注"可能用户"。传统的商业模式只是对付费的"现实用户"负责，所谓的"顾客是上帝"所强调的也主要是存在买卖关系的"现实用户"，而对那些只是"打酱油"的围观者则存在不同程度的忽视，并没有认识到这些围观者有可能从"可能用户"发展为"现实用户"。在大数据和互联网经济时代，规模越来越庞大的网络经济一个重要的盈利机制，就是聚集并拥有一个巨大、免费的用户群，网络经济强调的不是如何获取收入，而是如何获取用户。因此，没有买卖关系的受众也是潜在的用户，他们有可能从围观者变成参与者，有可能从"可能用户"转变成"现实用户"，他们可能既是销售收入的来源，也是大数据信息的来源，也就是说，他们即使不买东西，其围观参与一方面可以聚集人气，热闹市场；另一方面还可以积累客户消费意愿的大数据，为商家进行新产品的开发设计和市场营销提供数据来源。我们大家熟知的小米手机信奉的就是"高手在民间"的经营理念，其研发团队的主要任务之一就是每天在网上收集整理海量的用户反馈数据信息，然后对这些建议和意见进行可行性研判，进而对产品不断进行改进。小米手机既没有自己投资的硬件生产车间，也没有自己投资的销售商店，甚至改进产品的很多点子都是用户出的，这大大降低了其研发、生产、销售成本，创新了盈利机制，增强了市场竞争力。

在出版领域，大数据将可能的"潜在用户"挖掘发展成为"现实用户"的最大成功之举是建立高度智能化的出版物推荐系统（见图 3-1），我们现在不管是在淘宝、京东，还是在当当、亚马逊，只要我们浏览过或者购买过的出版物，不仅被记忆，而且还有大量相关出版物被不断推荐，本来刚开始很多人在网上的浏览行为可能是围观，只是随便看看，并没有购物的打算，但基于自然语义分析的预测推荐系统不断告知新书，让人目不暇接，购买欲望被不断放大，购物车越来越满，很多人被从可能的"潜在用户"挖掘发展成为"现实用户"。运用基于大数据的高度智能化的出版物推荐系统快速盈利的一个成功案例是推出新版《纸牌屋》的 Netflix，Netflix 改变了以往的仅仅依靠算法来调整和优化推荐体系的模式，它投入资金建立了一个高度智能化的实验室，通过实验模拟人的大脑活动，运用人的大脑活动的模拟机制建构更精确、更接近于人的需要的影视出版物推荐系统，这种高度智能化的影视出版物推荐系统帮助 Netflix 变成了全球最大的最有影响的流媒体服务商，短短几年工夫，其会员人数已经超过了4000 万，每年的营业收入超过 40 亿美元。实践证明，通过建立高度智能化的出版物推荐系统挖掘"潜在用户"是基于大数据的"第四范式"建构新的出版价值链的成功模式。

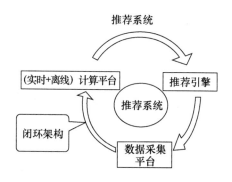

图 3 – 1 基于大数据的产品推荐系统

资料来源：http：//www. bkpcn. com，2013 年 6 月 13 日。

第三节 大数据时代出版价值链 重构的基本内容

基于大数据重构出版价值链，应该先弄清楚大数据具有什么功能价值，它能够为出版价值链的重构做什么。现在比较一致的观点是，大数据具有三个方面价值功能：一是信息挖掘；二是用户挖掘；三是关系理解（见图 3 -2）。将这三个方面的价值功能运用到出版价值链的重构中，那么出版价值链的重构应该着重考虑三个方面主要内容：一是产品形态，即大数据给出版产业创造了哪些能带来价值增值的新的产品形态，或者大数据使出版产业哪些原有的产品形态能增加价值丰度。二是用户组合，即在大数据条件下，客户关系有什么样的新变化，用户群的智能分组会带来哪些新的盈利模式。三是结构再造，即什么样的价值链架构更能增加价值丰度，或者基于大数据建立什么样的出版企业内部结构流程和出版产业外部环境更能带来价值增值。

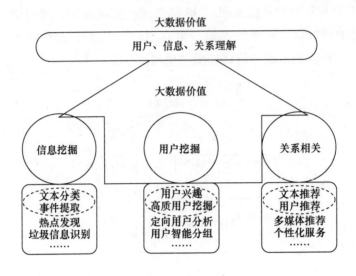

图 3 - 2 大数据价值

资料来源：http：//www. bkpcn. com，2013 年 6 月 13 日。

一 基于大数据关系理解功能创新出版产品形态组合

大数据的一个重要价值功能是关系理解，在商业应用中主要是通过关系相关性分析确定产品与产品的关系、产品与用户的关系，用户与用户的关系。产品是企业生产的核心内容，一个没有产品的企业就不能称为企业；产品是企业与用户建立关系的中介和桥梁，一个没有用户的企业也不能称为企业。在传统的生产体系中，企业的产品线一般都比较短，这是因为买卖双方都不知道对方的信息数据，买卖双方的信息不对称造成"黑箱"现象，大多数企业主要依靠生产和销售实质产品（核心产品）创造价值，对哪些延伸产品能够进入产品线心中没数，因此，相对单一的产品形态造成了传统生产和市场体系中相对单一的价值链形态。在大数据和互联网经济条件下，新产品设计开发可以基于对海量交易数据的分析挖掘来进行，出版产品形态创新已经是正在进行时。

（一）有形产品＋无形产品的产品组合

在传统的生产体系中，产品形态通常是有形产品，产品的呈现方
式也是有形产品＋有形产品的产品组合。对于出版物来说，有形产品
的典型特征是实物封装型，如图书、磁带、光盘。在大数据和互联网
经济时代，实物封装型出版物仍然存在，但不断创新的无形产品不断
涌现。无形产品的出现大大延伸了出版产业的产品线，改变了传统出
版产业的产品组合方式。

大数据和互联网经济时代出版产品所呈现出的有形产品＋无形产
品的组合样式符合西奥多·莱维特提出的"整体产品"概念（见
图 3 - 3）。西奥多·莱维特认为，整体产品的概念是一个产品群，具
体包括三个部分的内容：第一部分是核心产品（又称实质产品），第
二部分是形式产品，第三部分是延伸产品。延伸产品是指针对产品本
身的商品特性而产生的各种服务保证，它还可以进一步展开为期望产
品、附加产品和潜在产品。

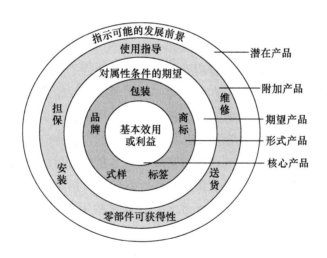

图 3 - 3　整体产品图示

资料来源：百度百科。

延伸产品主要是通过延伸服务等无形产品形态来创造价值的，就
像企业资产包括有形资产和无形资产两个部分一样，企业产品应该也

包括有形产品和无形产品两个部分。服务产品就是无形产品形态，其不断延伸可以派生出很多衍生产品，不断拉长产品价值链，具有很强的价值拓展性和价值增值意义。

　　出版产业作为文化产业和知识经济的重要组成部分，其产品形态具有一定的特殊性，这表现为出版物有很多在线产品，这些具有网络虚拟性的在线产品如网络出版物原则上不属于延伸产品，而属于实质产品（核心产品），但它又是通过虚拟在线的无形产品形态展现出来的。因此，出版物的无形产品形态主要有两种：一是网络虚拟出版物等在线产品；二是服务产品，特别是数据服务和体验服务。数据服务是信息社会和知识经济时代的必然产物，因为，没有数据就没有信息，没有信息就没有知识，没有知识就没有智能。人们的智力活动，就是将数据转变为信息，将信息转变为知识，将知识转变为智能的永恒过程。因此，数据服务是人类智能活动进步的起始阶梯。如果说大数据出版使人们一直期盼的精准数据服务需求具备了现实性，那么，大数据技术进步还使人们一直渴求的贴心体验服务变成了现实。例如，"文汇天下网站是文汇出版社的官方网站，它并非传统意义上出版机构用以发布信息与展示产品的平台，这一官网自建立之初就有明确的建站目标：构建读者阅读服务体验的综合性平台。通过网站，读者既可以购买出版社开设在淘宝网店的实体图书，也可以购买在线数字阅读，以及购买在线听书。读者可以通过网站服务，享受立体化的丰富阅读体验，从而跳出阅读就是手捧纸本的固有模式。出版社通过读者网络注册，以及读者点击阅读倾向等信息，有效收集有价值的读者数据，从而为出版社选题策划、针对不同读者的精准信息发布打下良好的后台基础"。① 而且进一步说，出版体验服务不仅具有期望产品和附加产品的价值，还具有潜在产品的价值，潜在产品是指示产品可能的发展前景的延伸产品，其潜在性不仅是要将潜在的受众通过产品体验转变成现实的用户，还包括要通过收集潜在的受众体验数据来改进实质产品，或设计开发新产品，并通过对用户的大数据分析挖掘来预测产品可能的发展前景，而通过大数据分析挖掘进行预测是大数据

---

① 曹立：《浅析大数据时代的图书营销策略》，《现代商业》2013 年第 15 期。

的核心所在。

（二）收费产品＋免费产品的产品组合

在传统的产品体系中，收费产品是主要的产品形态，产品的组合方式也是收费产品＋收费产品的产品组合。一般来说，买卖交易就要收费，这自古以来就天经地义，但在大数据和互联网经济时代，收费产品仍然是主导产品形态，但免费产品也在不断出现。免费产品的出现大大丰富了出版产业的产品线，改变了传统出版产业的产品组合方式，使创造价值的出版产品线呈现为收费产品＋免费产品的产品组合。

收费产品＋免费产品的产品组合作为一种收费＋免费组合产品策略，有其价值增值意义："以 A 产品吸引客户，通过 B 产品盈利"，这种做法被称为直接交叉补贴模式。关于直接交叉补贴模式，《长尾理论》的作者克里斯·安德森在《免费：未来的商业模式》一书中有详细的讨论，克里斯·安德森认为，新型的"免费"并不是一种左口袋出、右口袋进的营销策略，而是一种把货物和服务的成本压低到零的新型卓越能力。在 20 世纪，"免费"还只是一种强有力的推销手段，而在 21 世纪，它已经成为一种全新的经济模式。这种新型的"免费"商业模式是一种建立在以电脑字节为基础的经济学，而非过去建立在物理原子基础上的经济学。[①] 以电脑字节为基础上的免费经济学起源于互联网时代，很多互联网公司是这一免费模式的实践者，深圳的车音网便是其中之一。车音网的会员只要支付一定数额的话费，就可以随意拨打国内电话，还能得到导航、紧急救援、代办违章缴费等免费服务，而且会员支付的话费价格比市面上低得多。这种收费＋免费的产品组合顺应了人天生具有的害怕吃亏的本能，"通过对大家都认可需要收费的部分（通信）收费，就让用户的这一'心智交易成本'不复存在。"从车音网的案例可以看出，"交叉补贴式的免费模式需要企业提供多种产品（或服务），单一的产品（或服务）是无法进行交叉补贴的。而这多种产品（或服务）组合在一起，就变

---

① ［美］克里斯·安德森：《免费：未来的商业模式》，中信出版社 2009 年版，"内容提要"。

成其他竞争者无法超越的核心竞争力。"①

在出版传媒行业，出版产品收费＋免费的组合方式也得到了广泛应用，特别是在网络出版领域，采用直接交叉补贴模式的机构越来越多。以网络游戏为例，传统网络游戏产业主要采用点卡收入、计时收费等盈利模式，但这种收费模式限制了用户数量的扩大，有限的用户数量反过来又限制了收入的增长。为了消除网络游戏收费模式的"瓶颈"，征途网络宣布对其核心产品征途游戏实行免费，随后，盛大网络也宣布对《传奇》和《梦幻国度》两款游戏实行免费，主打产品免费后，征途选择以"游戏装备"等虚拟产品销售来实现收入，并被实践证明是一种成功的尝试。实现收费＋免费的产品组合对线上企业至关重要，线上企业生存和发展的关键是用户点击率，提高用户点击率的一个重要策略是通过提供免费产品来跑马圈地，虽然核心产品免费会减少一些收入，但用户群扩大能够提高点击率，点击率越高广告就越多，广告收入也就越多。淘宝网的发展也是一个成功的案例，2003 年成立的淘宝刚开始上线时不仅对不断涌入的用户免费，而且还对蜂拥而入的商户注册免费，因而迅速超过原来居于市场领先位置的Ebay，而淘宝创业发展时的主要收入来源是广告收入，这证明，在互联网经济时代，通过免费模式聚集用户人气，扩大用户群，增加用户黏性，并通过收集和挖掘用户的大数据信息进行产品开发和提高服务质量已经逐步成为一种实现价值增值的新模式和新常态。

二　基于大数据用户挖掘功能价值的用户组合创新

俗话说，"用户是上帝"。如果说产品是企业价值实现的核心，那么，用户就是企业价值实现的关键。用户是价值链中价值传递的汇点，用户支付往往是企业收入的主要来源，企业的价值增值通常是通过用户付费来实现的。因此，关注大数据条件下用户表现及其组合方式的变化，对于实现出版价值链的重构至关重要。

（一）目标用户＋非目标用户的用户组合

在传统的出版市场体系中，非目标用户是主要的用户群，一家书店开门营业后，并不知道今天哪些人会来买书，也不知道来的人会买

① 陈小垃：《直接交叉补贴中的免费》，《世界经理人》2010 年 5 月 11 日。

什么书，买卖双方的信息不对称使出版社的出书行为和书店的卖书行为具有很大的盲目性和随机性，缺乏用户数据一直以来都是造成出版物库存增加利润率下降的重要原因。对目标用户的不确定是传统市场营销的痼疾，追根溯源，还在于我们对市场行为的认识不清。从本质上说，市场行为是两个统一体：一是市场行为是主观与客观的统一体，市场行为中是有主观判断，但又不是纯粹的主观判断，还有客观因素，大数据记录的就是用户的真实的客观行为，大数据分析就是对消费者的客观存在的消费记录进行数据分析和挖掘，并通过数据探寻市场行为背后的规律和趋势。二是市场行为是科学与艺术的统一体，市场行为中蕴含营销艺术，市场行为具有艺术性，但又不是纯粹的艺术表现。同时，市场行为还具有科学性，其科学性要求营销也要遵循市场法则，通过大数据分析用户的市场行为是一种基于理性的分析，让数据说话就是尊重事实、尊重科学的表现。

在前面提到的大数据的三大价值中，一个重要价值就是用户挖掘，即根据用户兴趣、用户需求、用户消费行为进行定向用户分析和用户智能分组，以此锁定目标用户。从市场营销的角度来说，大数据给市场营销带来的好处是：快、准、稳，其中准就是精准营销，准就是目标用户明确。"大数据的价值就在于能准确记录消费者信息轨迹，获取消费者真实的行为、态度以及对信息的反应，能准确定义消费群体、信息接触点，准确知道营销动作。"[1] 在传统的用户关系管理中，由于缺乏大数据的手段，我们不知道用户的消费兴趣和消费心理，不知道用户的购买意愿和行为轨迹，不能掌握卖家和买家之间的信息沟通和交流处于什么样的阶段，企业生产的产品是否适销对路，厂家并没有做到胸中有数。大数据营销的用户挖掘价值就是锁定目标用户，实现精准营销。在评价大数据用户挖掘的商业价值时，我们不能仅仅只是从技术层面去理解，从更深层面的意义上说，它为我们提供了一种全新的认识世界的视域和分析问题、解决问题的方法，像过去那样经营决策主要依靠直觉和经验的时代已经快过去了，大数据时代的经

---

[1]　赵一鹤：《大数据时代的营销策略：快、准、稳》，《声屏世界·广告人》2012年第8期。

营决策应该主要依靠真实的、科学的、理性的数据分析。

对出版产业领域来说，目标用户往往是小众用户，相对于衣食住行的日用品来说，图书是精神食粮，除了学生和进行教学科研的知识分子，每天都读书的人毕竟是少数，因此，对小众化的目标用户，大数据提供了"私人订制"或"量身定做"的营销策略。例如，著名作家、茅盾文学奖获得者麦家自出版《暗算》《风声》两部著作之后，其"谍战三部曲"收官之作的《风语》由金城出版社和精典博维文化发展有限公司出版，出版商在分析麦家前面两部著作销售数据的基础上，筛选出一批粉丝读者，这些粉丝读者既是"谍战迷"，又是收藏爱好者。因此，《风语》出版时分为平装本和限量本两个版本，平装本是供应非目标用户读者的，精装版5000册限量本是供应目标用户读者的。由于掌握目标用户读者的消费行为数据，限量本针对其行为习惯在形式上做足了文章，除了附赠画家绘制、麦家签名的藏书票以外，还附赠有一套和邮政部门联手推出的"麦家《风语》首发纪念封"一枚和明信片一套。这种将读书与藏书相结合，将藏书与藏票相结合的产品组合不仅丰富了出版企业的产品线，拉长了出版产业价值链，还巩固了目标用户群，增强了读者用户忠诚度和客户黏性。

（二）付费用户＋免费用户的用户组合

大数据的用户挖掘功能的一个重要作用是智能化的用户分组，智能用户分组实际上就是对顾客群进行分类，其中一个重要的分类是将顾客划分为付费用户和免费用户。这种分组分类设计的目的，是以免费用户产生流量和点击率，以付费用户创造收入，以免费用户聚集人气和收集情报数据，以付费用户维持运营。互联网经济的"百分之五定律"认为，支撑电商运行的往往是5%的付费用户，只要5%的付费用户主动付费，其他用户就可以享受免费服务。"作为商家，只要免费能获得用户的注意力和忠诚度，就可以尝试。因为总有5%的VIP客户愿意主动付钱，或者你总可以从互补的产品中获得收益。"①

付费用户＋免费用户的用户组合运用于信息产业比较合适，因为

① ［美］克里斯·安德森：《免费：未来的商业模式》，中信出版社2009年版，第5页。

我们一般将信息分为充裕和稀缺两种，"由于顾客需求价格弹性的不同，一部分顾客愿意为那些可以帮他们节省时间、降低风险、能赢得身份和地位的稀缺信息埋单。但更重要的是，信息产品较之物质产品的一大特点是其边际成本非常低，甚至可以认为趋向于零，免费用户的增加并不会增加企业的成本，只要5%的付费用户足以抵消成本，该模式就能稳定运营。"① 付费用户＋免费用户的用户组合模式有一个要把握好度的问题，即来自付费用户的收入要足以能够支撑企业的运行，并且免费用户的增长要有助于吸引付费用户，使潜在的可能用户转变成现实的付费用户。

在出版产业领域，线上的出版传媒机构是最早尝试实施付费＋免费的用户组合模式的，其中比较典型的案例是番薯网打造的云阅读平台的"预读"模式，这种"预读"模式为了吸引读者，先免费让你自由自在地"预读"若干章节，让你免费欣赏若干精彩内容体验读书的乐趣。事实上，很多免费的"预读"者并没有进入实际付费的购买程序，但免费"预读"确实吸引了大量读者。这种基于云阅读平台的"预读"模式在很大程度上提高了番薯网的市场竞争力。虽然互联网上的很多出版传媒机构都在推出"预读"或"试读"模式，但番薯网凭借云阅读平台的优势和提供更多的"预读"章节内容，成功创新了用户组合。

三　基于大数据价值功能的出版价值链结构再造

如前所述，大数据价值功能主要有三个方面：一是信息挖掘；二是用户挖掘；三是关系理解。大数据的这三个方面价值功能都可以运用到出版价值链结构的再造工程之中去。传统的出版价值链结构主要是基于买卖关系的线性结构，这种线性结构有两个特点：一是纵向关联；二是相对简单的二维买卖关系。在大数据条件下，通过关系理解和信息挖掘，出版价值链简单的线性的纵向关联将转变为相对复杂的纵横关联的网链关联，出版价值链相对简单的二维关系结构将转变为既有竞争又有合作；既能协作又能互补的多维关系结构。

---

① 王琴：《基于价值网络重构的企业商业模式创新》，《产业经济》2011年第11期。

（一）建构内部价值链 + 外部价值网链的立体价值网链

从结构来说，"组成每个出版企业的部门就构成了出版企业的内部价值链。就出版企业而言，各编辑部、出版部、发行部、市场部就构成了出版企业内部的价值链"。[①] 企业内部价值链具有两重性：既消耗资源付出运行成本，又产生利润创造价值。如果资源消耗过大，而价值创造太少，这样的内部价值链就需要被解构；如果价值创造多，资源消耗少，这样的内部价值链就是优化的价值链。对企业价值链进行分析就是要找出其基本的价值链，将价值链分解为单个的作业过程，这种分解实际上是一个量化分析过程，通过数据分析发现竞争对手在不同运营环节上的资源消耗状况和成本差异，进而将企业运行环节区分为增值作业环节和非增值作业环节，因此确定企业的竞争优势。

传统的出版企业内部价值链构造遵循的是"将投入转换成产品，将产品转换成价值"的思维逻辑，因而更重视企业内部各个组成部分的活动对价值创造的作用，通过实施内部控制提高价值创造能力是很多企业的通常做法。长期以来，学界和产业界对企业价值链的内部控制问题进行了大量的研究和实践，运用现代控制理论、协同学理论建构了一套相对完整的企业内部价值链控制的理论体系，这套内控体系包括组织控制、风险控制、流程控制、成本控制等基本要素，其中成本控制是核心环节。在面临强大竞争对手和产品品种日益同质化，并且产品质量水平大体相当的情况下，成本竞争就成了关键因素，谁的产品成本低，谁的产品价格就低，价格低往往是赢得市场占有率、打败竞争对手的"杀手锏"。在大数据时代，出版企业运营成本控制仍然重要，但是仅仅只是盯住成本控制这条线是不够的，因为在互联网经济的"免费"模式下，很多企业的实质产品（主打产品）往往是免费的，核心产品逐步在丧失收入功能，在这种情况下，核心产品的品质和独特性是第一位的，只有通过产品的品质和独特性来吸引顾客，才能带来更多的广告收入和延伸产品收入。以网络游戏出版为例，征途网络和盛大网络都先后将其主打产品《征途》和《传奇》

---

① 于春迟、谢文辉：《出版管理学》，中国人民大学出版社 2011 年版，第 284 页。

以及《梦幻国度》实行免费，而以"游戏装备"等虚拟产品销售和广告收入来获利。大家所熟知的腾讯QQ系统，其主打产品如即时通信软件一经推出就大受欢迎，用户量大增，但这些主打产品都是免费的，在很长一段时间内都没有给腾讯创造利润，直到推出QQ秀之后，腾讯才开始从即时通信中获取收入。腾讯的主打产品虽然产生了较高的成本，但其QQ系统带来的蜂拥而入的海量用户群不仅带来了越来越多的广告收入，而且随后开发的网络游戏、发行Q币以及网上支付等一系列附加延伸产品都给腾讯带来了巨额收入。因此，在大数据条件下，出版企业内部价值链不能仅仅只是围绕成本控制进行建构，不能仅仅只是围绕主打产品的生产销售来进行建构，还必须将延伸产品的设计开发和生产销售纳入价值链控制体系中，而延伸产品的设计开发需要大数据支撑，这就是我们看到现在一些企业如阿里巴巴已经设立首席数据官一职的原因，首席数据官的设立一方面将改变企业内部价值链的传统结构；另一方面也将改变企业内部价值链的传统功能，用数据作为决策的依据而不是像过去那样主要靠经验和直觉，首席数据官及其团队将在企业的设计研发、生产组织、市场销售等诸个环节中发挥引领协调作用。具体到出版企业，出版机构的选题策划、编辑组稿、市场营销都应该以大数据为依据，设立首席数据官及其相关机构应该是出版企业因应大数据浪潮的重要制度安排。如果说大数据对出版产业发展是一个历史机遇的话，那么，围绕大数据应用来优化出版企业内部价值链结构应是一个重要任务。

相对于出版企业的内部价值链，外部价值链也即出版产业价值链是指出版产业从供应商（包括作者）到协作商（包括纸厂和印厂）到销售商和读者等所有参与者价值创造活动的集合。传统的出版产业价值链具有非常明显的线状结构，表现为清晰的上游—中游—下游的先后时间顺序。出版产业的价值创造流程从作者提供稿源开始（包括出版物的创作脚本）到出版机构的编印发再到销售商的批发零售，环环相扣。相比其他行业来说，出版产业价值链的特点有：一是结构清晰；二是结构短平；三是相对闭合。特别是在中国，由于实行审批制的管理体制，出版产业的参与者较少，行业垄断的路径依赖造成出版机构大多在闭合的环境中经营自己的一亩三分地，既缺乏设计开发更多延伸产品的动力，又对行业外的外来入侵者具有天生的敌意。出版产业价值链的线状结构特点使各个出版企业的价值创造逻辑直接表现为建立在纵向关联技术基础上的投入产出转换逻辑，这种纵向关联的线性结构具有明显的三段式特征，即将投入转换为产品，将产品转换为价值的"投入—产品—价值"的线性展开。

在大数据条件下，出版产业价值链应该超越传统价值链的线性思维，建立起价值网链立体思维，即将价值创造过程从原来重点关注企业自身如何获利转向关注产业整体如何协同获利，从原来重点关注价值链上的价值分配转向重点关注价值创造，价值分配是输和赢的较量，其直接结果是同行间竞争的加剧直至两败俱伤，而价值创造是机会均等和共创共赢。出版价值网链整体思维是开放式思维，整个网链是开放的，而不是闭合的，网链参与者不仅包括创作者、开发者和原材料供应商，还包括协作厂商和广告商；不仅包括销售商、中间商，还包括直接用户和潜在用户；不仅包括合作伙伴和联盟成员，还包括竞争对手和其他参与者；不仅包括行业中介机构，还包括政府管理部门。这些直接或间接的出版价值网链参与者都通过特定的关联方式构成多维复合的利益共同体，并建构起合作共赢的价值共创机制。2013年8月，第三届中国出版物供应链论坛在北京举行，围绕着"大数据时代出版发行业发展趋势"这一主题，业内人士展开了深入讨论，论坛有两大亮点：一个亮点是从政府参与角度大力推广应用"中国出版物在线信息交换标准"（CNONIX），CNONIX采用"平台集成的方式对图书出版产业链上各个环节的信息进行整合，构建一个使图书出版产业链的信息流通更加通畅，解决图书信息重复制作，消除图书申报信息、出版信息、产品信息、发行和市场'信息孤岛'，发挥政府推动公共服务等职能的综合性信息服务平台体系，实现全产业链的信息数据共享并保证信息及时、完整、准确。"[1] 另一个亮点是从"全国出版物发行标准化技术委员会"等行业中介机构的角度，提出构建出版行业"无边界信息流"，推动出版发行企业在采购、生产、物流、

---

① 文东：《图书出版供应链论坛：大数据时代出版发行业趋势》，《中国出版传媒商报》2013 年 8 月 27 日。

销售等方面的信息传递和流程协同。

无论是"CNONIX",还是"无边界信息流",都表明进入大数据时代后出版产业建构整体的价值网链既有必要,又有可能,这个可能主要是源于大数据技术条件的成熟。大数据技术条件主要有五个方面:一是可视化分析(Analytic Visualizations);二是数据挖掘算法(Data Mining Algorithms);三是预测性分析能力(Predictive Analytic Capabilities);四是语义引擎(Semantic Engines);五是数据质量和数据管理(Data Quality and Master Data Management)。可视化分析是让数据说话的直接呈现,这是原有的数据库技术做不到的。如果说可视化是直接给人看的,那么数据挖掘则是给机器看的,大数据挖掘算法不仅仅处理数据量大,而且速度快,算得还很精准。预测性分析是大数据的核心能力,是在数据挖掘和可视化分析的基础上对事物发展前景做出预测性判断,即"第四范式"所表现出的通过未知发现规律的能力。语义引擎则是通过自然语义分析解决大量非结构化数据的理解问题,大数据价值中的关系理解大多是通过语义引擎实现的。数据质量和数据管理则是通过建立大数据仓库和运用大数据技术工具来分析处理数据,并且通过过滤数据废气来提高数据使用的针对性。在大数据技术日益成熟的条件下,出版产业既可以运用它来改造原有的企业内部价值链,也可以运用它来构建新型的出版产业价值网链,从而建构起大数据时代内部价值链 + 外部价值链的出版价值网链结构。

(二) 建构业内 + 业外合作参与的多维出版价值网链

长期以来,由于审批制而非登记制形成的行业垄断和路径依赖,中国出版行业既是一个相对封闭的闭合系统,又是一个相对僵化的刚性系统,说它是计划经济的一个顽固堡垒虽然有点夸张,但又有点形象。封闭和刚性使业外其他参与者和第三方很难融入其中。到目前为止,其他参与者如阿里巴巴、京东、当当等都首先是从出版产业的下游即销售环节进入出版业领地的,虽然现在正逐步从下游环节向策划选题出版等上中游环节推进,但推进过程中仍然面临着体制性障碍。但是,市场经济大潮势不可当,互联网经济和大数据浪潮也势不可当,出版产业固有的封闭刚性的价值链结构终究要被冲破,因此,建构开放的、柔性的吸纳业外企业多方参与的多维价值链结构势所必然。

1. 通过组合价值让渡建构合作者广泛参与的多维出版价值网链

组合价值让渡是通过联营结盟方式吸收更多业外具有独特优势的参与者和有独特竞争力的相关产品参与到价值创造过程中共同创利的商业模式。组合价值让渡的特点在于：一是参与者优势互补，二是参与产品扩容。具有优势互补效果的参与者聚集不光可以聚集人气，而且还具有资金互补、信息数据互补、人才互补、管理经验互补的价值增值作用。参与产品扩容不仅能丰富原有的产品线，而且还能满足用户群既多方面又个性化的需要。从这个意义上可以说，组合价值让渡既是企业集成，又是产品集成；既是生产集成，又是消费集成；既形成产品束，又形成企业群和客户群。传统的观点认为，组合价值让渡模式主要应用于关联度较强的互补产品之间，但事实上这种观点并不能站住脚。在大数据时代，许多没有因果关系的、关联性不强的产品反而能结合在一起营销，如沃尔玛将儿童尿布和啤酒捆绑在一起销售，看似不相干的两种产品都销量大增，沃尔玛这样做，依据的不是传统的因果关系分析，而是基于大数据的相关关系分析。在出版领域，组合价值让渡的一个成功案例是上海文汇出版社推出的《天道密码》产品组合。《天道密码》是一部描写密码破译的励志类小说，它既有纸质版图书，又有在线电子版图书；既有线下渠道销售的《天道密码》，又有线上渠道发行的《天道手札》和《天道秘本》。因为《天道密码》系列产品中将武当山的历史、人文故事和著名景点融入其中，出版商就与武当山旅游部门合作，由武当山旅游部门出资100万元奖励读者，双方合作的结果是《天道密码》系列产品的读者量大增，同时读者转变为游客，武当山的游客数量也大增，合作双方取得了共创共赢的效果。

2. 通过"逆向收入源"模式建构多元化收入价值创造网链

所谓"逆向收入源"是指企业收入来源的逆向化，也即收入来源的多元化，具体有三种情况：一是向买方收费；二是向卖方收费；三是向第三方收费。传统的商业模式大都是卖方向买方收费，买方付费是企业获利的主要方式。但在现代商业模式下，又出现了买方向卖方收费的"逆向收入"现象。如近年来越来越多的大卖场采取"赔本赚吆喝"的低价打折或平价促销等手段来吸引顾客，进而通过向卖方收取进场费或促销费等手段来获取收入。一些大型书店也通过向出版社收取专柜费、进场费、促销费等方式来获利。向卖方收费而向买方免费，正在成为越来越多的电商滚雪球式发展的盈利模式。显然，向卖方收费颠覆了原来固有的买卖关系，买方和卖方的界限正变得模糊不清，买方和卖方的地位和关系也在不断发生变化。除了向卖方收费的收入源颠覆之外，还有向第三方收费的收入渠道开源。第三方渠道既可能是利益相关者，如前面提到的武当山旅游部门，也可能是来源于行业协会，也可能来源于政府部门，如一些省市为了扶持学术精品出版物的出版，每年都会通过评选优秀出版物并给予财政补贴的方式增加出版社的收入，这种精品出版物的补贴实际上是一种税收返还，只是变了一种返还形式而已。收入通道的多元化，一方面是市场竞争激化的结果，如互联网经济中出现的向卖方收费而向买方免费的商业模式，都源于企业向买方收费的空间被不断压缩，另一方面又是多方合作建立利益共同体的结果，现在越来越多地出现的"你消费，我埋单"的情形当然是由利益相关者造成的。因此，包括逆向收入在内的收入来源多元化是现代企业价值链建构的重要节点，而实现收入来源多元化的一个关键是要依托大数据的信息挖掘、用户挖掘和关系理解寻找到利益相关者。

第四节 基于大数据的出版价值链 2＋＋＋构造探究

传统的出版产业价值链主要是线性构造，在大数据时代，基于大数据的出版价值链是立体的、多元的、网状构造。出版业不仅能通过出版图书获利，还可以通过出版数字化产品获利；不仅可以通过出版实物产品获利，还可以通过出版虚拟出版物获利；不仅可以通过出版内容获利，还可以通过出版数据获利；不仅可以通过提供产品获利，还可以通过提供服务获利；不仅可以通过实体书店获利，还可以通过电商获利；不仅可以通过线下获利，还可以通过线上获利。这种立体的、多元的、网状的价值链可以尝试用2 + + +模型来概括，即2种介质（纸介质 + 光电介质）、2种资源（内容资源 + 数据资源）、2种服务（产品服务 + 体验服务）。这种2 + + +构造改变了出版产业的盈利模式，拓展了出版产业的价值链和价值版图（见图3 – 4、图3 – 5）。

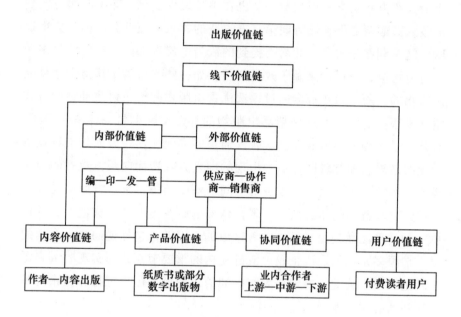

图3 – 4　传统的出版价值链构造

资料来源：笔者绘制。

一　纸介质 + 光电介质的价值构造

在传统的出版价值链中，出版机构主要占据的是以纸媒和线下资源为盈利模式的价值版图，随着信息技术的飞速发展，光电媒体不断涌现，出版业快速进入纸介质 + 光电介质的多媒体时代。在大数据时代，出版产业的纸介质 + 光电介质的价值构造不仅表现在出版物形态的纸媒 + 光电媒体形成的全媒体构造，更表现在基于互联网和大数据的线上 + 线下的O2O构造。O2O构造是与大数据联系更为密切的价值呈现，因此是本节讨论的重点。

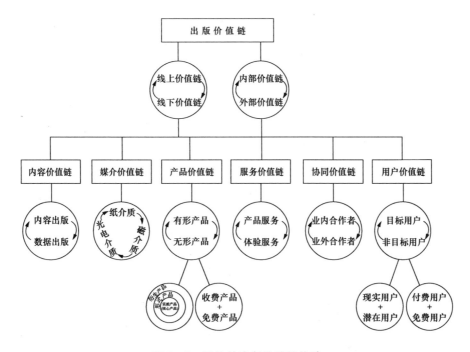

图3-5　重构的出版价值链构造

资料来源：笔者绘制。

2014 年，有两件事情反映出版行业和互联网行业通过整合线上和线下资源来实现 O2O 构造的行为日益活跃。

第一件事情是：2014 年 4 月 1 日，阿里巴巴推出"马上淘"业务，引起人们的广泛关注和积极参与。从提出与纸媒合作的想法，到联手六大城市 12 家纸媒启动"马上淘"业务，阿里巴巴只用了 1 个月的时间。前期的"马上淘"虽然只是阿里巴巴与报纸出版合作，但这种"纸媒 + 电商"探索一旦成为一种新的盈利模式，将会改变传统的新闻出版价值链。"对于阿里巴巴来说，与媒体合作，是手机淘宝客户端的又一次大普及——合作报纸上的二维码只能用手机淘宝客户端扫描；如果这条路走得通，纸媒无疑会成为阿里巴巴争抢 O2O（线上到线下）入口的重要平台之一。因此，阿里巴巴看重的并不仅仅是此次合作所能带来的下载量与流量，他们更在乎的是媒体电商背后的生态链。"①

第二件事情是：2014 年 5 月 31 日，中国中央电视台"新闻调查"栏目专题报道《慕课来了》，热议是否"大学的未来在网络"。"慕课"（Massive Open Online Courses，MooCs）是指大规模网络公开课，它提供的是一个没有边界的开放式课堂。其大规模表现在一门课程可以有 16 万人同时在网上在线学习，其开放式表现在听课没有人数限制、没有年龄限制、没有学籍限制、没有国籍限制。显然，"慕课"是一种基于互联网和海量课程资源的线上＋线下的网络教学模式，"慕课"的迅速发展使得课程教材也呈现纸介质＋光电介质的价值构造，也就是说，在"慕课"时代，课程教材不仅是纸媒的，而且也是光电媒体的。美国高等教育在线学习公司 SIPX 的副总裁海瑟·鲁兰·斯特图斯认为，"慕课"对出版商出版空间的扩展具有重大意义，"慕课需要内容，学术出版商应该抓住这一机会，为慕课提供内容，从而拓展新的市场。"② 对于大数据时代的教材出版来说，线下的纸介质出版是基础，线上的光电介质出版是延伸，"慕课"代表一种新的品牌延伸模式。出版商只有抓住"慕课"商机，转变过去单一的纸媒盈利模式，才能不断拓展自己的价值版图。

大数据是基于互联网、移动互联、云计算、人工智能的新兴平台，移动互联和大数据成为当前互联网行业和出版传媒业发展的两大关键词，无论是被称为"京东模式"的"京东出版"，还是阿里巴巴整合线上和线下出版资源的"马上淘"业务，还是"慕课"整合线上和线下课程教材资源的"慕课"商机，发起挑战的首先是基于互联网和大数据的电商，这对传统媒体而言，都意味着巨大的生存挑战和发展机遇。整合线上和线下资源的关键是大数据平台和移动互联平台。基于大数据平台的数据挖掘和分析平台是电商的基础，而手机更是移动互联的关键入口，因此，目前在整合线上和线下资源方面电商明显占有优势。但是，电商也有线下资源积累不够相对短缺的短板，因此，电商与传统媒体融合恰恰能在 O2O 上形成有效互补，电商拥

① 任晓宁：《阿里：欲造"线下"生态链》，《中国出版传媒商报》2014 年 4 月 8 日。
② 孙牧：《大数据推动学术出版革新》，《中国出版传媒商报》2013 年 10 月 8 日。

有强大的线上资源，其线上的核心资源是大数据资源。如"阿里本质上是一个数据公司"，2014 年"双十一"，阿里巴巴最多每分钟收到285 万单交易信息，展现出其强大的数据处理能力。其数据挖掘和数据处理模式是从海量交易数据中挖掘有价值的数据建立"数据的数据"，即数据地图。"每一个数据都由很多个数据产生，数据的数据是让我们看见今天数据做得怎么样，建立数据地图，以追溯到数据的源头，提高数据的质量和价值。"① 显然，阿里巴巴形成有效商业系统所依托的核心资源是大数据资源。而传统媒体最大的优势有两点：一是内容，出版业首先是内容产业，内容联系的是作者资源，由作者生产的内容资源是传统媒体的核心资源，可以说，传统媒体承担着出版内容的主要生产任务。二是在长期生产经营过程中积淀的、覆盖特定区域的密集的线下营销资源。因此，"纸媒 + 电商"的有效合作，无疑能够发挥双方的优势，弥补双方的劣势。阿里巴巴与纸媒的合作，就是为了"节省其自身并不擅长且花费不菲的线下'地面推广'，线上和线下资源打通有望真正实现 O2O 的布局。"②

　　整合线上和线下资源的大数据模式比原有模式更赚钱，但却更人性化，更贴近消费者的心理行为，而洞悉人的心理行为是在原有纯科学、纯逻辑模式下难以做到的。如 Google 在 2010 年推出图书数据库，库中包括从 1500 年到 2008 年出版的各类图书的 5000 亿个单词。用户在电脑上输入最多五个单词，就可以查看这些单词历年来的使用频率情况，例如，输入"Women"（女性）和"Men"（男性）会发现，20 世纪 70 年代之前，"Women"在图书中很少被提及，而当女权主义已站稳脚跟后，"Women"的使用频率逐年提升，到 1986 年，"Women"和"Men"的使用频率曲线出现了交点。这说明，将高质量的数据分析应用于人文学科也是可行的。美国哈佛大学研究员埃雷兹·利伯曼·艾丁将这种研究方法称作"文化组学"③（culturomics），文化组学的研究方法是通过数据量化来揭示人类心理行为和文化发展

---

① 崔婧：《阿里"玩"大数据》，《中国经济和信息化》2013 年第 8 期。
② 郭全中：《建议双方变为股权式合作》，《中国出版传媒商报》2014 年 4 月 8 日。
③ ［美］埃雷兹·利伯曼·艾丁：《数字化图书的定量文化分析》，《科学》2010 年第 12 期。

的趋势。若干世纪以来，阅读一直是一种单独的和私密的行为方式，一个人读书的心境是外人无法感知的，而如今的电子阅读器能够让出版商和作家一窥销售额背后的故事，它们不仅仅能够显示某些书吸引了多少购买者，还能揭示他们的阅读强度。"出版社已经开始运用这些数据。出版《哈利·波特》小说的 Scholastic 出版社通过建立在线游戏追踪最吸引人的线索和角色，以此为构思基础创作了《39 条线索》系列小说，成为又一本全球畅销书。交互创作出版公司（Coliloquy）出版的电子书允许读者自己设计人物角色和情节线索，经数据分析，让作家调整故事迎合大众口味。"① 大数据应用可以增强作者、出版商和读者的互动性，满足消费者的体验感，推动新的盈利模式的出现。Coliloquy 的编辑营销模式在某种意义上说明了大数据技术应用于出版的可行性和现实性。"如果我们能够量化用户的阅读题材、阅读场所、阅读时长、标注章节和重复浏览内容，大数据时代的快销书指日可待。"②

二 内容资源 + 数据资源的价值构造

在传统的出版价值链中，出版内容是创造价值的核心，我们一般说出版业是内容产业，就是将出版商定位在内容提供商上。传统的出版价值链是单一的线性构造，主要表现就是出版商只卖图书，不卖数据；只卖产品，不卖服务。这种单一线性的价值链放慢了出版物的价值增值过程，收窄了出版的价值增值渠道。在大数据时代，出版商仅仅满足于出版内容已经不够了，必须出版数据，必须为用户提高信息咨询和服务。

关于从出版图书向出版数据进行价值链拓展的讨论，中国学术期刊电子杂志社社长、同方知网技术公司总经理王明亮以同方知网出版的《中国统计年鉴数据库》（CSYD）为例指出，CSYD 收录了 1949 年以来中国正式出版的全部统计年鉴和年报，但 CSYD 的利用率不高，原因之一在于 CSYD 只是数字堆砌而没有人们最需要的数据评

---

① 杨鑫捷：《大数据会颠覆出版业》，《IT 时报》2013 年 8 月 19 日。

② 鲁公子：《量化用户信息，还原用户性格》，《中国出版传媒商报》2013 年 10 月 8 日。

价。数据统计是介绍性的，数据评价是分析性的，介绍是分析的基础，分析是介绍的升华。"如果我们出版者真正理解内容，不断地深入挖掘各种用户和读者研究和学习的需求，把出版看成是对读者提供知识服务的过程，出版大数据是有可能的。"① 从单一的出版内容到复合的出版内容和数据，这一转变所依据的是大数据挖掘技术和大数据分析平台，所反映的则是数据资源背后越来越个性化和多样化的人的需求。

利用数据资源使内容资源迅速增值，这是大数据对于出版产业的真正的价值意义。创建了"中国艺术品数据库"的雅昌公司从一个名不见经传的印刷厂起家，在 20 年时间里飞速发展成包括印刷、出版、艺术、媒体、画廊、版权服务、展览策划、艺术品拍卖、投资咨询等各业在内的庞大的商业群，从一个印刷出版公司一跃成为一个数据拥有者。雅昌"大数据飞轮效应"核心价值就在于从开始就留意存储积累艺术品数据，而这些数据在别人眼里不过是"垃圾"和"废气"。②

将出版的数据废气转变为数据资产，所体现出的不仅是表面上的技术和结构升级，更重要的是价值功能的转型升级，即从底层次传播向高层次服务转变。在越来越"私人订制"的分众时代，出版商要重新审视读者受众的心理行为，适应受众消费行为的转变，要为读者用户提供更多适合个人需要的出版物和个性化服务，而大数据正好为"私人订制"提供了支撑。

英国当代数学家及人类学家托马斯·克伦普在其《数字人类学》一书中提到，"数字的本质是人，数据挖掘就是在分析人类族群自身。"③ 在市场经济时代，市场的本质也是人，因为市场是由人和人的需求构成的，商家的一切运转都是围绕着人来进行的，着眼点和落脚点都应该是人。因此，从聚众时代的人类族群到分众时代的人类族群关系的变化，要求出版商能够清醒认识并逐步适应。互联网巨头腾讯的崛起关键在于认识人，"从关注广告，到关注人与人脉，关注人群

---

① 王明亮：《关于"大数据出版"的一些体会和猜想》，《中国新闻出版报》2013 年 8 月 29 日。

② 赵国栋等著：《大数据时代的历史机遇》，清华大学出版社 2013 年版，第 101 页。

③ ［英］托马斯·克伦普：《数字人类学》，中央编译出版社 2007 年版，第 28 页。

背后的数据与需求，并通过腾讯强大的用户平台、关系链及营销工具，为生产提供高效的社会化营销解决方案。围绕人脉这一核心要素，在大数据时代，腾讯社会化营销平台提供打通的用户产品、数据库的营销工具，而腾讯 MIND3.0 则通过对用户行为数据的洞察、分析和挖掘，深描每一个用户族群，通过差异化标签在品牌和受众之间建立社会化的营销关联。"① 在大数据时代，基于数据分析的"私人订制"导致的出版碎片化虽然在某种程度上增加了出版工作量，但其分众效应不仅有利于提升出版商的生产影响力，还能有效扩大读者用户群，所创造的碎片化财富积少成多，所扩展的不仅是人脉关系图，也扩展了创造财富的价值版图。在大数据时代，拥有内容资源是出版业的传统优势，如果再加上拥有"以人为核心"的数据资源，就会插上腾飞的两翼而展翅翱翔。

三 产品服务 + 体验服务的价值构造

传统出版的价值链是围绕着产品线展开的，商业模式是单一的买卖模式，这种缺乏用户信息、缺乏用户互动性的直线式商业模式存在几个突出问题：其一，难以掌握销售大数据。对于传统大众图书出版单位，无论图书销售几千册还是几万册，多通过下游实体书店进行，由于业务壁垒、技术限制、思想观念等原因，实体书店连销售数据都难以和出版社共享，遑论书店难以掌握的读者信息数据了。其二，难以形成和读者间的信息自动传播。传统出版单位，以读者实现购买行为为终极目标。在购买之后，读者读或不读，评价好或差，出版单位无从知晓，也关心甚少，这些评价不能成为后续读者购买图书的参考，更无法跨越时空形成传播效应，以及后续的自生长式倍数级传播效应。其三，难以和读者一对一实时互动。由于时间、物质、成本等原因，和读者一对一实时互动在传统出版单位中难上加难。或许也由于此，不少大众图书出版单位重复着经验式的自我复制和盲人摸象式的探索。上述问题的集中现实表现是市场僵化，直接危害性是产品库存不断增加。据统计，到 2012 年，中国全国出版物年末库存 61.22 亿册（张、份、盒），价值 880.94 亿元，比 2011 年数量增长

---

① 麻震敏：《大数据时代：营销智慧的进化论》，《成功营销》2012 年第 7 期。

9.60%，金额增长 9.56%。① 这些库存可以分为两个部分：一部分是有效库存，来年可以继续滚动销售，不一定都滞销；另一部分是无效库存，特别是库存两年以上的产品，很大一部分可能报废。

在大数据时代，大数据技术创造了获得用户数据、实现用户互动、进行用户体验的广阔平台。在生产、销售产品的同时，重视与用户的互动和用户体验，增加的是用户黏性，内容服务是体验服务的基础，体验服务是内容服务的延伸。延伸的体验服务一方面可以纵向拉长出版价值链，另一方面可以横向扩大出版价值版图。可见，大数据应用可以促进出版业实现两个转变：

1. 由"内容为王"向"体验内容为王"转变

纸媒时代，传统媒体以内容生产为核心，而在基于互联网的大数据时代，渠道及产品背后的技术驱动使价值链不断拉长。在"书荒"时代结束，出版物相对过剩，特别是产品同质化越来越严重的情况下，出版的产品要吸引眼球获得关注还要有新的招数，比如有没有相关链接、延伸阅读、配图、互动体验等提高读者主动性的措施把读者"网住"。"内容为王"时代，出版者并不知道读者用户读了一本好书的读后感，作者、出版者和读者之间隔着较长距离，这种距离使得许多好书"养在深闺人未识"。"内容+体验为王"的新阅读模式，可以大大缩小作者、出版者和读者之间的距离。在出版物高度同质化的今天，基于读者用户体验数据信息的"私人订制"出版，才是提高出版物竞争力的决定性要素。现有的大数据技术，使得商家获取用户体验数据成为可能，对于很多出版社来说，获取用户体验数据"非不能也，而不为也"。用户体验本质上是内容的延伸，它只是转变了一个思路：要在离用户最近的地方创造内容。

2. 由购买者至上向受众至上转变

传统的商业口号强调"顾客是上帝"，但买卖双方是一种二维经济关系，即商家只为付费的人（购买者）提供服务，这种买卖双方一对一的关系具有很强的功利性。但在互联网时代，互联网商业模式总结起来无非三种：电子商务、广告和增值服务。但这三种商业模式，有一个

---

① 《2013 年全国新闻出版业基本情况》，《中国新闻出版报/网》2014 年 8 月 13 日。

共同的前提就是必须拥有一个巨大、免费的用户群，这是一切商业模式的基础。因此，互联网经济强调的不是如何获取收入，而是如何获取用户。因此，没有买卖关系的受众也是潜在的用户，他们可能既是销售收入的来源，也是数据信息的来源。在大数据时代，数据信息也是可以买卖的资源。

重视用户体验是一种新的经营观念，俗话说，"高手在民间"，读者是有思想、有情感，活生生的人，其中不乏高手，满足读者需求，反馈读者意见和建议的过程也是出版单位成长的过程，更是出版单位盈利的前提。哈雷·曼宁在《体验为王》一书中指出："客户体验就是在客户试图去了解你的产品并进行评估，考虑购买产品，尝试使用以及遇到问题时所产生的思考。此外，客户体验也是他们在与你互动时的感受：激动、高兴、安心，或紧张、失望、沮丧。"①

重视用户体验是一种新的商业模式，俗话说，"顾客是上帝"，要真正把顾客当上帝，就应该在生产、销售、售后服务的全过程满足顾客的个性化需求。在大数据时代，时间碎片化和行为碎片化已经是人们日常生活的常态，出版需要为读者提供个性化服务，而不是拿一个标准面孔的出版物来满足不同口味消费者的需要。近年来，"阅读内容'碎片化'和消费时间'碎片化'是一种不可避免的社会发展趋势。从消费者的角度来看，这是个体追求自我、追求个性的必然要求；从生产者的角度来看，这是未来产品内容设计、品牌定位和媒介选择的主要依据。顺应这一'碎片化'趋势，满足消费者的个性化需求，数字内容产品、服务和信息提供都应趋向'定制'。"② 根据丹尼斯·麦奎尔《麦奎尔大众传播理论》中的使用与满足理论，受众之所以会使用媒体是为了达到某种满足感。"受众"是指大众传播活动的受传者或大众传播媒介的接触者和大众传播内容的使用者。"受众的满足模式"（Gratification Set）③这一术语是指形成受众，并改善受众对与媒介相关的兴趣、需求与偏好的多重可能性。"受众的满足模式"概念"意味着受众是处于分散各

① ［美］哈雷·曼宁：《体验为王》，中信出版社2012年版，第7页。
② 孙玉玲：《大数据时代数字出版产业的发展趋势》，《出版发行研究》2013年第4期。
③ Denis McQuail, Mass Communication Theory, SAGE, 2010, p. 334.

处、无相互联系的个人集合体。""在高度差异化和'量身定制'供应之下而产生的读者、观众和听众，尽管具备某些共同的社会人口学特征，但是看起来都似乎没有什么集体意识。因此，想要充分满足受众需求，达到受众'量身定制'的效果就必须对受众进行全方位分析。"①

重视用户体验在本质上也是为商之道。正如迪士尼前副总裁李·科克雷尔所说："互联网颠覆的是人与人的沟通渠道和方式，而优质体验的本质并未改变，这就是，所有的优质体验都是来自人与人之间最真诚的相互关系。"② 商道即人道，出版物是物质产品，更是触及人的心灵深处的精神产品，它带给人们的不仅仅是表面上的感官享受，更应带给人们思想升华的心灵愉悦。都说一部好的作品可以影响一个人的一生，这种旷日持久的影响增加的是读者用户的黏性，这种黏性的不断扩大就是市场占有率和日益扩大的价值丰度和价值版图。

随着大数据、互联网和体验经济的不断发展，以线上虚拟产品、数据信息产品、体验服务为形式的无形产品越来越多，对企业价值创造的贡献越来越大，对顾客价值的影响作用也越来越大，因此，在大数据和互联网经济时代，有形产品与无形产品的组合、无形产品与无形产品的组合的立体多元的网状价值链模式会更为普遍。

---

① 周宝曜等著：《大数据战略、技术、实践》，电子工业出版社 2013 年版，第 29 页。
② ［美］李·科克雷尔：《卖什么都是卖体验》，中信出版社 2014 年版，第 2 页。

第四章 大数据时代出版
供需链的重构

出版供需链是出版产业链的重要维度，在大数据时代，出版产业链重构也表现为出版供需链的重构。在当下，互联网通过重塑人类交往方式而改变了传统的生产体系和市场体系，大数据则通过改变人类社会的信息处理方式进而改变传统的生产体系和市场体系。本章具体讨论的就是大数据所创新的信息处理方式——大数据方式如何改变传统的出版供需链并促使出版供需链重构。

第一节 供需链与出版供需链

自20世纪80年代供需链和供需链管理（SCM）概念出现以来，供需链概念既深入到各产业内部，也深入到出版产业内部。虽然出版产业链的供需链与其他产业的供需链在具体环节构造上有所不同，但构造所依据的基本理论和原则是相同的，因此，各行业都有自己的具体供需链。出版供需链只是供需链的具体表现而已。

一 供需链

供需链理论包括两大方面的内容：一是供需链系统；二是供需链管理。前者偏重于对供需链关系的建构，后者偏重于对供需链进行管理；前者偏重于对供需链系统存在的静态结构描述，后者偏重于对供需链系统演化的动态描述。这两个方面是相互支撑的，没有供需链的系统建构和系统存在，就不会有供需链的系统运行和系统管理，同样，没有供需链的系统运行和系统管理，供需链系统就会因为静止和封闭而导致与外界物质、信息、能量交换过程的中断，而最终导致自身系统的紊乱甚至崩溃。

（一）供需链系统理论的相关问题

1. 关于供需链的定义

最早给出供需链定义的是 Stevens，他认为："供需链是一个系统，包括前向物流和反向信息流连接在一起的原材料供应商、生产厂商、配送服务和顾客。"[1] 随着供需链应用的发展，供需链的定义更加注重围绕核心企业的网链关系。Ellram 将供需链定义为："从原材料供应到最终交付产品或服务过程中，通过各种流连接的、相互影响的企业构成的网络。"[2] Christopher 将供需链定义为："供需链是通过上游、下游企业连接在一起的组织网络，这些组织参与以产品或服务的形式送达最终消费者手中而产生价值的流程和活动。"[3] Robert 将供需链定义为："供需链是执行采购原材料，并将它们转化为中间产品和成品，并且将产品销售到用户的功能网络。"[4] 我国标准物流术语对供需链的定义是："供需链是生产及流通过程中，涉及将产品或服务提供给最终用户活动的上游与下游企业，所形成的网链结构。"[5] 这个网链结构涉及产业链上的供应商、生产商、批发商、零售商以及最终消费者，可见，供需链是一个过程链条，有明显的上下游关系和时间先后顺序，反映了产业关联企业之间满足彼此供应和需求的契约关系。

2. 供需链的要素

供需链的系统性特征，决定了其具有结构性和动态性。结构性和动态性具体呈现为四个方面要素：一是供需链参与者，包括供应商（原材料供应商、零部件供应商）、生产商、销售商、物流商等。参与

---

① Stevens J. , "Integrating the supply chain", *International Journal of Physical Distribution and Material Management*, 1987, 17（2）：51 – 56.

② Ellram L. M. , "Supply chain management：the industrial organization perspective", *International Journal of Physical Distribution and Logistics Management*, 1991, 21（1）：13 – 22.

③ Christopher M. , *Logistics and Supply Chain Management*, London：Prentice Publishing, 1998.

④ Handfield R. B. , *Introduction to Supply Chain Management*, New Jersey：Prentice – Hall, 1999.

⑤ 靳伟：《现代物流系列讲座——第十一讲：供应链》，《中国物流采购》2002 年第 12 期。

者是供需链的基本要素，是供需链的重要节点，相比较价值链和空间
链，供需链的链状结构最清晰，就在于供需链的参与者都是实实在在
的商业实体，是看得见摸得着的生意伙伴。因此，参与者是供需链结
构性特征的重要呈现。二是供需链活动，包括原材料采购、加工制
造，物流、顾客服务等，供需链活动的参与者是密切相关的，因为供
需链活动实质上就是参与者的活动，但两者又有区别，参与者突出的
是主体性，活动突出的是实践性，供需链活动离市场最近也最直接，
因此，供需链活动是供需链动态性特征的重要呈现。三是供需链的
"四流"：人流、物流、资金流、信息流，这"四流"即人、财、物、
信息构成了人类生产活动的四大基本要素。四是供需链结构主要表现
为一种网链式拓扑结构。从本质上说，任何生产活动都是一种生产要
素的组合方式，都具体表现为供需链要素的排列组合。互联网和大数
据对人类生产活动方式的改变，实质上就是生产要素或供需链要素在
新技术因素驱动下进行的重新组合。正如 Martin Christopher 所说：
"市场上只有供需链而没有企业，21 世纪的竞争不是企业与企业之间
的竞争，而是供需链与供需链之间的竞争。"①

（二）供需链管理理论的相关问题

1. 供需链管理的 "6R" 目标

所谓 "6R" 目标，即要将顾客所需的正确的产品（Right Prod-
uct）能够在正确的时间（Right Time）、按照正确的数量（Right Quan-
tity）、正确的质量（Right Quality）和正确的状态（Right Status）送到
正确的地点（Right Place），并使总成本最小。显然，"6R" 目标是追
求系统最优化的理想目标。随着市场经济条件下企业竞争的日益加
剧，随着全球化条件下生产要素流动性的加快，随着互联网和大数据
对传统生产体系和市场体系的改变，供需链管理已经不能局限于原有
的纵向一体化管理模式，应该将目光从关注企业内部生产过程转向整
个生产周期不同过程的结合部，转变过去那种从设计开发到生产制造
直到销售服务都大包大揽的经营管理模式，把"四流"集中运用到最
擅长的优势业务上，关于这一点，迈克尔·波特在《竞争优势》一书

---

① 参见何明珂《重新认识物流及其供应链》，《中国物资流通》2000 年第 3 期。

中有详尽的论述。

2. 供需链管理的特征

供需链管理的特征主要有四个方面：一是整体性，即把供需链中所有节点企业作为一个整体，供需链贯穿供应商到生产商到物流商到广告商到销售商所有采购、制造、运输、仓储、分销、零售的全过程。二是战略性，供需链管理是一种战略管理，是一种获取竞争优势的战略管理，迈克尔·波特教授在其竞争三部曲之一的《竞争战略》一书中提出了著名的"竞争战略轮盘"①，将采购、研究和开发制造、财务与控制、产品系列、市场目标、市场营销、销售等诸环节描述成一个环状的轮盘，轮盘各环节的有机互动形成竞争优势。三是系统集成性，供需链管理的关键是系统集成，而不仅仅是节点企业和单个技术方法等资源的简单链接。四是目标性，供需链管理比传统管理模式具有更高的目标，即通过合作互补获取更大的市场份额，付出更低的成本，获取更大的利润，取得合作"双赢"甚至"多赢"的局面。

通过上述关于供需链系统理论和供需链管理理论的简单介绍，我们可以看到，现在理论研究和产业实践都将供需链作为普遍的分析模式和管理应用模式。本节在讨论出版供需链问题时，重点放在供需链系统管理理论方面，用以说明大数据应用对出版供需链构造的改变。

二　出版供需链

（一）出版供需链的定义

出版物是商品，也具有流通属性，存在供需关系。因此，从定义上说，出版供需链是出版产业链的时间维度和供求关系表达，是由出版产业链上的出版内容提供人、供应商、制造商以及经销商等构成的供求关系网络。和一般商品的供需链相比，出版供需链具有两重性，这是因为出版物本身具有两重性：一是文化产品的精神属性。这种精神文化属性主要体现在内容方面，出版内容是人的精神生产的成果，精神成果往往是无形的，具有知识产权的属性，正是从这个意义上我们说出版产业是内容产业。二是商品的物质属性。从出版物的商品物质属性的角度来看，依托物质载体和商业流通一直是出版物实现价值

---

① 迈克尔·波特：《竞争战略》，华夏出版社2005年版，第4页。

增值的基本方式，物流是出版产业链各个环节实现价值流动和价值增值的存在形式，基于出版物的商品流通属性构建出版供需链是出版产业链建设的基本原则。

（二）出版供需链的构成

出版供需链的构成主要包括作者或选题策划工作室、编辑部或书稿加工审读合作者、材料（纸张）供应商、美编或封面设计工作室、校对或校对合作者、照排或排版公司、印刷厂商、仓储或物流公司、中盘或分销公司、书店、网店或其他零售商、读者或用户。在出现通过资产重组形成的出版产业集团之后，其供需链结构变得较为复杂，其构成一般是围绕一个核心企业组成加盟集群，加盟成员在需求信息和供需关系的驱动下，通过分工合作以人流、物流、资金流、信息流的方式实现整个供需链的运行。

（三）出版供需链的类型

如果按照组织特征来划分，出版供需链可以分为三类：一是核心企业型。整个供需链围绕着一个核心企业构造运行，该核心企业是整个供需链获得竞争优势的中心。二是寡头垄断型。在整个供需链上至少有两个节点企业实力很强，实行强强联合共同主导供需链的运行和管理。三是均衡链式型。在整个供需链上的各节点企业实力相当，力量相对比较均衡，彼此之间既合作又竞争共同维系动态平衡的供需链网络体系。从目前中国出版产业供需链发展状况来看，大陆的出版供需链大都属于第三种类型，即均衡链式型。

核心企业型还可以进一步具体分为三类：一是以出版企业为核心企业形成的供需链，如以一些实力较强的出版集团（中国出版集团、上海世纪出版集团、江苏凤凰出版集团、湖北长江出版集团等）所构建的供需链就属于此种类型。二是以流通企业为核心企业所形成的供需链，如中国新华书店发行集团、新华文轩集团，还包括当当、京东、淘宝等电商，都能作为核心企业形成上、中、下游合作的供需链。三是以出版零售商为核心企业形成的供需链，如北京图书大厦、上海书城、深圳书城等都作为核心企业形成了向上游、中游发展的供需链。

（四）中国出版供需链存在的主要问题

一是供需链结构刚性，缺少适应市场环境变化的"柔性或弹性"。特别是以出版集团为核心企业形成的供需链，由于资本构成和行政干预因素的影响形成一种"金字塔式业务组织模式"。[①] 这种刚性结构带有计划经济和国家制度安排的明显特征，具有出版资源垄断的明显色彩，在市场经济、全球化、互联网经济和大浪潮的冲击下，这种供需链刚性结构亟待改变。

二是供需链构造线性，缺少满足大众日益增长对优秀出版物需求的丰富产品线。现行的出版供需链运行大多以图书生产为出发点，产品出版后从分销商开始逐级推向读者，供需链的下游或读者基本上是处于被动接受地位。

三是供需链机制不灵，主要是供需链上各节点企业之间缺乏灵活应变的信息共享机制和业务协同机制。如出版社非常需要书店的图书动销数据，但出版社很难及时获得，导致一些出版社在自己的库存表显示为零时，为防止市场断货而重印或加印，结果很多加印或重印的产品成了库存品，因为虽然出版社自己的库存为零，但很多发出去的货还在书店的书架上或仓库里，并没有最终卖到读者手上，时间长了，书店的书架上或仓库里的图书就会退返给出版社，形成退货。在中国，出版社向书店送发图书没商量，书店给出版社退货也没商量，因为中国出版供需链中的供销关系是长期形成的代销制，书店拿出版社的书是不付钱的，只有书卖出去了才会和出版社结算。

第二节　大数据时代出版供需链的重构逻辑

大数据条件下，出版供需链的重构有其逻辑必然性，从处于供需链上游的出版资源看，作为出版资源核心来源的作者资源和内容资源的生长逻辑正在发生逻辑转换；从处于供需链中间主导地位的出版主营业务方面看，出版业务的发展逻辑正在发生逻辑转换；从处于供需

[①] 于春迟、谢文辉著：《出版管理学》，中国人民大学出版社 2011 年版，第 296 页。

链下游的市场销售方面看，出版物营销的市场成长逻辑正在发生逻辑转换。

一 作为稿源的出版资源生长逻辑转换

出版资源既是出版产业的核心生产要素，也是出版供需链的源头。俗话说，"巧妇难为无米之炊"。没有出版资源，出版供需链这一"竞争战略轮盘"就无法启动运行。从生产要素的角度讲，出版资源主要包括人力资源、财力资源、物力资源、信息资源等。从出版供需链源头的角度讲，出版的核心资源是稿源，稿源主要包含两个方面：一是作者资源；二是内容资源。这两者既有联系，因为内容是作者创造的，但又有区别，因为作者只是内容的发现者和加工者，内容资源比作者资源来源要广泛很多，结构也复杂很多。

（一）作者资源的逻辑转换

在传统的出版供需链中，作为供方上游的作者资源有两个特点：一是小众性，即来源狭窄，范围局限性强；二是专业性，即作者或创作者大都是专业人士，写小说的大都是作家，写科技专著的大多是科研人员。这种情况的出现，既与媒体形态有关，也与出版成本或出版门槛有关。传统的媒体形态主要是纸媒体和专业媒体，这些媒体都有专门机构运作，专业性要求使一般普罗大众很难跻身作者的行列，同时，在中国，一些出版资源（如书号、版号、刊号）的稀缺性还导致出版成本（如书号费、出版费、版面费、赞助费）居高不下，严格的审稿程序和审稿要求还导致出版门槛较高，使一般普罗大众望而生畏，很多人自己认为不错的作品到了出版机构那里，可能就因为专业要求或成本或门槛问题而无人问津。传统出版主要以图书、刊物、报纸等纸介质为载体，出版供需链的设计运行实质是围绕着这些实物封装型出版物的买卖来进行的，这种设计运行模式具有浓厚的标准化、规模化、流水线等工业化时代特征。进入互联网、移动互联、大数据、云计算技术时代以后，出版供需链构造正在呈现碎片化、个性化、主体化和网络化的趋势。从作者资源来看，表现出两个显著转变。

1. 全媒体和自媒体形态改变了原有的作者资源格局

所谓全媒体是指媒体传播运用文字、图片、声音、影像、动画、网页等多种媒体手段，运用图书、期刊、报纸、网络、广播、电视、音像、电影等不同媒介形态，通过三网融合的广电网络、电信网络、互联网络进行传播，从而实现用户以电视、手机、电脑、阅读器等多种终端均可完成数据信息融合接收，实现任何人、任何时间、任何地点，以任何终端获得任何想要的信息的传媒形态。全媒体的多媒体表现手段、不同媒介业务融合的媒介形态、三网合一的传播方式、三屏合一的信息接收方式有可能将许多"大隐隐于市"的来自草根阶层的个性化的潜在作者开发出来，成为迅速爆红的热捧对象。这一方面的一个典型案例是近来迅速蹿红的湖北钟祥市石牌镇横店村八组女农民余秀华，这位 38 岁的脑瘫患者初中三年级辍学，而迷上了写诗，十七年前就完成第一部诗集"养在乡野人未识"，一直无人问津，近期忽然因一首诗《穿过大半个中国去睡你》一夜爆红，一周内出版了两本诗集。余秀华爆红，与全媒体和自媒体有关，"有从北京来的长发男导演一进门就说要为她拍部电影，请秦海璐或蒋雯丽来演，至少影响一亿人；有出版社工作人员一口一声'姐'，并哀求'下跪也要签下你'；云南的编导苦苦请她去参加公益活动；还有人坐飞机到武汉，再花 700 元包辆的士，赶到她家，只是想见她一面……"① 余秀华一夜成为热门作者，与两个因素有关，一是全媒体和自媒体传播；二是草根。余秀华的诗虽然最早在《诗刊》上发表，但传播范围有限，2014 年 11 月，"诗刊社"微信号发出的文章《摇摇晃晃的人间——一位脑瘫患者的诗"引发""余秀华热"》，其单首诗《穿过大半个中国去睡你》引发"病毒式传播"，在微信朋友圈中疯狂转发，以至于她才开通不久的微博访问量就超过了一百万。微信、微博等网络数字媒体是以"比特流"的形式呈现传播内容的，这些"流内容"不固定出版时间，随时更新，随时传送，其形成的大数据流和大数据分析结果通过大数据挖掘技术可以迅速被其他媒体掌握，成为他们的创作稿源。

2. 自出版改变了原有的作者资源格局

所谓自出版，百度百科给出的解释是：自出版是指作者在没有第

① 刘晓宁：《脑瘫乡村女诗人的生存实录》，《武汉晚报》2015 年 2 月 1 日。

三方出版商介入的情况下，利用电子图书平台自主出版书籍或多媒体产品，也称"原生电子书"。其实，百度百科的这个定义并不准确，真正意义上的自出版有两种情况：一种情况是没有第三方出版商介入，作者自主出版"原生电子书"；另一种情况是有第三方出版商介入，作者自主出版图书。第二种自出版的典型案例是美国新型 DIY 出版商 LuLu. com，"只需要支付不到 200 美元，你就能实现出版梦：LuLu. com 不仅能把你的作品变成一本平装或精装书，给它一个国际标准书号（ISBN），还能保证在线零售商们把它列入书库。一旦进入了书店，这本书就能被数百万读者搜到，或许还能跟《哈利·波特》肩并肩地排在一起——如果自动推荐引擎决定这么做的话。"[①]

俗话说，"高手在民间"，基于互联网、移动互联、云计算和智能技术的大数据技术正在将过去鲜为人知的民间高手挖掘开发出来，以其独特的个性化作品满足不同人群的文化消费需要。因此，出版供需链从作者源头开始的资源生长逻辑转换势所必然。

（二）内容资源的逻辑转换

如前所述，虽然出版的内容是作者创作的，但内容资源在先，作者在后，如果将作者比喻成作为烹饪高手的厨师的话，那么内容资源就是烹饪的食材，俗话说，"巧妇难为无米之炊"，内容资源处于出版供需链的最前端，通常我们将出版业说成是内容产业，将出版商形容为内容提供商，正表明内容资源在出版供需链中的重要位置。

在传统的出版供需链中，内容资源呈现出两个特点：一是知识性内容多，智慧性内容少；二是文本性内容多，"超文本性"内容少。客观地说，传统出版内容资源的这两个缺陷并不是人为造成的，而是因为缺乏大数据技术条件，只有有了大数据技术，产生智慧的大量非结构化数据才能得到有效开发利用；只有有了大数据技术，"超文本性"内容才得以丰富我们感到日益枯竭的创作内容。

1. 大数据的非结构化数据开发技术丰富了出版内容资源

按照哈耶克在《自由宪章》一书中对人类知识增长和进步的论述，人类的精神活动是遵循：信息——数据——知识——智慧的传递

---

① 克里斯·安德森：《长尾理论》，中信出版社 2012 年版，第 70 页。

逻辑发展进步的。即数据转变为信息，信息转变为知识，知识转变为智慧。在这个逻辑发展体系中，智慧是最高境界。智慧和知识相比，具有非逻辑结构特征，因此，智慧更多地与非结构化数据相联系。传统的出版内容之所以更偏重于介绍知识性内容，而缺乏充满创意和丰富想象，如《哈利·波特》《星球大战》等智慧性内容，可能与缺乏大数据非结构性数据处理能力有关。在大数据时代，大数据仓库的资源日益丰富，现在的大数据资源仓库不仅包括结构化数据，还包括半结构化数据，以及越来越多的非结构化数据。或者说现在的大数据技术不仅能够储存、分析、处理结构化数据和半结构化数据，还具有过去的计算技术和数据库技术所不具有的强大的储存、分析、处理非结构化数据的能力。这不仅仅是数据结构量的变化，更是数据结构质的变化。结构化数据即行数据，是指存储在数据库里，可以用逻辑表达实现的关系型数据，其数据模型是二维表结构，其产生是先有结构再有数据。半结构化数据，是介于结构化数据和非结构化数据之间的数据，它一般是自描述的，数据的结构和内容往往混在一起，没有明显的区分，其数据模型是树、图构造，其产生是先有数据再有结构，HTML 文档就属于半结构化数据。非结构化数据包括所有形态的数据，它包括所有格式的办公文档、文本、图片、XML、HTML、各类图表、图像和聊天记录、购物记录以及音频、视频信息等。现如今的数据呈爆炸式增长，并不仅限于以前数字符号的结构化数据，还有大部分是文档、照片、视频等非结构化数据，现在非结构化数据占有比例已经达到互联网整个数据量的 85% 以上，而用于产生智慧的大数据往往是这些非结构化数据。① 在这一点上，传统的关系型数据库已无法应对，迫切需要新的数据组织方式和数据处理技术。在大数据时代，随着互联网、物联网、移动互联、云技术、人工智能等高新技术的不断发展，非结构化数据的应用处理能力飞速提高。我国北京国信贝斯（iBase）软件有限公司的 IBase 数据库将非结构化和结构化数据都定义为资源，使得非结构数据库的基本元素就是资源本身，而数据

---

① 贾利军、许鑫：《谈"大数据"的本质及其营销意蕴》，《南京社会科学》2013 年第 7 期。

库中的资源可以同时包含结构化和结构化的信息，从而将过去没有关系的混杂的数据变成有用的大数据资源。

2. 大数据的"超文本"性利用丰富了出版内容资源

超文本最早是由罗兰·巴特、德里达等早期解构主义语言学家提出来的，他们认为，语言分析过程中发现言语所传达的意义并不是单一而明确的，因为语言中能指与所指之间的任意性关系，两者之间的对应关系很可能因为"第三者"的出现或者说是语境的变化而出现分裂，能指可能滑向另一层所指，而所指也很有可能成为另一层的能指，意义由此突破了简单的线性因果关系而走向了一种无边的网状式的文本结构。如巴特所说，当我们阅读某个故事的时候，意识中"理性的逻辑方式与象征的逻辑扭作一团。这象征的逻辑不是演绎的，而是联合的：它与另外的观念、另外的意象、另外的意指作用的具体之文联合起来我们被告知唯一的文不存在"。[①] 但是，早期解构主义语言学家对文本阅读的设想只是理论设计，直到计算机技术普及特别是大数据技术应用以后才最终实现。在大数据时代，人们的阅读已经由过去单纯的文本阅读扩大到音频、视频、文字、图片等多媒体或全媒体交叉阅读，已经由过去的平面媒体阅读扩展为立体媒体阅读，阅读的信息量和意义也变得更加开放，以至于"媒介不再是信息，它是信息本身"。[②]

二 作为供需链驱动力的产业发展逻辑转换

中国出版产业的发展有两个特点：一是行政推动的多，二是市场推动的少。这与出版产业本身具有的特殊文化产业属性与意识形态属性有关。但是用行政手段推动产业发展和推动建立出版企业中游环节整合模式，并没有使中国出版行业走出困境，其重要原因之一，是整合思路局限在工业时代"规模化、标准化、线性化"的框框里。在互联网经济和大数据时代，出版产业发展应该更多从生产者驱动向消费者驱动转换，由"横向整合"向"垂直整合"转换。

（一）由生产者驱动向消费者驱动的转变

传统的产业供需链是遵循"大生产、大物流、大品牌、大零售"

---

① ［法］罗兰·巴特：《S/Z》，上海人民出版社 2000 年版，第 136 页。
② ［美］尼葛洛庞：《数字化生存》，海南出版社 1996 年版，第 68 页。

的思路进行建构的，其核心是"生产者驱动"，即我能生产什么，我就卖什么。例如福特汽车公司早年生产的 T 型车，福特曾自嘲地笑言"顾客可以随意选择他喜欢的颜色，只要是黑色。"这是典型的以生产者为中心的商业模式，T 型车都是黑色，让顾客别无选择，是因为以当时的生产线技术，如果增加不同的颜色，会大大增加生产成本和降低生产效率，只生产一种颜色的车，其"规模化、标准化、线性化"程度会大大提高。在现在看来，这无疑是一种"生产者霸权"和"强盗逻辑"。在文化产业和出版产业，曾有人将这种以生产者为中心的模式称为"文化专制"和"文化霸权"。正如克里斯·安德森在《长尾理论》中所指出的："长久以来，我们一直在忍受大众流行文化的专制，不得不消极地屈就于那些暑假大片和人造热门。为什么？因为背后的经济学。我们所认定的流行品位实际上只是供需失衡的产物——而供需失衡就是市场对无效分配的一种反应"。

消费者驱动是要建立一种以消费者为中心的生产和商业模式，而要以消费者为中心，就必须洞悉消费者的消费心理，不同的消费者有不同的消费心理和消费需求，各人有各人的口味，而大数据挖掘是获取消费者数据的最有效手段，大数据使消费者驱动时代"碎片化、个性化、多样化、网络化"的需求能得到有效实现。

运用消费者驱动建构商业模式的最成功的案例是亚马逊。亚马逊创始人杰夫·贝佐斯开会时经常在会场上留出一把空椅子，用以提示与会者没有到场的消费者才是最重要的人。重视消费者，就要洞悉消费者的消费心理和需要，亚马逊洞悉消费者心理并做出决策不是采用过去的调研、采样、分析、讨论、论证的耗时费力的做法，而是通过运用大数据工具在网络上采集和分析消费者的购物行为数据，分析这些海量数据，评估产品是否令人满意，预判消费者是否下单，从而决定某种产品或服务应该停牌，还是继续销售。

（二）由"横向整合"向"垂直整合"的转变

在中国，传统的出版产业发展逻辑是"强强联合"，也就是出版企业之间的"横向整合"，这种"横向整合"的典型做法就是出版企业集团化，这种集团化大都是由政府出面推动组建的，如中国出版集团、湖北长江出版集团、江苏凤凰出版集团。目前在中国，绝大多数省市都成立了出版集团，但这些出版集团大都是地方出版社的横向整合，大都是出版供需链的中游环节的整合，并没有从根本上解决其上游资源，如作者资源和内容资源的来源问题，由于作者资源和内容资源相对匮乏，一时间，出版物同质化问题非常尖锐，《穷爸爸、富爸爸》之类彼此跟风的图书品种繁多，给人一种出版到了"江郎才尽"地步的感觉。"垂直整合"是指在供需链某个环节占据优势地位的企业，沿着产业供需链向上游或下游整合收购的行为。"垂直整合"具体有两种情况：一种是沿供需链上下游展开的整合，另一种是软硬件一体化的整合。后一种情况主要是信息产业，如微软本来是做软件的，但苹果开发软件的行为警示了微软，所以微软也通过收购老品牌诺基亚而推出了自己的手机"微软 Lumia"，还推出了微软的平板电脑等终端设备。当然，"垂直整合"只是一种产业发展方式，并不是到了大数据时代才出现的，但是，基于大数据的"垂直整合"和没有大数据基础的"垂直整合"发展前景是不一样的。

这里最典型的案例是亚马逊和索尼。2007 年 11 月，亚马逊面向市场推出电子阅读器 Kindle，很短的时间就销售一空，这标志着其向硬件领域进军的发展战略获得了成功，标志着其向下游终端设备业务领域的延伸进展顺利。为了解决阅读器的内容提供渠道问题，亚马逊不仅和出版机构合作，由出版商提供一部分阅读内容，而且还自力更生开发阅读内容，A－mazonEncore 项目在 2009 年开始投入运营时，亚马逊就凭借其销售图书时掌握的作者数据资源，直接从自费出版作者库中挑选出有潜力的作者签约，并在亚马逊网络平台上销售其电子书，这标志着亚马逊从销售商向图书出版商角色的转变。同时，亚马逊为了拓展其数字出版业务，不断收购或并购小型出版商，不断开设数字书店。2012 年 6 月，开业不到 20 年的亚马逊收购了拥有 62 年历史的小型出版商 AvalonBooks，与此同时，还设立数字书店，出售 Kindle 电子书和葡萄牙语电子书，既适应了出版业务数字化的需要，又大大拓展了出版业务领域。由此，亚马逊从一个图书销售商逐步转变为集内容提供者、平台运营商、出版商、技术服务商、阅读设备提供商、市场销售商等多重身份于一体的产业集团，形成了"作者—亚马逊—读者"的出版模式。亚马逊利用庞大而高效的电子商务网站，大量收集用户数据，这些数据既有消费者购物记录，也有浏览记录；既有购物心得，也有购物留下的评论口碑；既有购物花费的金额，也有购物的使用记录。亚马逊依据大数据，从一个网上书店起步，逐渐涉及平板电脑，并低价提供 Kindlefire 系列产品，成为能与苹果 iPad 并驾齐驱的用户终端产品，不只如此，亚马逊又开发了载有自己全部商品目录信息的手机，用这种手机到亚马逊购物非常方便，有多个快捷键直接进入。与亚马逊借大数据之力乘风破浪迅速发展不同，索尼本是以供需链管理见长的公司，但由于在运用大数据精准把握消费者需求方面落后一步，其近年来推出的产品明星背离消费者，像 Walkman 随身听畅销一时的盛况已不复存在。可见，"横向整合"也好，"垂直整合"也罢，关键是靠近消费者，"越靠近最终消费者或用户，在产业链上就拥有越来越大的发言权"。① 而大数据是靠近和理解最终消费者或用户的一个利器。

三　作为供需链终端的市场成长逻辑转换

20 世纪 80—90 年代，中国的出版社面临的竞争对手主要是民营书商，国有出版机构对民营书商有几分惧怕，主要是因为这些书商大都是做图书销售起家的，他们离市场最近或者说他们本身就是市场。二三十年过去了，出版企业现在最惧怕的已经不是民营书商，而是像阿里巴巴、京东、当当这样的电商。出现这种情况有两个原因：一是民营书商虽然离市场和读者较近，而且有较灵活的市场运作机制，但他们的商业模式实际上与国有出版机构没有本质区别，既没有互联网思维，又没有大数据工具，虽然他们具有较强的市场意识，但缺乏精准的市场大数据，这决定了其成长性有限。二是阿里巴巴之类的电商既离市场和读者最近，又具有较灵活的市场运作机制，关键还在于他们掌握和应用了互联网技术和大数据工具，将市场机制和市场观念通过大数据应用具体化为消费者数据，并运营这些大数据，这就难怪他们能以 100%—300% 的速度迅速成长。

（一）从"近尾"到"远尾"

近尾和远尾是反映供需曲线的两个概念。近尾主要是在传统生产

---

① 赵国栋等著：《大数据时代的历史机遇》，清华大学出版社 2013 年版，第 185 页。

技术条件下，生产的边际成本会快速上升，成本上升，产品价格就高，客户就少，这种情况在供需图上就是一条较陡的供给曲线，这条供给曲线与需求曲线的交点离原点较近，因此称为近尾（见图4－1）。但在互联网经济条件下，网络传播大大地降低信息传播的成本，因此也大大降低了生产企业的边际成本，尤其是提供某些服务的产品和项目，网络还能够将边际成本降为零成本，如在互联网上多个人下一首歌，把一部音乐作品多卖给一个人，也不会增加什么额外成本。成本降低，产品价格就低，价格低客户就多，这种情况在供需图上就是一条下移的供给曲线，这条供给曲线与需求曲线的交点离原点较远，因此称为远尾（见图4－2）。从近尾到远尾的转换，显然是传统经济技术生产条件向互联网和大数据生产条件转变的结果。远尾处价格低而用户多，产品的销量也多，它揭示出两个结论：一是远尾处平民为王，阿里巴巴打造的"双十一"购物狂欢节，就是一种远尾平民效应。二是远尾处用户体验至上，这里的用户体验包括两个方面：一方面是直接用户体验，另一方面是间接用户体验，如我们在网购时，面对成百上千种同类商品，价格也相差无几，这时我们会关注用户评价，差评和好评的不同口碑有时引导着我们的下单行动，这里的网络用户评价，实际上就是一种间接体验。

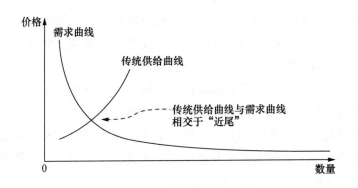

图4－1　供需曲线的近尾

注：边际成本的较快上升让传统供给曲线较为陡峭，从而与需求曲线交于"近尾"处。

资料来源：徐高：《"互联网思维"的经济学逻辑》，华尔街日报中文网，2014年4月11日。

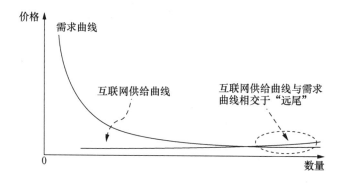

图 4 - 2　供需曲线的远尾

注：互联网技术大幅降低了边际成本，形成的互联网供给曲线与需求曲线交于"远尾"处。

资料来源：徐高：《"互联网思维"的经济学逻辑》，华尔街日报中文网，2014 年 4 月 11 日。

（二）从企业价值到用户价值

企业价值和用户价值是衡量一个企业经济活动贡献大小的两个指标，企业价值衡量的是企业对自己发展贡献的大小，用户价值衡量的是企业对用户贡献的大小，即企业提供的产品和服务满足用户需要的程度。企业价值反映了企业从交易中的"获利"，用户价值反映了用户从交易中的"获益"，这种"获益"一般指"用户感知"获得"超出"所付成本的部分，也即经济学所说的消费者剩余。从理论上说，企业价值的实现与用户价值的创造是联系在一起的，企业获利离不开用户获益。但实际上，企业价值与用户价值有时并没有有机结合在一起。如在传统出版生产体系中，出版企业是以企业价值的实现为中心，重点追求的是获利，而不太关心读者获益。出版社关心的是我出版的书卖出去了没有，卖了多少，钱收回来没有。至于读者买书读了以后有什么收益，有什么读后感，对读者的进步有什么帮助，那就不是出版社所关心的事了。

显然，企业价值实现以企业获利为中心展开的路径是工业化时代供需链构造的套路，互联网经济与大数据时代的供需链构造应把着眼点放到用户价值创造上面，为了给用户创造价值，企业有时甚至要以让利、免费、无偿服务、延长保修期等方式牺牲自身利润来提高用户价值。用户价值创造的关键是用户中心化，用户中心化路径的意义在于：一是明确企业的发展定位，是定位在高端或精英用户，还是定位在低端或大众用户。以汽车产业为例，奔驰和宝马就定位在高端或精英用户，而大众就定位在低端或大众用户，虽然奔驰也生产相对低端的产品，大众也生产相对高端的产品，但并不是产品线的主流。二是明确供需链的发展路径，即是以企业价值实现为中心构建供需链，还是以用户价值创造为中心来构建供需链。现在企业界一致的共识是"用户是上帝"，显然是要把用户价值创造放在中心位置。在大数据条件下，大数据应用为以用户为中心的用户价值创造提供了技术支持。

1. 运用大数据预测发现用户价值

大数据的一个核心功能是预测，预测可以帮助企业发现用户价值，将潜在用户价值挖掘开发出来，转变成现实的用户价值。在美国，有一个15岁女孩的父亲有一天突然收到折扣零售商塔吉特（Target）给她女儿寄来的购买婴儿服和婴儿床的优惠券，他勃然大怒，质问塔吉特开什么玩笑，他女儿才只有15岁，并声称要诉讼塔吉特，但塔吉特很快向他出示了其女儿在塔吉特网站浏览新生儿用品的完整数据记录，并预测她怀孕了。这位父亲带他女儿到医院一检查，结果真的是怀孕了，女孩的父亲不仅马上向塔吉特道歉，还感谢塔吉特通过数据预测告知其事情真相，否则他还不知道被蒙在鼓里多长时间呢。[①]

2. 运用大数据平台创造用户价值

用户价值创造需要人流、物流、资金流、信息流的高效流通。大数据平台能将供需链的这"四流"统一起来，特别是通过大数据信息挖掘功能加快信息流通，通过"四流合一"创造用户价值。

3. 运用大数据用户理解功能交付和延续用户价值

交付和延续用户价值处于供需链的下游，是一个闭合供需链环链的终端。交付和延续用户价值有两个意义：一是满足了用户消费需

---

① 参见［英］维克托·迈尔—舍恩伯格《大数据时代：生活、工作与思维的变革》，浙江人民出版社2013年版，第132页。

求；二是进一步增强了用户黏性，使用户成为企业产品的忠实用户和铁杆粉丝。大数据的用户理解功能通过对消费者购物行为和消费心理的数据分析，有针对性地提供舒心产品和贴心服务，将客户关系由简单的买卖关系发展成合作互利关系。现在，出版界提出了一个口号："读者即作者"，就是将读者发展成作者，由买卖关系发展成合作关系，将供需链的用户终端延伸发展为供需链的开端，将传统的闭合的出版供需链转变为现代开放的出版供需链。

第三节　大数据时代出版供需链重构的基本内容

基于大数据对出版供需链进行重构，应该考虑如何将大数据效应运用到出版供需链的建构中去。本书认为，出版供需链重构主要有三个方面内容：一是基于大数据资源扩展效应建构出版供需链"信息流"；二是基于大数据平台效应实现出版供需链"流程再造"；三是基于大数据用户挖掘效应重构出版供需链的"用户群"。

一　基于大数据资源扩展效应做大做强出版供需链"信息流"

信息流是供需链"四流"中的重要因素，其重要性在于信息流贯穿于人流、物流、资金流中间，企业管理和供需链管理中人力资源、物力资源和财力资源的调配，都必须有准确的信息作为支撑。大数据资源拓展效应为海量信息和精准信息的开发利用提供了条件。

（一）从"数据废气"到"数据资产"

大数据资源具有"再利用性"和"非竞争性"，即数据不像石油、煤炭、粮食等物质资源那样是一次性资源，而是可以不断被使用的"再利用"资源。有人将大数据资源比喻为"21世纪的石油"，其实，这个比喻并不完全恰当，石油是不可再生资源，用一吨就少一吨。而大数据资源是取之不尽，用之不竭的，只要有人类的生产和生活活动，就会有数据不断产生。目前，互联网上的电商都有购物记忆和推荐系统，当一个客户选购某种商品时，系统会告知你曾经买过什么东西，别人在买这个东西时还买过什么别的东西，这个系统使用的都是过去的交易数据。因此，大数据不同于物质性的东西，数据的价值不会随着它的使用而减少，而是可以不断地被处理。这就是经济学家所谓的"非竞争性"的好处：个人的使用不会妨碍其他人的使用，而且信息不会像其他物质产品一样随着使用而有所耗损。

数据资源"再利用"产生的价值增值的突出表现是将"数据废气"变为"数据资产"。数据废气（Data Exhaust）一般是指没有用处而要舍弃的数据。在互联网信息中，与己无关的没有用处的或者无法处理的网络数据常常被人们当作"数据废气"。中国各行业、各领域的信息化进程已经有几十年的历史，经过日积月累已经拥有了海量的数据，这些数据中95%以上都存放在各自的存储设备或硬盘中，自产生之后就很少使用或者根本没有使用，一直属于沉睡状态，因此，这些数据也就不产生任何价值，也就不能称为资源。出现这种情况的一个主要原因是数据库分立，已有的数据相互独立，数据大多数来源于已经建立的各类业务系统，而各业务系统都是为了满足各自业务板块的需要而建立的，没有建立相互的关联关系，数据的存储与使用缺乏统一的规划设计，缺乏顶层设计的"数据孤岛"导致"数据废气"和"黑暗数据"（Dark Data），"数据废气"和"黑暗数据"如不能让其成为资源，并发挥价值，对于数据的拥有者来说，数据的存储与维护将会是无止境的投入，这些无价值的投入将会给数据的拥有者带来巨大的负担。而数据的价值增值往往需要大数据平台从多维度、多角度分析相关数据才可能完成。大数据挖掘技术极大地扩展了人们寻找数据之间相关关系的能力，使得我们将"数据废气"变成"数据资产"成为可能。

在出版界，将"数据废气"变成"数据资产"的成功案例是雅昌（文化）集团有限公司，雅昌创建于1993年，起初是一家靠印刷艺术品起家的印刷厂，与其他印刷业同行不同的是，雅昌一直在做一件看起来是"极大浪费"的事情——储存印刷的电子资料。在同行中，这些资料往往被当作"数据废气"或者"黑暗数据"直接在电脑中删除。但雅昌锲而不舍、日积月累地积攒这些"数据垃圾"，到2011年年底，雅昌的数据中拥有6万多名艺术家、2000多万件艺术品的电子图文数据，形成"中国艺术品数据库"。以"中国艺术品数据库"的数据积累为基础，雅昌进一步进行数据挖掘，2005 年开始，基于不断扩大的庞大数据库，基于专业的艺术品数据分析，雅昌开始发布艺术品拍卖行情，推出了"雅昌艺术市场指数"（AMI）。AMI 就像股票指数一样，已然成为艺术品投资分析工具和艺术品市场行情的"晴雨表"。雅昌公司从一个名不见经传的印刷企业一跃成为跨界的大型文化传媒集团，核心价值在于从开始就留意存储积累艺术品数据，而这些数据在别人眼里不过是"垃圾"和"废气"。

（二）从"数据体量"到"数据质量"

体量大是大数据的显著特征。大数据体量大，首先表现在数据数量的爆发式增长。从全球数据总量增长来看，根据 IDC（International Documentation Centre，国际文献资料中心）编制的《从混沌中提取价值》研究报告介绍，过去五年的研究发现，全球数据量大约每两年翻一番，2010 年起全球数据量跨入 ZB 时代。"伴随着社交网络、移动设备和传感器等新的技术和应用的不断涌现，产生的海量数据，其规模极为庞大，并且呈现加速增长的趋势。计量单位从 TB 级别跃升到 PB 甚至 EB 级别（1TB = 1024GB；1PB = 1024TB；1EB = 1024PB；1ZB = 1024EB；1YB = 1024ZB）。过去几年全世界产生的数据量甚至超过了历史上 4 万年来产生的数据量的总和。到目前为止，人类生产的所有印刷制品的数据量大约是 200PB，而 IDC 的研究报告指出，2012 年全球信息化资料存储量为2.8ZB，预计到 2020 年将达到 40ZB。"到 2020 年，全球人均数据预计将达到 5247GB。"预计到 2020 年，全球数据量将会达到令人恐怖的 35ZB，被称为'大数据摩尔定律'。"①

从专业领域数据总量增长来看，"能源、制造业、交通运输业、服务业、科教文化、医疗卫生等领域都积累了 TB 级、PB 级乃至 EB 级的大数据，这些数据已经开始造福于人类，成为信息社会的重要财富，例如，著名的全球连锁超市沃尔玛每小时需要处理 100 余万条的用户请求，维护着一个超过 2.5PB 的数据库；在高能物理试验中，2008 年开始投入使用的大型强子对撞机每年产生超过 25PB 的数据；

---

① 贾利军、许鑫：《谈"大数据"的本质及其营销意蕴》，《南京社会科学》2013 年第 7 期。

社交网络 Facebook 现已存储超过 500 亿张照片。"①

其次，大数据体量大不仅仅指其数量大，其中还包括增速快的含义。在 2010 年，全球每分钟就有 35 小时的视频上传 YouTube，每月有 60 亿张照片上传 Facebook，每天有 2 亿条微博上传 Twitter，3000 亿封电子邮件发送，雅虎公司每天分析超过 200PB 的数据。大数据体量大是大数据资源扩展性的重要标志之一，但是，体量扩展性并不是大数据的全部意义，必须通过大数据处理赋予其价值，才能使其具有活性。同时，"解决一个问题的数据规模有一个阈值。数据少于这个阈值，问题解决不了；达到这个阈值，就可以解决以前解决不了的大问题；而数据规模超过这个阈值，对解决问题也没有更多的帮助。"②

最后，大数据体量大还在于数据来源的广泛性和多样性。从某种意义上说，更多的数据来源，比更多的数据量更重要。在大数据条件下，数据来源和数据记录方式多种多样。人们通过 LBS 采集人在地球上的全部运动轨迹，通过在线支付采集人们的全部支付记录，通过 SNS 采集人们的全部网络交往记录，通过电子邮件、文档、Timeline、视频监控等采集人们的言行记录。这使得过去不容易处理的、不被人们重视的、没有使用价值的大量非结构性数据具有了新的质量，使得大量随机的、偶然出现的混杂性数据可以实时捕获处理，使之变成确定性的、必然性的东西。

提高数据质量是大数据的另一个显著特征。提高数据质量是增强数据可用性的关键，数据如果不可用，数据再多也是负担。随着大数据的级数增长，大量劣质数据伴随而来，干扰、影响了数据的可用性。如在美国的企业信息系统中有 1%—30% 的数据存在错位③，全球财富 1000 强企业中超过 25% 的企业信息系统中的数据不正确或不

---

① 李建中、刘显敏：《大数据的一个重要方面：数据可用性》，《计算机研究与发展》2013 年第 6 期。

② 李国杰：《大数据的研究现状与科学思考》，《中国科学院院刊》2012 年第 6 期。

③ Redman T.，"The impact of poor data quality on the typical enterprise"，*Communications of the ACM*，1998，41（2）：79 – 82.

准确。① 数据可用性问题的严重性必将导致源于数据的知识出现错误，也会导致依据数据进行的决策出现严重失误，如在美国，由于数据陈旧和数据错位引起的生产事故和决策失误，每年给产业界造成大约6100 亿美元的经济损失，大约占美国 GDP 的 6%。② 解铃还须系铃人，大数据的可用性问题最终还是靠大数据技术自身来解决，现阶段，解决大数据可靠性和可用性问题的理论和技术，如高质量大数据获取与整合的理论和技术，数据管理自动检测与修复的理论和技术，弱可用数据上近似计算的理论和技术，弱可用数据上的知识发掘与演化的机理等相关理论和技术已进入实际研究和应用。③ 提高数据质量，增强数据可用性，实现数据信息共享，是出版产业供需链有序运行的迫切要求，中国出版物在线信息交换标准（CNONIX）的推广应用，就是运用大数据平台将出版供需链各环节的数据信息集成起来，构建的一个将私有云、公有云、混合云融为一体的综合性数据信息共享平台。CNONIX 的应用，不仅增大了出版数据体量，而且提高了出版数据质量，加快了出版供需链"信息流"流通的步伐。

二 基于大数据平台实现出版供需链的"流程再造"

新媒体的出现，使人们的阅读方式发生了革命性变化，多平台阅读已经成为人们的一种习惯，2012 年，美国报业协会分析小组在美国几个城市进行跨平台阅读调查，结果显示，54% 的受访者称自己使用超过两个平台。④

（一）基于多平台的流程再造

与新媒体的发展与读者阅读方式的变化相适应，大数据时代的出版业应该建立综合性、多功能、开放式的大数据平台。人们既可以通过图书阅读，也可以通过网络平台阅读；既可以用电子书阅读，也可

---

① Swartz N. , "Gartner warns firms of 'dirty data'", *Information Management Journal*, 2007, 41（3）：6.

② Eckerson W. , "Data Warehousing Special Report：Data quality and the bottom line", *Applications Development Trends*, 2002.

③ 李建中、刘显敏：《大数据的一个重要方面：数据可用性》，《计算机研究与发展》2013 年第 6 期。

④ 《大数据时代的报业变革猜想》，http：//www.bkpcn.com，2013 年 6 月 14 日。

以用手机阅读。对应阅读平台的多样化,出版企业既可以有图书出版,也可以有网络出版;既可以有电子书出版,也可以有手机出版。阅读平台和出版平台的多样性,要求对传统的出版供需链进行"流程再造"。

进行适应多平台流程再造的一个重要举措是进行大部制变革。现有的出版企业中,已经有越来越多的机构出版多种媒体的出版物,但不同媒体形态出版物的具体供需链流程是有区别的,其中,纸质图书流程比较复杂,涉及的环节较多。而电子图书的流程相对简单、快捷。为了解决不同媒体出版供需链之间的矛盾,很多出版社都采取机构分设的做法,做纸质图书的编辑部或出版分社与做电子图书的电子出版部或出版分社都相对独立,这种机构分设的做法的好处是"一条鞭"管理,突出了管理的专业性,但其弊端是分割了不同媒体的有机联系,有些出版物内容一样,只是媒介形式不一样,但这种"一个媒体,一个团队"条块分割式的小而全的运行模式不仅大大增加了出版运行成本,而且浪费资源,有时还因为缺乏协调而出现内争,并且还出现数据信息资源分散,缺乏综合协调的状况。现在有些出版企业正在适应多媒体多平台出版进行大部制改革,将原来"一个媒体,一个团队"的小而全模式改造成四个大部门即策划组稿部、平台维护部、审稿制作部、市场营销部。这样,一个内容一样的作品可以通过新流程出版图书、电子书、网络版图书等不同媒体形态,甚至还可以通过成立影视制作部将作品改编成电视剧或电影。这种大部制式的流程再造主要围绕出版的核心业务来建构,非核心业务尽量采用外包业务的方式,这样既可以降低成本,又可以提高效率。

(二)基于用户个性化定制的流程再造

传统的出版产业强调规模化、标准化、专业化,但千人一面的出版物有时很难满足读者个性化的需要。个性化需求本来是人的天性,正如吕本富教授在为《长尾理论》一书所写的"专家推荐序"中所说"长尾之所以存在,与人们的需求密不可分,而人们对于多样性的需求,来自于人类本身的特性。"[1] 曾经有一位女作家说过一句心里

---

① [美]克里斯·安德森:《长尾理论》,中信出版社2012年版,第XX页。

话："当知道《麦田里的守望者》是一本畅销书的时候，我觉得非常失望。在此之前，我一直以为它只是属于我一个人的。"这种对专属性的个性化需求在表面上表现为个人购物时的不同口味，实质上反映的是人们与生俱来的对个性和自由的渴望。姜奇平先生认为，中国是长尾理论的天然实践者，在江浙一带普遍存在的"小狗经济"模式就是最好的例证，"小狗经济"的供需链是以利基、定制、冷门、小众市场、体验、一村一品为特征的碎片化构造，而不是工业化时代的规模化、标准化构造，"一村一品"的碎片化构造之所以在中国特别是江浙一带有市场基础，有两个重要原因：一是适合于中国自古以来工艺经济的传统，这就是义乌小商品市场存在和发展的缘由；二是适合市场用户的个性化消费需求。

正是因为中国经济是长尾理论的天然实践者，才成就了阿里巴巴今日的辉煌。客观地说，阿里巴巴能一举超过国际老牌电商亚马逊，并不在于其技术条件，而在于有中国十三亿多人的市场大数据和中国经济天然利基的传统，阿里巴巴大力推行其基于大数据平台的"聚石塔"数据分享计划，实际上是通过"聚石"来"聚众"和"聚金"的。其"聚众"效应表现为两个方面：一是在淘宝、天猫上聚集了几亿用户；二是通过淘宝、天猫平台聚集了一两千万商户。正如克里斯·安德森所说："千篇一律或说一种产品卖遍天下的时代正在结束，它的地位正在被一种新事物——一个多样化的市场所取代。"[1]

对于出版行业来说适应用户个性化定制进行流程再造具体有两个路径：一是线下的流程再造；二是线上的流程再造。线上流程再造的新型出版模式就是"自我出版"或"自助出版"，这方面的一个典型案例则是新型DIY出版商的代表者LuLu.com，凭借LuLu.com，出版什么内容可以由作者自己决定，印制多少本也可以根据大数据预测来决定，如果缺货还可以根据需求数量随时补货。曾有人担心"自我出版"的成本和市场销量问题，事实证明，在互联网经济形态下，网络出版物的生产复制成本非常低，有时甚至可以低得可以忽略不计，市场销量问题的担心也没有太大必要，因为量身定制的东西虽然小众，

---

① ［美］克里斯·安德森：《长尾理论》，中信出版社2012年版，第XXV页。

但却精准。

据美国尼尔森图书调查公司（Nielsen BookScan）的调查结果显示，其调查的 120 万种图书中，有 95 万种销售量不到 99 册，有 20 万种销售量不到 1000 册，只有 25000 种的销售量在 5000 册以上。美国图书的平均销售量是 500 册左右。[①] 换句话说，美国有 95% 的图书不具有商业价值。如在 LuLu. com "自我出版"排名前五的图书中，《哈瓦那犬》一书排名第二，共计销售了一万多册，这个销量在美国已经是畅销书了，但一看书名和副标题就知道，此书是作为"哈瓦那犬主人、饲养者和爱好者的精粹指南"出版，是为"哈瓦那犬"的主人及其相关人士量身定做的，不饲养"哈瓦那犬"的人是没有买这本书的需求的，但在美国，饲养"哈瓦那犬"的人却成千上万，为这些成千上万的狗主人量身定制图书，其小众化和精准性是可想而知的。

三 基于大数据平台重塑出版供需链"用户群"

"用户是上帝"的观念虽然早已深入人心，但对用户资源的挖掘却因为缺乏大数据技术支持而未能有效实现，传统出版供需链模式的两个弊端在于：一是并不真正了解用户的个性化需求；二是不能有效降低成本。大数据条件下的出版供需链的重构必须解决上述问题。

（一）开发"共享型经济"环境下的"粉丝用户群"

杰弗里·里夫金在《第三次工业革命》一书中指出："伴随着互联网成长起来的新一代，习惯于对创造力、知识、专业技能，甚至对产品和服务的开发性共享，以促进社会总体财富的增长。"[②] 哈佛大学教授南希·科恩认为：共享经济是指个体间直接交换商品与服务的系统。在中国，共享型经济并不局限于人与人之间的分享，而是把需求端和供给端有效整合，使社会资源能得到更高效利用的经济表现形式。开放性是共享性的前提，从开放程度来讲，互联网是开放程度最大的资源共享平台，网上很多资源对很多人来说是无偿使用，当网上的资源进入"云平台"时代后，大数据资源生成以及资源共享的步伐进一步加快。从大数据与云计算的关系来讲，云计算是大数据的基

---

① ［美］克里斯·安德森：《长尾理论》，中信出版社 2010 年版，第 69 页。
② ［美］杰弗里·里夫金：《第三次工业革命》，中信出版社 2012 年版，第 38 页。

础，大数据是云计算的价值应用；从大数据与共享型经济的关系来讲，是共享型经济铺就了大数据的社会基础，大数据确立了共享型经济的市场地位。在现实生活中，共享需求往往表示共同的需求目标，企业经营的任务就是要把这些有共同需求目标的人发展成自己的忠实客户，忠实客户由于其忠诚度和黏性被视为"老客户"，过去称为"回头客"，现在称为"粉丝"。

在互联网和大数据时代，共享不仅只是物质资源的共享，还有数据共享、平台共享和体验共享。例如 Google 开发的 Google Docs 平台，是一款与微软的 Office 系统竞争的基于浏览器的在线软件，无须安装，通过 Google 账号登录后就能使用。与微软 Office 把数据保存到本地的模式不同，Google Docs 将数据保存到云端，用户不仅可以通过浏览器新建、打开、编辑或者删除一个在线文档，还可以与同一个工作组中的用户共享文档，如果你不在意隐私和保密的话，可以让多用户对同一个文档进行实时的编辑更新，并且，这些共享操作的历史数据会被保存到云端，而不用担心数据丢失。这种多用户共享的协同办公平台创造了许多有趣的使用场景，英国作家 Slivia Hartmann 就利用 Google Docs 玩起了行为艺术，她公开了自己使用的 Google Docs 写作地址，任何人都可以进入平台分享她的写作体验，可以进去看看她的新小说"The Dragon Lords"写到哪里了，如果碰巧遇到她正在写作，还可以看到她一个字母一个字母地输入单词直至完成整部小说的过程。

显然"共享型经济"条件下的"粉丝用户群"不仅只是硬件共享，还有软件和数据共享。互联网平台上的很多"粉丝用户群"并不是冲着软件去的，而是冲着分享和体验去的，分享别人的成长过程对自己的成长也是一种借鉴。苹果的许多"果粉"、"果迷"不仅是喜欢苹果手机，还更加喜欢苹果的 App 和来自云端的信息数据。这样，来自云端的大数据就有了两种效应：一方面营造了"共享型经济"的"粉丝用户群"，另一方面又为生产厂商提供了源源不断的用户信息数据，平台的运营者不仅获取了经济利益，还获得支持产品持续开发的宝贵数据资源。

（二）开发"无聊经济"环境下的"无聊用户群"

碎片化经济的一个具体表现是"无聊经济"。从本质上讲，碎片化或者"无聊经济"都与快餐文化相联系，在资讯社会，人们日常生活的快节奏和琐碎化造成了文化消费的快餐化，"浅阅读"、"标题党"、"快速浏览"等快速阅读方式以及微博、微信等快捷信息传播方式都是快餐文化和碎片文化时代的产物。文化的快餐化和生活的碎片化滋生了一种新的经济环境即"无聊经济"，并由此产生了所谓的"无聊经济学"。所谓"无聊经济"，按照百度百科的解释，是研究帮助人们如何打发无聊时间的经济理论。提出和倡导无聊经济学的是"分众传媒"董事局主席兼 CEO 江南春，被称为"狂热的理想主义分子"的江南春提出"无聊经济学"是源于他始终坚信现代人的生活状况决定了市场的细化，传统的用广告狂轰滥炸占领市场的时代已经过去了，取而代之的应该是分众传媒的精确制导，只需一枚导弹就可以准确攻击一个确定目标。分众传播不仅是一种理念，更是一种实践。"分众传媒"既是中国最早登陆纳斯达克的公司之一，成为纳斯达克中国传媒第一股，也是总市值最高的中国公司之一。"分众传媒"的成功在于其对报刊等传统媒体的离经叛道，从传播学的角度来看，报刊的传播作用范围日益缩小。以深圳市为例，其常住人口已达 1600万，而深圳没有哪一家报纸的发行量超过了 50 万份，50 万不到 1600万的 1/30，已经很小众化了。分众传媒作为一种新媒体传播方式正大步走进人们的日常生活。

分众传播派生出的"无聊经济"不仅表现为传媒方式的分众化，还有传播内容的碎片化和传播工具的多样化。过去，我们不论在地铁里、公共汽车上，还是机场、车站，看到的往往是打发无聊时间的人们在高谈阔论或打牌娱乐或是打瞌睡，但现在越来越多的人是在玩手机或者平板电脑，是在用这些传媒工具玩游戏、上网聊天或者进行碎片化快餐化阅读。碎片化快餐化平台将会是传媒发展的一个重要方向，因为它把原来臃肿庞大的软件拆分成众多独立的功能组件，用户可以根据自己的喜好按需下载。如苹果的 App Store，到 2012 年 10 月，其 App Store 中就有70 万种不同的应用，下载量超过了 300 亿次。像苹果这种碎片化快餐化应用的最大意义在于成功解决了厂商提供标准化产品和用户需要个性化服务之间的矛盾。面对碎片化快餐化文化以及由此衍生出的"无聊经济"，出版产业应该把注意力也投向打发"无聊时间"的"无聊用户群"身上，随着人们生活的节奏加快，很多人的阅读时间可能是在休闲时或无聊时，这也是为什么在日本经济增长的高速期，出版物卖得最多的是漫画、是游戏、是卡拉 OK 唱片，因为这些快餐出版物不仅能帮助人们打发无聊时间，还能帮助紧张工作的人们减压，而增强读者的心灵愉悦感恰恰是出版物这类精神产品的真正价值所在。

第四节　基于大数据的出版供需链
2＋＋＋构造模型

　　传统的出版供需链主要是刚性的标准化的线性构造，在大数据时代，基于大数据的出版供需链是立体的、多元的网状结构。从供需链上游的稿源来讲，出版不仅要拥有专业作者，还要大力开发业余作者；从供需链中游的生产形态来讲，出版不仅要按标准出版，还要按需出版；从供需链下游的市场形态来讲，出版不仅要开发大众市场，还要开发分众市场。这种立体、多维、柔性、网状的出版供需链可以尝试用 2＋＋＋模型来概括，即 2 种作者稿源（专业作者＋业余作者）、2 种出版生产方式（标准出版＋按需出版）、2 种市场划分（大众市场＋分众市场）。这种2＋＋＋构造改变了传统出版供需链的运行模式，拓展了出版供需链的运行空间和价值创造方式。（见图 4－3、图 4－4）

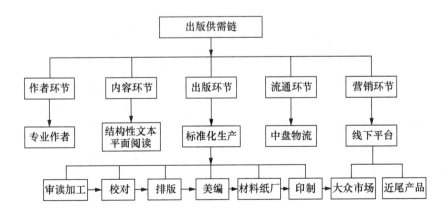

图 4－3　传统的出版供需链构造

资料来源：笔者绘制。

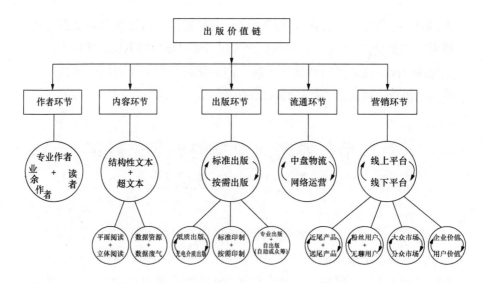

图 4 - 4　重构的出版供需链构造

资料来源：笔者绘制。

一　专业作者 + 业余作者的稿源构造

在传统的出版供需链中，作为出版内容主要来源的稿源相对单一，主要依靠专业作者创作和提供。专业人士的稀缺和忙碌使得稿源数量和质量堪忧，出现出版传媒形式日益扩大的趋势与创作稿源日益枯竭的矛盾，以致同质化出版现象日益严重。在大数据条件下，分众化、碎片化的社会发展趋势，全媒体、自媒体的媒体发展趋势，都为多元化、多渠道的作者队伍建设和稿源渠道构造提供了现实条件。如果按照传媒大亨鲁伯特·默多克的说法，专业作者 + 业余作者的构造就是"精英对业余"的格局，他曾在一次演讲中说过："年轻人不会等待某个神圣的数据来告诉他们什么是重要的，他们想控制他们的媒体而不是被媒体控制。"

（一）通过"自助出版"模式开发"业余作者群"

在大数据、云计算和互联网条件下，业余作者队伍建设的一个新渠道即"自助出版"。《按需出版》一书的作者莫里斯·罗森塔尔指出，"自主出版绝对可以作为商业出版的基石。对于出版商而言，最高兴的是做有把握的事。因此，如果一本书在没有商业出版商的支持下，仍然有稳定的销量，那么它就是一本很好的候选书。出版社应该尽量避免依赖单一营销渠道的图书，尤其是如果他们认为市场已经满足了大部分的需求。"① 并且"自主出版是培养自己的一个好方式。按需出版是进入自主出版的好途径，因为它解决了哪怕最有经验的商业出版社也无法回答的问题，即新书应该印刷的数量。"② 近几年来，越来越多的中国出版机构和互联网运营商开展了自助出版业务。

1. "来出书网"的自助出版尝试

知识产权出版社的"来出书"图书出版平台（以下简称"来出书网"）于2014年3月1日正式上线运营，平台产品线以"来出书"、"来买书"为主干，"来文库"、"来印刷"、"来+盟"等为枝干，并随后开通了微信、微博等自媒体平台，百度 SEM、SEO 也在陆续展开，针对高校、科研院所的点对点营销也已同步展开。相关的自动化工具如编辑加工软件、封面设计器、在线阅读工具、实时交流工具、移动终端阅读工具同步开发或采购；实现了"来出书"平台、北大方正的编辑加工系统、清华同方的内容资源管理系统、ERP 系统、按需印刷系统的有效连接。

概括来说，来出书网就是依托现代信息技术和互联网思维，采取平台化、社区化的运营方式，通过免费、O2O、众包等商业模式，来集聚掌控庞大的用户资源，实现图书投稿、编校、印制（复制）、发布的全流程自动化、数字化，构建传统出版与数字出版融合发展的图书自助出版平台。它不仅是针对目前出版业存在的弊端和面临的挑战而做出的应对之策，更是对未来出版业的盈利模式进行的预判和铺垫。

2. "豆瓣阅读"的自助出版尝试

从2011年年底试水自出版以来，截至2014年12月9日，豆瓣阅读的自助出版上有5792位作者在写作，4803部独家作品在售。"个人作者可以在豆瓣上直接发布作品。内容领域不限，唯一要求是质量

---

① ［美］莫里斯·罗森塔尔：《按需出版》，清华大学出版社2009年版，第39页。
② 同上。

优秀。开售后，作者可直接从作品销售中获得分成。"① 豆瓣阅读有一个有意思的定价，即所有自出版的短篇作品全部定价为1.99元。长篇作品再另外分级定价。2013年2月26日，豆瓣阅读中一位自助出版作者，丁小云，其作品《论文艺女青年如何培养女王气质》、《七天治愈拖延症》累计销售16624部，累计销售额54970.48元。②

三是亚马逊的自助出版模式。亚马逊除了发展平台终端外，近几年又涉足了自助出版，获得不错的成绩。2013年，"Kindle 图书馆"（Kindle Owners' Lending Library）里的图书从25万种增加到47.5万多种。"Kindle 图书馆"里多为自费出版的图书。"Kindle 图书馆"只对亚马逊 Prime 会员开放。Prime 是亚马逊的一个优惠计划，会员需交纳79美元年费，这些会员如果拥有 Kindle 阅读器和 Kindle 平板电脑，就可以通过 Kindle 免费借阅"Kindle 图书馆"里的书，每月可以借一本书，没有截止日期。③

（二）通过"众筹出版"模式开发"业余作者群"

从形式上说，众筹出版是自助出版的一种延伸。但众筹出版之所以独特，是这种出版形式能将"读者变成作者"，这种能将"读者变成作者"的出版模式有两个意义：一是打通了传统出版供需链的封闭结构，将出版供需链的尾端——读者变成了出版供需链的首端——作者，从而有效地将传统的闭合的线性出版供需链变成了现代开放的环状的出版供需链。二是扩大了作为稿源的作者群数量，这是一种"高手在民间"的草根思维，而草根正是市场的主体。

众筹出版的一个典型案例是"知乎众筹版"。2013年12月，中国社交问卷网站出版《创业时，我们在知乎聊什么》一书，这本书是创业问答精华集，记载的是中国社交问答网站知乎三年创业问答的内容精华，在传统的营销模式下，这种合集类的图书的市场前景一般都不被看好，市场生命力都不是很强，比如曾经有一定市场影响的《经济学家茶座》、《比较》等图书，虽然销售数量已经达到了一定的规

---

① 豆瓣阅读：http://read.douban.com/。
② 冯静：《豆瓣的自出版模式及其文化意义》，《编辑之友》2013年第11期。
③ 练小川：《2013年的美国大众出版业》，《出版参考》2014年第1期。

模，但仍然摆脱不了昙花一现的命运。一般来说，内容缺乏系统性的合集类图书，如果没有出版基金进行资助补贴的话，出版机构基本上都很难盈利。因此，对于合集类的图书，出版社大多敬而远之。但是，"知乎众筹版"运作这种合集类的图书运用的是互联网思维，比起传统的按部就班式的出版图书流程，《知乎》这本书出版使用的是众筹模式，从选题创意的提出到市场论证、从内容的选取编纂到编辑加工出版、从营销推广到终端用户，出版每个流程基本上都是通过众筹来实现的。如在选题内容取舍上，知乎使用的是当下流行的点赞的方式，通过获取点赞数据并对数据进行分析将最受读者欢迎的内容遴选出来，从内容选择上就力图贴近读者的口味。内容缺乏逻辑完整性历来是合集类图书的"软肋"，运用众筹方式来遴选图书的内容的，有助于将碎片化、良莠不齐的互联网知识进行有效整合。"知乎众筹版"的运作建立了一个开放的平民化的出版平台，它让读者真实地以作者身份参与整体出版过程，调动了广大读者参与出版的热情和积极性，为读者转变为作者创造了现实条件。这种众筹模式比起传统的远离读者的闭门造车式的出版流程，可以说是颠覆性的突破。更让参与者惊喜的是，参与出版过程并提供实质帮助的读者最后还得到了标有自己署名的图书，做到了真正的实至名归。

2014 年 11 月，"知乎众筹版"出版了《金钱有术》一书，这本书的出版与知乎的第一个话题——"公司"有关。从"公司"开始，话题下延至股权、财务、管理等微观问题；又上溯至经济、金融、产业等宏观领域。正是"公司人"认真、专业、友善的探讨与交流，引导了知乎最初的讨论走向，乃至后来的社区文化。将这些从知乎诞生之初积淀至今的优质内容汇集成书，是知乎酝酿已久的想法。《金钱有术》由此而生。这本书是根据 15 位金融经济领域的著名专家的回答扩充汇编而成。全书的编撰过程很"知乎"：提问者经过观察思考提出了疑问；持不同观点的回答者凭着知识、经验、见解作出回答、参与讨论；阅读者们通过"赞同"或"反对"进行遴选，让专业、认真的优质回答呈现在更广泛的读者面前。

可以说，如果没有众筹模式，像《金钱有术》这类看似只适合网络浏览的图书就很难找到出版的机会，基于互联网思维的众筹出版模式，降低了广大读书人渴望出书的门槛，实现了互联网从给纸质出版掘墓到为纸质出版护航的转变。这不能不引起那些不断抱怨互联网毁了纸质出版的业内人士进行重新思考，运用互联网思维进行众筹出版也许不会毁了纸质出版，反而可能为纸质书出版带来新的希望。

目前，"自助出版"模式和"众筹出版"模式虽然还不是出版的主流，但其探索意义不容忽视：第一，图书出版平民化探索意义。一方面，要为专家、学者等传统意义上的作者提供出版服务；另一方面，要为草根或平民"私人订制"出版提供服务。把出版资源开发于人人可用的网络，破除出版壁垒，真正实现出版社传播知识、智慧和艺术的社会功能。第二，图书选题市场化探索意义。在国家法律、法规和出版政策允许的前提下，以市场为导向确定图书选题。第三，图书出版数字化、自助化探索意义。作者借助网站提供的工具进行编辑、排版和美术设计工作，通过网络与出版社工作人员沟通，全程参与出版流程，并可有针对性地选择网站提供的专业服务。第四，图书印刷按需化探索意义。例如在来出书网上，享有相关权利的图书均可以借助数字印刷技术和设备实现"先销售、后印刷"的按需出版。按需出版是出版业的发展趋势之一，不仅可以实现图书零库存的"绿色出版"，同时也避免了部分图书的短板现象。第五，图书数据整合化探索意义。再例如来出书网作为知识产权出版社自建的出版平台，可以最大限度地实现数据整合，把出版业单纯的内容经营提升到版权、数据库、知识服务的更高层面。

二 标准出版 + 按需出版的形式构造

传统的出版供需链具有标准化、规模化的构造特征。所谓标准化，是指在经济、技术、科学和管理等社会实践中，对重复性的事物和对象，通过制定、发布和实施统一指标以获得最佳秩序和效果的规范体系。标准化作为出版物形式和内容相统一的一个重要方面，是工业化时代大规模生产的产物。出版物的标准化包括标准的书号、刊号、版号，标准的印制开本、连续的图书在版编目（CIP）数据，统一的市场销售条码等。出版物的规模化的一个具体指标就是开印数，在传统出版的印刷体系中，起印数一般都在 2000—3000 册以上，达不到这个起印数，印刷成本和编校成本都无法摊薄，印数与成本的关系无形中设置了较高的出版门槛，不仅使一些经济条件下不宽裕的草根对出版作品望而却步，也让一些收入有限的读书人被挡在了出版的门外。在大数据条件下，按需出版的出现改变了千篇一律、千人一面的标准化格局，使出版形式更加多样化，出版需求更加精准化。

（一）根据出版内容的"按需出版"

按需出版有两层意思：一是根据出版内容"按需出版"；二是根据印制数量"按需印制"。前者是一种现代出版形式，后者是一种现代印制技术。基于出版内容的"按需出版"突出的是读者的个性化需求，这种个性化需求很多是碎片化和非标准化的。如亚马逊旗下的出版公司创建了多个写作平台，包括"穿越亚马逊"、"创意空间"、"写作竞赛"、"单本计划"、"互动式小说活动"等，通过多个写作平台，吸引了众多来自不同层次的身怀绝技的读者和作者参与其中，虽然有些书稿内容并不完整，但具有个性化、时代性特点，而且视角独特、层次多样。因此，根据内容的"按需出版"是一种基于大数据分析的小众出版，这种满足小部分读者个性化需求的"按需出版"虽然有些偏门，但却精准，就像精确制导炸弹一样，瞄准的是某个已被锁定的具体目标。"按需出版"不仅碎片化，而且还非标准化，如亚马逊的自助出版平台 Kindle Direct Publishing，用户只要将 Word、TXT 或者 HTML 文件上传，标明作者、编辑、目录等基本信息，就可以在 10 分钟内出版一本电子书，价格由作者自定，作者获得零售价 70% 的版权使用费。显然，"按需出版"模式改变了传统纸质出版的标准化模式，是对工业化时代规模化生产模式的一种颠覆，但对于读者来说，标准化形式的改变并不重要，他们最关心的是形式背后的内容，换句话说，标准化形式是作者最关心的，因为书号、刊号、版号、条码、CIP 数据是官方赋予自己作品的身份标签，有了这些标签其作品才是合法的，才可以作为申报成果和晋升职称的依据，而对于读者来说，他们很少留意过这些标准化的标签，因为只有作品的内容才能使他们真正获益。

（二）根据需求数量的"按需印制"

莫里斯·罗森塔尔在《按需出版》一书中指出"按需印刷是一种新的印刷技术，它允许每次利用存储在计算机中的电子文件来印刷一本书。如果印刷的总页数不是太多的话，那么用按需印刷出来的图书的单位价格与传统的胶印机只印较少书本（比如几百本）的单位价格比起来，还是很有竞争力的。"①按需印制虽然是一种印制工艺和技术，但对于出版供需链的有效运行至关重要。因为供需链管理中的一个关键环节就是成本管理。桂良军在《供需链成本管理研究》一书中指出："供需链成本管理是一种全面性与前瞻性的管理模式，是供需链管理与成本管理相融合的产物，是传统成本管理对竞争环境变化所做的一种适应性变革，是现代成本管理发展的必然趋势。"② 传统的标准化印制生产线讲求印刷批量，在中国，纸质图书一开印就起码是2000 册以上，这种大批量印刷也是导致图书库存量日益增多的重要原因之一。"按需印刷不需要一次印刷大量的书，不需要在库房堆积大量的书，也不需要把成千上万的资金绑定在库存上。对于一个小的出版商来说更加重要的是，通过 Lighting Source，完全没有了销售书本的运输费用"。③

目前，中国出版界已经有一些企业在开发和应用"按需印刷"系统。如安徽时代出版集团打造的"时光流影"已经上线，"时光流影"是以文化生活为主题的互动社交平台，其核心功能主要有四项，即聊时光、晒时光、写时光以及自出版（POD）。其中自出版（POD）功能被认为是国内按需印刷产业的佼佼者，首先，自出版（POD）功能是由"时光流影"技术团队自主研发的，具有原创性，它是现代计算机网络技术、数据库技术、印刷技术集成化的成果，是根据市场需要快速印刷的一项技术创新。该技术智能化程度高，依据复杂而严谨的逻辑算法编制程序，具有将用户通过网络提交的内容在几秒钟内"一键成书"的功能，该技术自动化程度也很高，能按照程序形成一本自动排版、无须任何人工介入的图文混排电子书，并且，用户只需要轻点鼠标即可实现线下打印。该系统具有自主知识产权，目前已申报国家发明专利，随着"写时光"的推出，"时光流影"平台的多功

---

① ［美］莫里斯·罗森塔尔：《按需出版》，清华大学出版社 2009 年版，第 27 页。

② 桂良军：《供需链成本管理研究》，中国经济出版社 2006 年版，第 4 页。

③ ［美］莫里斯·罗森塔尔：《按需出版》，清华大学出版社 2009 年版，第 28 页。

能特质日益突出，目前已经在重点开发云存储和内容聚合方面的技术应用，并且不断完善在线排版、POD 印刷、版权保护等方面的功能，打造一个开放性的多功能的智能化的现代出版平台。

在国外，世界著名的"培生教育"出版集团面对越来越多的个性化"私人订制"出版的需要，着力做了两件重要的事情：一是构建海量数字化资源数据库，将控制和掌握数据作为战略重点；二是建设高度智能化的在线编纂技术平台，将出版智能化作为下一步发展的战略重点，改变传统出版依赖造纸和机械印刷的技术环境。互联网行业引领的技术变革，以及纸质出版市场的萎缩，促使了出版企业在出版流程上与互联网数字出版技术进行垂直整合，向产业链中的中下游的生产环节和流通环节延伸。

在构建海量数字化资源数据库方面，建立"培生定制出版资源图书馆"是建设重点和标志性工程，"培生定制出版资源图书馆"将培生集团拥有版权的所有图书按学科分为"人类学"、"社会学"、"管理学"、"经济学"等 34 个大类，这些培生集团拥有版权的内容资源都被集中在一个技术平台上，既便于管理，也便于利用，通过版权管理和多媒体内容整合，使平台上的内容能高效地利用，产品资源能够方便地检索和使用。

在建设高度智能化的在线编纂技术平台方面，重点建立"在线编纂技术平台"，这一平台支持使用培生教材的教师进行教材的"私人订制"出版，高度智能化的系统能在其导航条指引下完成编辑正文、扉页，选择封面等程序，还可以完成确定版式、选择装帧形式、确定印数等工作。

2014 年 8 月，在北京举行的"第 21 届北京国际图书博览会"期间，同时举办了"中国按需出版论坛"。在论坛上，美国全球按需出版商——Publish on Demand Global、Canon、Kodak、IBIS 等公司都介绍、展示了自己的"按需印刷"系统，"骄冠科技"还介绍了"RFID 纸与出版物大数据物联网"系统。这些都表明根据印制数量的"按需印制"和量身定制已经是成熟的技术和工艺，而且印制成本还在不断降低。"按需印制"技术方案的广泛应用，对降低实物封装型出版物库存量具有重要价值。

三 大众市场 + 分众市场的营销构造

在大数据商业应用中，大数据营销应用最具价值，这就是为什么大数据热率先在产业界掀起的重要原因。企业管理领域，人们一直笃信一个原则：让数据说话。大数据营销被产业界热捧，就在于它使这个原则变成可实际操作的实施方案。而大数据营销应用中，最具意义的是对市场的细分和分众市场的确立。我们可以这样理解这一逻辑关系，即在大数据商业应用中，大数据营销应用最重要；在大数据营销应用中，分众营销最重要。在传统的出版产业链中，人们对供需链末端的市场营销不是不重视，而是苦于没有找到精准营销的工具。大数据营销应用的出现，使出版营销由过去对市场的狂轰滥炸变成了精确制导。

（一）基于"读者图谱"的分众营销

传统出版对目标用户读者的分类大多是专业性的，各种专业出版社都是根据专业分工设立，都有自己的专业目标读者群。在大数据时代，读者的"专业图谱"虽然依然存在，但仅仅根据专业来划分读者群显然已经不够了，还必须根据"兴趣图谱"来划分读者群。也就是说，过去将分众出版简单地归结为专业出版的说法是不全面的，将分众市场简单地归结为专业市场也是不准确的。大数据条件下的分众出版、分众市场、分众营销应该既要根据"专业图谱"来划分，也要根据"兴趣图谱"来划分。大数据在出版市场分众化应用中的价值就在于"将读者的阅读兴趣和偏好作为数据挖掘和收集的目标，快速准确地洞悉读者的潜在需求，将非结构化数据转变为实际购买行为，使用户的行为偏好轨迹成为促进企业生产和售卖图书的动机，最终实现图书销售。在厘清读者阅读兴趣'基因'后，读者的线上线下阅读图谱建构成为了应有之义。"① （见表 4 - 1）

根据读者"兴趣图谱"进行精准分众市场营销的一款资讯推荐引擎工具是"推豆儿"，"推豆儿"凭借算法优势，将传统的热门推荐规则提升为场景引擎推荐，通过读者兴趣图谱、内容相关度、文章热

---

① 戴盈：《数字化时代读者的选手智慧和阅读兴趣图谱构建》，《中国出版》2014 年第 3 期。

度、咨询的类型和实效性等多维度计算了读者与文章的匹配度，实现内容的精准推荐，增长长尾文章的曝光量和读者在网站的停留时间。并且通过对读者行为的实时分析绘制出读者的兴趣图谱，并针对读者的长短期兴趣采用不同的推荐算法，为读者量身打造更加舒适的个性化阅读体检。

表 4-1　　　　　　　　　　　读者阅读兴趣图谱的构建

数据记忆时代的特征	电商	实体书店	购书模式
用户需求驱动	冲动购物	理性购物	精确的兴趣把握
个性化生产	线上行为偏好	线下活动结合兴趣偏好	精准的用户投放
网络协作	微博、微信等多平台数据接入	O2O 模式带动实体促销	数据收集和挖掘用户线上平台多接口连接

资料来源：戴盈：《数字化时代读者的智慧和阅读兴趣图谱构建》，《中国出版》2014 年第 3 期。

（二）基于"数据分层"的分众营销

传统出版对目标读者的分类分组是经验式的，尽管众多出版企业很想通过市场细分来实现精准营销，但由于缺乏大数据信息挖掘平台，不能实现数据信息与营销的匹配。大数据信息平台有效地解决了数据信息与营销的匹配问题。数据分层或数据分级是大数据实现分众营销的有效手段，它本质上是一种科学的量化工具，美国学者 Martin klubeck 在《量化——大数据时代的企业管理》一书中指出："量化分析就是使用不同层级的信息（数据、指标、信息和其他量化指标）讲述故事。"[1]

大数据信息挖掘平台利用数据分层对读者的分类分组，主要是根据个人信息平台、家庭信息平台和社区信息平台的不同层级来进行的，通过个人信息平台获取个人数据主要是利用智能数据和 PC 电脑

---

[1]　[美] Martin Klubeck：《量化——大数据时代的企业管理》，人民邮电出版社 2013 年版，第 1 页。

等网络终端来构建个人数据库，通过分析使用者的各类搜索浏览记录和数据使用记录来确立读者个人的分众市场位置。通过家庭信息平台获取家庭数据主要是利用数字电视终端来构建家庭数据库，通过数字网络电视提供的可寻址的、真实的各项用户信息来确定家庭在分众市场中的位置。通过社区信息平台获取社区群数据主要是利用"现实社区"和"虚拟社区"两个不同平台来实现的，将两个社区有机结合起来就能通过大数据分析针对不同需求提供精准的营销服务。个人平台、家庭平台、社区平台虽然产生的数据量有限，但大数据并不是仅指体量大，还指全数据，只要一个对象的记录是完整的没有遗漏的全数据，那就是大数据。"数据分层"虽然将目标用户越分越细，但正是在这种细分中才真正抓住了用户，实现分众营销的快、准、稳。

第五章 大数据时代出版 空间链的重构

众所周知，任何事物都有其时空特性，如果说供需链是反映出版产业具有顺序关系的时间特征的话，那么空间链则是反映出版产业具有并存关系的空间特征，因此，出版空间链是出版产业链的又一个维度，在大数据时代，出版产业链重构也表现为出版空间链的重构。传统的出版产业空间链格局相对简单，主要是以地域分布为特征的空间布局，线性特征和一元特征比较明显。在网络和大数据时代，出版产业的空间链已经突破了传统的地域空间界限，而进入地域空间分布与网络空间分布并存的网状和多维的空间链状态。在基于互联网、移动互联网、物联网、云计算、智能技术的大数据时代，出版产业的空间链已经突破了原有的地域空间和物理空间构造的界限，而向网络空间和虚拟空间延伸，因此，在大数据条件下，出版空间链的重构势在必行。

第一节 空间链与出版空间链

产业链是相关产业活动的集合，其构成是若干具有相互关系的经济主体及其活动的集合。这种集合除了具有价值关系和供需关系特征外，还具有空间关系。出版产业链上的各个经济主体及其活动也具有空间关系，也具有自己的空间结构特征、空间分布特征和空间活动状态。

一 空间链

传统意义上对空间链的理解和解释是，空间链是指产业链的地理空间分布特征。到目前为止，这种解释是空间链定义的主流。但本书认为，随着现代社会空间形式的多样化，特别是网络空间的发展，仅仅将空间链定义在地域空间维度是不全面的，还应该把网络空间维度考虑进去。

（一）地域空间链

地域空间链反映的是产业链的地理空间分布特征，如果说供需链是一个过程链条，反映了产业链的时间特征，那么，空间链就是一个地理位置链条，反映了产业链的地域空间特征。产业空间链的存在，是由于产业分工的存在，产业分工决定了产业布局的空间状态，产业空间链的实质是产业要素的空间流动，这种空间流动由于不同地区政治经济文化发展的差异而呈现出不同的状态。产业经济学认为，产业链的空间结构主要有两种：一是极化空间形态，也称"逆梯度转移"。诺贝尔经济学奖获得者冈纳·缪尔达尔用"回波效应"说明产业从欠发达地区向发达地区转移的行为。美国经济学家赫尔曼认为，"极化效应"会促使产业结构从欠发达地区向发达地区进行空间位移。二是扩散空间形态，也称"传播效应"。缪尔达尔用"传播效应"说明产业从发达的核心区域或中心区域向周边地区或者欠发达地区转移的行为。赫尔曼用"涓流效应"来说明由于增长极的快速发展会促使产业结构从发达地区向周边地区或者欠发达地区进行梯次转移。①

空间链的分布特点与三个因素有关：首先，产业空间链分布与产业分工和经济区划密切相关。如在中国，汽车产业链的分布主要集中在长春、北京、上海、武汉、重庆、广州、西安等汽车产业集群地，这些集群从地域上来说，主要地处东北、华北、华东、华中、西南、西北、华南等地，这种汽车产业链空间布局具有明显的地域特征，其形成既与计划经济时代产业分工和国家计划布局有关，也与市场经济条件下区域经济市场的形成有关。从事相似或相同经济活动的企业为实现自身利益最大化，必然努力探寻自身经济活动的优区位。在这种"循优推移"过程中，一方面，产业环（产业部门）的微观构成单位——企业，为了获取集聚经济效益，逐步聚集到适合其发育成长的

---

① 多淑杰：《产业区域转移问题研究》，中国社会科学出版社 2013 年版，第 77 页。

优区位，即原先分布于各区域的同类企业在优区位实现"企业扎堆"（Clusters）；另一方面，各个产业环（产业部门），为了获取地域产业分工效益，由于具有不同经济特点和追求各自的优区位而在空间上趋于分散。这样，产业链系统内企业和部门"循优推移"的空间经济结果是，产业链的各环节分别布局或配置到适合其经济活动特征的特定地点（Specific Locations）。正因如此，当经济区划尺度较大时，比如说是大经济地带、大经济区、省域或者流域经济区时，或者说大到几乎囊括产业链的所有环节的地域空间时，产业链表现出明显的完整性。

其次，产业空间链分布与产业层次和区域类型密切相关。产业链是产业环逐级累加的有机统一体，某一链环的累加是对上一环节追加劳动力投入、资金投入、技术投入以获取附加价值的过程，链环越是下移，其资金密集性、技术密集性越是明显；链环越是上行，其资源加工性、劳动密集性越是明显。由此，欠发达区域与发达区域的类型划分，往往是依据其在劳动地域分工格局中的专业化分工角色。一般而言，欠发达地区更多地从事资源开采、劳动密集的经济活动，其技术含量、资金含量相对较低，其附加价值率也相对较低。发达地区更多地从事深加工、精加工和精细加工经济活动，其技术含量、资金含量相对较高，其附加价值率也相对较高。因此，区域类型与产业链的层次之间产生了内在的关联关系，欠发达区域一般拥有产业链的上游链环，其下游链环一般则布局在发达区域。

最后，产业空间链分布与资源禀赋和产业空间指向密切相关。具有资源和原有产业基础等区位优势的经济区位会在产业集聚过程中获得空间指向性，这种空间指向性具体表现在三个方面：一是资源禀赋指向性，产业布局出于对区位优势布局的追求，必然向具有资源禀赋优势的地域集中。二是成本优势指向性，产业布局除了追求资源禀赋优势外，还追求成本优势，如劳动力价格成本、环境使用成本、税收优惠等管理成本。三是路径依赖指向性，具有外向型经济路径优势的地区和具有内生型经济路程优势的地区会由于长期形成的产业发展惯性而确立自己在产业空间分布中的位置。

（二）网络空间链

网络空间链是空间链的一种现代表现，它反映的是产业链的虚拟空间分布特征。网络空间是一种新型的空间存在和认知形式。在泛互联网时代，网络空间已经从互联网发展演变为集互联网、移动互联网、物联网（包括车联网、智能电网等）在内的泛互联网。2014年12月，中国"第十二届互联网经济年会"在北京举行，会议的主题是："破与立：互联网经济，从量变到质变"。在会议上，微软公司副总裁陈实指出："在过去两年里产生的数据是有数据以来产生的所有数据总和的90%，这与移动互联网、互联网、云计算、大数据是分不开的。在今天的社会生活当中，个人的一切信息，在移动互联网平台下，无时不有，无处不在。"大家一致的共识是"几乎所有产业都将呈现泛互联网化的特征"。一切都可以在互联网上去实现。①

泛互联网空间维度下的产业网络空间主要有三个平台：互联网、移动互联网、物联网。其中物联网联结必须具有传感性能的用品和设备，因此有人将物联网经济称为传感经济。在大数据海量数据来源渠道中，物联网产生的数据占有大数据的很大比例。因为物联网对大数据和产业发展至关重要，中国国务院专门成立了"国务院物联网领导小组"，国务院物联网领导小组组长、中国工程院院士邬贺铨指出："大数据已经来到中国，中国作为世界人口最多的国家，无论是从城市规模还是城市数量上来看都排在世界前列。"由此产生的数据量也排在世界前列，对这些大数据的收集、挖掘、分析、处理、运用是大数据时代促进产业健康有序发展的重要条件。

网络的发展趋势是"泛在"的网络，这种"泛在"性表现为四个任何，即（4A）：任何硬件、任何软件、任何时间、任何地点。桌面互联、移动互联、家用电器互联、汽车互联等都是泛互联网的具体表现形式。目前，汽车产业正在大力开发智能汽车产业，其核心就是车联网，包括车联网技术和车联网服务。由此，泛互联网将影响一切产业，并形成泛互联网产业模式，此种模式的建立是"基于两点假设：第一，人们越来越需要便捷的个性化服务，而非标准的应用软

---

① http://www.enet.com.cn/enews，2014年12月22日。

件；第二，人们实际需要的是信息，而非承载信息的设备。"①

依托泛网络空间形成的产业空间链是互联网经济的产业表现。特别是信息技术产业和文化产业，由于其智力特征和精神产品特征，比较适合基于网络空间形成产业链。比较典型的案例是小米手机，小米手机的设计开发体系、小米最早推出的 MIUI 手机操作系统、"小米之家"等小米手机的营销系统大都是以网络为平台，形成了基于网络的硬件和软件开发、设计、反馈、合作厂家的选择、市场营销一体化的空间结构形态。这种基于网络的空间结构形态突破了传统的地域空间的局限性，数据收集与处理更加快捷，信息传递更加及时，合作厂家的选择性更多、资源禀赋性更集中。因此，加强对网络产业空间链的研究在互联网和大数据经济条件下具有更重要的意义。

二　出版空间链

出版产业是国民经济的重要组成部分，是重要的产业领域，也具有产业空间分布和空间流动特征。因此，从定义上讲，出版空间链是出版产业链的空间维度和空间关系表达，是出版产业在实现价值增值过程中形成的空间结构形式。传统的出版产业活动主要是一个维度，即地域分布维度，因此，过去的研究对出版空间链的分析主要集中在讨论出版产业的地域关联性。出版地域空间链的状态主要受到三个因素的影响：一是政治因素，如在中国，由于受长期计划体制的影响，出版产业和出版机构主要集中在少数中心城市，仅北京一个城市的出版机构就占了全国的将近50%。二是经济因素，由于资本的逐利性，出版产业和出版机构往往在经济发达地区扎堆，如在中国，由于改革开放的程度不一样和经济发展水平的差异，出版产业主要集中在中东部发达地区。三是文化因素，出版产业属于文化产业，出版物是精神文化产品，出版物的内容是人的文化创意，因此，出版产业的空间分布状态与一个地域的作者水平、生产者水平和读者文化水平有很大关系。

（一）出版空间链的地域空间特征

在中国，出版空间链的地域分布特征突出表现在两个方面：

---

① 赵国栋等著：《大数据时代的历史机遇》，清华大学出版社 2013 年版，第 212 页。

1. 地域集中度高

根据中国出版年鉴资料，如果将中国城市图书出版社数量分为四级，北京仍为出版中心，上海具有优势，广州发展较快。

第一级城市：北京（包括中央级出版社）（216）。

第二级城市：上海（38）。

第三级城市：广州（19）、沈阳（18）、南京（17）、成都（16）。长春（14）、杭州（13）、武汉（13）、天津（12）。

第四级城市：合肥（10），兰州（8），太原、桂林、昆明（7）。

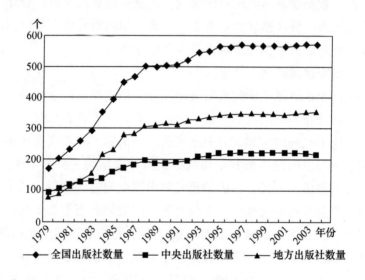

图 5 - 1 2004 年出版社增长情况

资料来源：根据《中国出版年鉴》资料统计整理。

2. 空间转移程度低

中国出版产业空间转移程度低主要表现是产业固化，各地区的出版社大都在本地域内发展，分析其原因，主要是受行政区划和地域限制，具有出版资质的出版机构跨地区转移流动非常困难，中国的出版产业发展实际上还受到条块分割的限制和影响，在现行出版管理体制下自由转移流动几乎不可能。而且出版产业是文化产业，属于精神生产和精神生活领域，不像制造业等产业门类，属于物质生产和物质生活领域，在组织生产时要更多考虑土地使用成本、劳动力使用成本和市场流动性，按照产业梯次转移理论，制造业通常都是从高成本地区向低成本地区梯次转移。比之制造业，出版业的空间转移程度低也是情有可原的。

（二）出版空间链的网络空间特征

在互联网和大数据时代，出版空间链除了表现为传统的地域空间特征之外，还表现为新型的网络空间特征，网络技术催生的网络出版新业态促进了出版要素在网络空间的快速流动，使出版产业链的价值版图不断发生剧烈变化。因此，在互联网和大数据时代讨论出版空间链必须重视出版的网络空间，必须研究出版的现实空间和虚拟空间的关系。

出版产业属于文化创意产业，是精神生产和智力创造，这种产业特征比较适合互联网经济，因为在互联网平台上，最活跃的就是信息产业和文化产业以及电子商务。出版产业既可以说属于信息产业，因为其具有信息生产与传播功能，又可以说属于文化产业，因为其具有文化创意功能。因此，随着互联网和大数据的迅速发展，网络出版异军突起。

网络出版既是一种基于互联网的新型出版形式，也能形成基于网络空间的出版产业链。例如，亚马逊的网络出版业务，其选题策划、组稿加工、校对排版、按需印制、读者互动、市场销售等各个出版环节都是通过互联网完成的，已经形成一个基于互联网的完整的产业链。并且，不只如此，亚马逊还将一些非互联网要素也整合进出版产业链，包括"联邦快递、国际标准书号、信用卡、关系型数据库以及条形码"。[①] 这一长串产业链对出版生产、供应、配送和销售以及与这些环节有关的物流、金融、数据信息发布以及政府关系等诸多要素进行了重新组合。这样难怪中国的阿里巴巴和京东、当当和苏宁除了电子商务之外，还把物流和互联网金融也做得风生水起，出版空间链从地域空间向网络空间的延伸和扩展，既是时代潮流的推动，也是产业发展的必然。

---

① ［美］克里斯·安德森：《长尾理论》，中信出版社2012年版，第33页。

第二节 出版空间链重构的产业驱动力

出版空间链作为出版产业链的一个重要维度，其重构既与出版产业的转型和发展相联系，也有其自身运行发展的内在规律。对任何一个产业的发展来说，市场关系的变化和技术条件的变化都是促进产业链转型重构的强大驱动力。在大数据和互联网经济时代，出版产业链的空间链形式的变化重点表现在两个方面：一是出版产业地域空间关系的变化，二是出版产业网络空间关系的变化。

一 大数据飞轮效应驱动出版产业地域空间变局

（一）出版空间链重构的"媒介地理学"依据

出版产业地域空间是"媒介地理学"的研究对象。"媒介地理学"（Geography of Media）概念最早出现在 1985 年出版的一本直接与媒介地理学研究有关的论文集中（Burgess and Gold, 1985）[1]，它属于"文化地理学"的一个分支。空间不仅是自然的、地理的，也是社会的和心理的。正如盖奥尔格·西美尔所言，几乎所有人都有一种空间感，表现为彼此之间的地理或心理的距离。人们之间的相互作用，会被感到是空间的填充。[2] 空间是多义的，它不是一个简单的观念，而是种种政治现象、经济现象、文化现象、媒介现象和心理现象的综合。空间是有限与无限的统一，它在人们的体验、传播、重构中不断发生变形，甚至城市空间也不断被拆离与重组，这些都与外界条件、人们的生活和社会关系以及人自身的变化密切相关。20 世纪 80 年代以后，西方文化地理学出现了以杰克森（Peter Jackson）和科斯科罗夫（Denis Cosgrove）为代表的新文化地理学。他们认为，"文化是通过空间形成，文化即空间形成过程的媒介"。[3] 世界上没有抽象存在的

---

① R. J. Johnston, Derek Gregory, Geraldine Pratt, and Michael Watts eds. , *The Dictionary of human Geography* (4th ed.), Oxford：Blackwell, 2000, pp. 493 – 494.

② ［德］盖奥尔格·西美尔：《社会学：关于社会化形式的研究》，林荣远译，华夏出版社 2002 年版，第 461 页。

③ 周尚意：《文化地理学》，高等教育出版社 2004 年版，第 12 页。

文化，文化都是具体的，都是以一定的形式落脚在一定的地域空间，正因如此，才有丰富多彩的物质文化遗产和非物质文化遗产。媒介是传播文化的载体，其形态和功能决定了其跨界性，既具有文化学特征，又具有传播学特征，媒介地理学认为，媒介存在的地域、经济和人口状况都与媒介的生存和发展有着密切的关系。有研究证明，在全球范围内，媒介正在转变成城市媒介，特别是"都市媒介"，如在日本，出版机构95%都集中在东京。出现这种出版机构高度扎堆的现象，并不是因为计划经济体制和行政干预，而纯粹是市场选择的结果。而市场选择关注的是人口数量以及人口的购买力以及人口的构成情况。

邵培仁教授等在《媒介地理学》一书中指出："媒介地理学是以人、媒介、社会、地理四者的相互关系及互动规律为研究对象"[①]，作为媒介学与地理学相融合的一个学科，媒介地理学不仅合理承继了两者的知识精华，而且也科学吸收了两者的观察和研究方法，并将研究对象集中在人、媒介、社会和地理四者互动的关系上，集中在各种媒介文本的文化意义的生产、经营、传播与环境的互动过程之中。报纸、杂志、广播、电视、电影、动漫、电脑、网络等既是具体的媒介，也是观照分析的具体对象；空间与时间、尺度与景观等既是地理学中的关键概念，也是在媒介地理学的视野下进行解读的重要内容。

研究"媒介地理学"视域下的中国出版产业发展，我们可以参考"胡焕庸线"来加强认识。据2014年12月2日《文汇报》报道：李克强总理参观国家博物馆人居科学研究展，当看到一张中国地图上的"胡焕庸线"时，李克强给现场的专家学者抛出一个重大课题："我国94%的人口居住在东部43%的土地上，但中西部一样也需要城镇化。我们是多民族、广疆域的国家，我们要研究如何打破这个规律，统筹规划、协调发展，让中西部老百姓在家门口也能分享现代化。""胡焕庸线"是胡焕庸先生（1901—1998年，我国著名地理学家）1934年发现的中国人口分布密度特征曲线。这条线从黑龙江省瑷珲（1956年改称爱辉，1983年改称黑河市）到云南省腾冲，大致为倾斜

---

① 邵培仁、杨丽萍著：《媒介地理学》，中国传媒大学出版社2010年版，第18页。

45 度基本直线。一般认为，"胡焕庸线"与中国年降雨量 400 毫米的等值线重合，是中国半干旱区与半湿润区的分界线。"胡焕庸线"两侧，农业生产能力、生态条件出现明显差异，锁定了中国农业经济的格局。工业化时期，由于城市对水资源和粮食的依赖，在中国未来的经济发展中，"胡焕庸线"很可能继续锁定中国发展的空间格局。同样，出版产业作为中国经济的一个门类，也存在着出版产业的"胡焕庸线"，如果按照"胡焕庸线"的地域划分，中东部城市共有图书出版社 487 家，占全国图书出版社总数的 85%。并且，民营图书业最活跃的地区也是中东部地区。因此，在中国经济的发展期和转型期，与市场重建相适应，文化产业和出版产业的发展和转型也势在必行，而出版发展与转型必然带来出版地域空间关系的变化。

（二）"五种力量理论模型"与出版空间关系的改变

在影响出版产业发展和转型的理论中，迈克尔·E. 波特的五种力量理论是影响力最大的一种。阿尔伯特·N. 格莱科等在《21 世纪出版业的文化与贸易》一书中指出："美国图书出版业是应用迈克尔·E. 波特的五种力量理论的基本原则高度成功的经典案例之一。"[1] 五种力量理论是波特在其著作《竞争战略》中提出的一个理论框架，用以为分析一个产业的发展提供理论模型。迈克尔·E. 波特的五种力量是：①市场集中度，即行业中企业间竞争的程度；②替代者的威胁；③采购商力量；④供应商力量；⑤准入门槛和进入该行业的威胁。

替代威胁是反映出版产品个性化市场竞争力的一个重要力量。图书使用的个性化，决定了它应是异质产品，更需要个性化的"私人定制"。但由于中国图书出版组织大多按专业化设置，出版专业化分工导致出版范围相对集中，这不可避免地导致了全国图书市场上出版物的同质化，市场上出现大量的同类书，相互之间具有很强的可替代性。重复出版、雷同出版以及由此造成的图书积压、库存猛增成为困扰出版社发展的顽疾。

采购商力量是反映出版企业与用户关系程度的竞争力指标。采购

---

① ［美］阿尔伯特·N. 格莱科、克拉拉·E. 罗德里格斯、罗伯特·M. 沃顿：《21 世纪出版业的文化与贸易》，中国人民大学出版社 2010 年版，第 98 页。

商一般是中间商，并不是终端用户，但由于出版产业链的分工协作关系，采购商是实现出版物价值的重要渠道。目前，中国的采购商一般分为一渠道、二渠道和三渠道。一渠道一般是指以新华书店和图书馆为代表的国有采购商；二渠道一般是指以民间资本投资为代表的民营书商；三渠道一般指政府采购。中国的义务教育教材目前就是采取政府采购、财政统一埋单的形式运作。三个渠道的力量此消彼长，现在看来，以网络营销为平台的网络书店（多为民间资本）发展趋势最为迅猛，正在逐步蚕食实体新华书店的价值版图。新华书店最后一块稳定的"蛋糕"是发行政府采购的义务教育教材，这虽然保护了国有采购商的利润地盘，但却导致了体制依赖的固化并阻碍了技术进步。

供应商力量是反映出版企业与作品来源关系程度的竞争力指标。作品来源一般是指作者的创作。传统的作品来源渠道比较单一，创作属于专业人员的工作，导致了粥少僧多，由于出版资源竞争激烈，可以出版同类图书的出版社多，而好的作者、好的作品少，使得出版社对作者尤其是对著名作者的谈判能力很低。在互联网和全媒体时代，作品供应结构正在发生结构性变革。

准入门槛是反映进入出版行业威胁的竞争力指标。在美国，"想成立一家出版社所需的无非是一个创意、一台计算机、一个编辑制作团队（可以雇用兼职人员）、几个作者以及相对小规模的启动资金。"[①] 而在中国，进入出版行业存在较高壁垒，必须经过层层审批。从业的经济门槛不高但政治门槛很高。启动市场化改革后，一批民营资本大量进入书业，但到现在为止也还是依附于出版社来取得书号。高壁垒的政策保护限制了进入行业的企业数量，限制了竞争的强度，带来了行政管理的优势。但在改革开放的时代，政策保护面临新型业态的冲击。

市场集中度是表示行业中企业间竞争程度的指标，其中绝对集中度指标是最基本的市场集中度指标，通常用在规模上处于前几位大型企业的生产、销售、资产或职工的累计数量占整个市场的生产、销

---

① ［美］阿尔伯特·N. 格莱科、克拉拉·E. 罗德里格斯、罗伯特·M. 沃顿：《21世纪出版业的文化与贸易》，中国人民大学出版社2010年版，第124页。

售、资产或职工总量的比重来表示。从空间位置看，中国图书出版产业的市场集中度比欧美和日本等发达国家要低；而从出版社来看，中国图书出版产业的市场集中度也不高。在市场集中度指标中，H.I指标，也称赫尔曼—菲德尔指数（Hrishchman—Herfindahl Inedx）是反映市场集中度的综合指标。H.I指数在 0 至 1 之间变化：产业内企业数越多且规模越接近时，H.I指数越接近于 0；产业内只有一家企业时，H.I = 1。由于 H.I 指数包含了所有企业的信息，对规模较大的前几家企业的市场份额比重的变化反应特别敏感，因此能较好地反映产业内的企业规模分布情况。欧美和日本等发达国家出版产业的市场集中度高，主要原因是市场竞争充分，如果中国出版产业的市场竞争充分程度能够达到欧美和日本等发达国家的水平，那么，在中国中东部地区的"大都市"，出版产业市场集中度会得到进一步提高。

（三）大数据飞轮效应改变出版产业地域空间市场集中度

中国传统的出版产业空间布局虽然是呈现东高西低格局，但是这种格局是由计划经济体制下的行政布局造成的，在市场经济、互联网和大数据时代，中国出版产业空间布局仍然会呈现东高西低格局，而且中东部地区的市场集中度还会更高，但这种格局的形成不是由行政力量，而是由市场力量决定的。根据韦伯传统的工业区位理论，产业集聚和企业扎堆往往直接受三个因素影响：一是劳动成本，二是选择成本，三是集聚效应。一般来说，在市场调节机制下，产业集聚和企业扎堆会选择三个总费用最小的地方。因此，与过去中国出版产业"东高西低"的空间布局主要靠政府的驱动不同，现时代中国出版产业"东高西低"的空间布局则主要靠市场要素驱动，而人力成本、物流成本和集聚效应这三个市场要素都在市场化改革和互联网以及大数据条件下发生了更加有利于中东部地区，特别是有利于大都市的历史性转变。

新一轮的出版产业空间关系调整会有多种驱动力，但大数据无疑是最有力的驱动力之一。大数据飞轮效应将成为驱动出版产业融合和空间关系变化的关键因素。在大数据条件下，企业如果能够利用客户数据为第三方开发出更多的产品和增值服务，就能使企业产生更多的数据，利用这些数据又能开发新产品和新的服务，这种正向反馈的循环，如同巨大的飞轮，初始启动时非常艰难、费力，需要持续不断的努力推动，才能取得一些效果，飞轮开始旋转很慢，但随着正向反馈作用力的不断加大，飞轮会越转越快，而当飞轮快速旋转时，只要哪怕一点点推动力，就会产生巨大的效果，这就是大数据的飞轮效应。①亚马逊是大数据飞轮效应的典型案例。亚马逊创建于 1995 年，其创始人杰夫·贝索斯（Jeffery Bezos）在 1994 年看到互联网用户每年增长 2300%，他看到了巨大商机，他首先选择图书作为亚马逊的主营业务，因为"图书有非常不寻常的特征，它有非常多的图书品种，任何给定时间都有近 150 万册英文图书，如果考虑全球所有语言，则不少于 300 万册。当你发现如此庞大的数目时，计算机的排序和组织能力就得到了充分发挥。没有哪一家物理书店能存放我们网站的 110 万种图书。"但亚马逊直到创立后的第八年，也就是 2003 年才开始盈利，1995—2002 年的七年间，亚马逊一直在亏损。亚马逊的飞轮最初确实旋转较慢，但这是在积聚能量。1998 年亚马逊收购了 IMDb.com，2004 年收购了中国的卓越网，2008 年收购了网络有色图书提供商 Andible.com 和图书销售商 AbeBooks，此外还收购了美国图书爱好者社交网站 Shelfairi，2009 年又进一步收购了 Zappos 等 7 家公司。可见，亚马逊的发展飞轮效应非常明显，从初期积累能量，缓慢起步，但七年亏损一直坚持，不抛弃，不放弃，终于借助大数据飞轮效应实现了亚马逊的高速发展。

在中国，借助大数据飞轮效应实现快速发展的一个案例是京东。2013 年 4 月 16 日，人民网独家推出《燃烧的京东》深度报道，全面剖析了京东在商业模式、资本运作等方面的独到之处。京东从 1998 年创立，直到 2012 年，一直处于亏损状态，2012 年京东已实现 600 亿元规模的销售，但数据显示，该年度京东仍亏损 48 亿元，一方面是持续亏损，另一方面是发展势头强劲，这足以说明京东凭借大数据飞轮效应积聚能量的耐力和韧劲。除了京东，借助大数据飞轮效应实现快速发展的还有小米手机，一位小米高管曾经说过小米的成长经历有三句话：先是让人看不起，后是让人看不懂，再是让人追不上。小

---

① 赵国栋等著：《大数据时代的历史机遇》，清华大学出版社 2013 年版，第 93 页。

米之所以曾经让人看不懂，就在于它的所作所为打破了传统和常规，突破了原有的产业发展的游戏规则，而成功的突破就是创新。

除了小米，借助大数据飞轮效应实现高速发展的还有雅昌，它从一个名不见经传的小印刷厂起家，经过不到20年的发展已经成为一个集印刷、数据库、艺术门户网站、艺术品行情发布、拍卖、持续积累和垄断艺术品电子数据、数码艺术资产管理、艺术策划、艺术展览、摄影、CD－ROM、视频、电子书、艺术品收藏和艺术馆为一体的大型文化出版集团。雅昌的总部在深圳，在北京设有分部，大家的印象是20—30年前的深圳主要是以来料加工的制造业为主的工业城市，但以雅昌、骄冠科技等为代表的一批信息产业和文化产业集团的大发展，使得深圳蜕变成中国的又一个文化重镇，以雅昌为代表的大型出版文化企业的迅速崛起，正在改变原有的出版产业空间版图，而且可以预见的是，随着中国产业结构的升级换代，沿海发达城市正在调整产业结构，传统的出口加工区将随着产业结构调整和产业转移而进入以文化创意产业、信息技术产业、传媒业为主导产业的空间分布新格局。

二　泛互联范式拓展出版产业网络空间

将互联网、移动互联、物联网融为一体的泛互联网既是大数据的来源，也是大数据的结果。没有大数据技术支撑，日益庞杂的泛互联网产生的海量数据就会像无数散落在海滩上的珍珠，因为缺少串联而被埋没和浪费。大数据不仅能优化网络空间，也能扩展出版产业的网络空间。

（一）媒介空间形态的拓展从来没有停止过

麦克卢汉指出，媒介是人感官的延伸。这一著名论断不仅深刻揭示了媒介与人的自然属性和社会属性的关系，而且极大地扩展了媒介的指涉范围。在媒介发展史上，基于视觉的媒介和基于听觉的媒介形态随着技术的发展层出不穷，随着媒介形式的扩张和媒介影响的扩大，使得人的触角可以伸向更加广阔的世界，眼睛所不能亲见，耳朵所不能亲听，手所不能亲碰的地方，都可以借由各种各样的媒介得以呈现。在光电媒介出现以后，信息的传播更是能做到实时同步化，新的媒介样式使世界变成了麦克卢汉所说的"地球村"。大众媒体的广泛介入极大地扩展了人类活动空间范围，使得人类的空间感由实境转向虚境，由时间模式转向空间模式，由直接的亲身体验转向间接的媒介体验。大众媒介已经模糊了现实空间的边界，压缩并创造出一个深不可测的世界。现实空间和虚拟空间的并存不仅拓展了人类活动的空间范围，而且加快了空间的流动性。正如戴维·莫利等所说："全球空间是流动的空间、电子空间、没有中心的空间，可以渗透疆界和边界的空间。在这个全球舞台上，诸经济和文化群落陷入相互直接的极度接触——与每一个'他者'接触（这个'他者'不仅仅'在那边'，而且还在内部）。"①

　　泛互联网的蓬勃发展，改变了人类的空间生存形式，同时也改变了媒介的空间结构形式，原有的地域空间被改变或重建，远距离或虚拟时空的媒介传输正构建一个与泛互联网新常态相适应的空间。网络空间使人们的知觉系统和切身的体验与新技术相融合，人们可以随时随地与世界自由交流，可以说，"网络对地理的颠覆和重建是全方位的：第一，网络传播中信息在全球范围内流动，世界连成了一个'地球村'；第二，网络传播兴起后出现了许多全新的地理概念，其中最重要的是'网络空间'的概念；第三，网络颠覆了地理空间之间的界限，并且重新划分出新的边界；第四，网络中也建立了一些虚拟地点，地理以新的面貌出现在网络中；第五，网络削弱了现实生活中的人际交流，取而代之的是虚拟空间中的交流。"② 网络空间不仅容量巨大，而且扩展性极强，作为传统媒介的报纸、杂志、书籍、广播、电影、电视等大众媒介和电话、电函、BBS 等人际媒介都可以在网络空间上以在线方式呈现。网络传播因其具有交互性、快捷性、隐蔽性、多媒体、多界面、可视化、人性化等特点，与传统媒介相比有明显的优势，其整合性、展示性、容纳性不仅完成了对人类传播史上全部媒介的一次全面整合，也为未来进行新的媒介革命奠定了坚实的基础。从甲骨、草叶、竹简、金石和羊皮等笨重的媒介到纸张、磁带、硬

---

　　① ［英］戴维·莫利、凯文·罗宾斯：《认同的空间：全球媒介、电子世界景观与文化边界》，南京大学出版社 2001 年版，第 156 页。
　　② 邵培仁、杨丽萍：《媒介地理学》，中国传媒大学出版社 2010 年版，第 285 页。

盘、软盘等轻盈的媒介，从物化的实物媒介到虚拟的网络媒介，人类为媒介空间形态变革的步伐从来就没有停止过，也不会停止。

（二）大数据对网络空间的优化

网络空间的拓展性大大扩展了人们的空间活动范围，而在网络空间的拓展过程中，大数据优化对网络空间拓展发挥了重要作用。原有的网络优化工程主要依靠网络工程师的个人经验，而不是依据网络数据分析；主要针对固定网络进行网络优化，而缺乏对移动网络高速变化的数据分析；主要对一些实时零散数据进行处理，而缺乏对用户整体行为数据的保存和分析。大数据分析技术的应用，可以极大地促进网络空间的优化。首先，从数据来源和获取方面来看，网络运营商可以运用大数据技术收集海量的信息资源、DT 测试和 CQT 测试数据。其中包括终端类型、用户位置、用户业务使用行为、LAC、IMSI、TMSI、通话信息、业务或信令、信令中包含的各种参数值等。在美国的四大互联网巨头中，Facebook 利用网络和大数据掌控全球人际交往信息、Google 利用网络和大数据掌控全球网页和全球地理位置信息、亚马逊利用网络和大数据掌握全球商品目录信息，表面上它们抢占的是各个领域的数据资源，实质上抢占的是控制市场的大数据资产，这些大数据资产是比人力、物力、财力更具有增值性的战略资本。其次，从数据存储方面来看，大数据提供的 GFS、BIGTABLE、MAPRE-DUCE 三项关键技术，可以帮助网络运营商妥善存储包括信令层面的数据信息和设备存取的数据信息，并能对大量非结构化数据进行有效保存和处理。源于云计算的虚拟资源池和并行计算能力大大增强了大数据存储能力，如自 2011 年以来，中国移动推出"大运计划"，中国电信推出"天翼云"，中国联通推出"互联云"，都极大地减轻了以往数据中心存储数据资源的压力。最后，从数据分析方面来看，电信级的大数据分析能发挥三个功能：一是分析掌握网络现状，其中包括网络资源配置和使用状况、用户分布状况、用户行为分析等。二是优化网络资源配置，预测用户行为，改善用户感知，实现精细化网络运营。三是优化网络建设规划，如中国电信就已经建设了应用大数据技术的网优平台，该平台可以实现数据采集和获取、数据存储、数据分析的功能，帮助优化网络空间，实现网络质量的优化和价值最大化。

大数据对网络空间优化的一个重要应用就是优化流量运营。据中国联通统计，每半年中国联通的用户整体上网流量增加一倍，这得益于运营套餐的多样化和可选择性，流量剧增造成了用户上网记录数据呈指数级增长，在这种情况下，用传统的 IOE 方式、IBM 小型机、EMC 存储来存储海量的上网数据已经无能为力，大数据的 Hadoop 应用就可以大显身手了。中国联通采用 Hadoop 优化流量运营，仅在北京、重庆、黑龙江、浙江四个省市，其所有用户的上网记录都全部记录存储，每天有超出 42 亿条用户上网数据被记录存储，日均入库数据量超过 1.2T，一个月可以存储 1200 亿条数据，并且，在 1200 亿条数据当中检索一个用户数据所需时间仅为一秒，而 1200 亿条数据只占用 15 个数据节点，其拓展空间还非常大。从网络空间安全的角度考虑，中国联通还建立了用户征询制度，即在查询用户上网记录之前会通过客服联系用户，在征得用户同意后才可进行查询，这样便于保护用户隐私和利于维护网络空间的有序、健康、安全运行。大数据对网络空间的拓展和优化使各行各业，包括出版产业有了全新的发展空间和舞台，大数据对网络空间安全的维护也使得各行各业，包括出版产业的线上发展有了安全的成长空间和稳定的发展环境。

（三）泛互联范式对出版网络空间的拓展性

所谓泛互联范式是指由终端、平台、应用加上大数据资产，构成"三位加一体"的网络运行结构。[①]"三位加一体"是以互联网、移动互联网、物联网为运行基础的。首先，在"三位加一体"中，终端包括 PC 机、平板电脑、智能手机、智能电视、汽车等硬件终端，也包括音乐和视频的播放软件、编辑软件和 QQ 聊天软件等软件终端。终端最典型的特征是门户化，无论是硬件还是软件，都可以为用户完成某项工作，是用户做某个事情的必备之物和必经之地。在目前国际和国内的几种主要数字出版模式中，亚马逊的 Kindle 模式、苹果的 iPad 模式、Google 模式、汉王模式、中移动模式、方正模式都有自己的终端阅读器，就算作为全球最大互联网搜索引擎的 Google，也开发了自己的平板电脑，亚马逊和微软也开发出了自己的智能手机，可见在泛

---

① 赵国栋等著：《大数据时代的历史机遇》，清华大学出版社 2013 年版，第 212 页。

互联范式运行结构图中，终端是必备之物和必经之地。其次，在"三位加一体"中，平台是不同应用共享数据的技术架构和不同合作者实现利益的共享机制。平台化是指能够承载相关产品、服务的运行机制。一旦建成平台，就具有为用户提供产品和服务的能力。在美国，四大网络平台是苹果、Google、Facebook 和亚马逊，在中国，腾讯、百度、阿里巴巴则是拥有游戏规则制定权的一方霸主，在一个平台上，如亚马逊，用户既可以通过互联网进入，也可以通过移动互联网进入，还可以通过物联网进入；既可以用 PC 机进入，也可以用 iPad 进入，还可以用智能手机和车载终端进入。最后，在"三位加一体"中，应用是指满足用户某种需求的程序，也就是说，应用程序是告诉用户如何使用终端和平台来完成自己想要做的事情。应用程序从早期的通用软件发展到 App 仓库，用户可以根据自己的需要下载应用程序，如到 2012 年 10 月底，如苹果的 App Store 中就有 70 多万种应用，可以满足用户各种各样的需要。

泛互联范式的出现大大拓展了出版的网络空间形态，主要表现为出版呈现方式的拓展。过去传统的图书出版主要是纸介质呈现，现在的媒介可以用各种终端呈现展开，这大大加快了移动阅读产业的发展，拓展了移动阅读出版市场，促进了出版产业与电信产业的融合。在中国，三大电信运营商大举进军移动阅读市场，中国移动推出"和阅读"品牌以及"和阅读榜中榜"。2014 年，"和阅读"用 5000 万元作为数字内容发展基金，建立 30 家阅读内容工作室，发展超过 100 家收入分成千万的合作伙伴，从这些动作来看，中国移动已不满足于仅仅是电信运营商的角色，开始大举进军出版阅读产业。中国电信则推出"天翼阅读"计划，在九大产品线之外，还推出天阅图书馆、天阅电子书、天翼阅读有声版等个性化产品，后又将天翼阅读有声版改名为"氧气听书"。中国联通则在 2013 年 8 月携手读者集团推出"沃·读者"手机，通过与《读者》杂志合作，提供《读者》自创刊以来的全部杂志内容给用户阅读。在三大电信运营商开发移动阅读产业的同时，其他商家也发力移动阅读产业，根据易观智库发布的《中国移动阅读市场季度监测报告（2013 年第四季度）》的数据显示，掌阅 iReader 占 24.00%，QQ 阅读占 14.5%，塔读文学占 9.6% 的市场份额，紧随其后的是 91 熊猫看书占 9.5%、i 悦读占 6.5%、书旗免费小说占 6.1%、云中书城占 5.5%、Anyview 占 3.2%。[①] 同时，随着 4G 技术的迅速普及，移动互联网正在由"窄"变"宽"，一些商家正在拓展阅读体验新空间，如塔读文学推出"富媒体互动阅读"计划，其上线的"阅 space"客户端，以阅读平台为中心，提供包括标注、页面多样式的套用、图文音视频等内容。一些商家更是推出移动阅读社交化计划，如时代出版传媒股份有限公司推出的"时光流影TIMEFACE"，腾讯推出的"QQ 阅读"都是"社交轻阅读"的代表之作。而且，QQ 阅读的功能不仅仅是阅读，用户还可以把喜欢的图书或喜欢的某个章节内容定向发给 QQ 好友共同分享，从而实现个人喜好向一个个朋友圈的链接传递，而此类通过社交网络分享个人喜好的优势是传统阅读方式所不具有的。不仅如此，QQ 阅读还将阅读行为与手机 QQ 和微信对接，试图打通全社交化的移动阅读网络空间，这种移动阅读社交化、网络化的趋势无疑极大地拓展了出版产业生存和发展的空间。未来的关键不在于有没有阅读市场，而在于谁占有和控制这个市场。

第三节　大数据时代出版空间链
重构的基本任务

爱德华·苏贾指出：空间是一种语境假定物，一般意义上的空间都表示了物质的客观形式。[②] 空间既具有物质的几何意象，也具有社会的人类经验的意义，即空间的组织和意义都是社会变化、社会转型和社会经验的产物。[③] 在大数据条件下分析出版产业空间链的重构，就必须考虑社会转型期出版空间结构的变化和出版空间形式的变迁。

---

① 《移动阅读多级格局出版社面临合作新抉择》，《中国图书商报》2014 年 4 月 4 日。
② ［美］爱德华·苏贾：《后现代地理学：重申批判社会理论中的空间》，商务印书馆 2004 年版，第 120—121 页。
③ 同上书，第 121 页。

一　在大数据条件下实现出版产业空间"新组合"

任何一种产业经济活动，都会有宏观和微观两个层面，本节关于出版产业空间变迁问题的讨论，是从产业发展的宏观意义上说的，即从整体和全局的宏观意义上讨论出版产业空间结构的变化。传统出版产业上空间链结构主要是一元地域空间结构，大数据条件下出版产业空间结构突破了单一地域空间结构界限，建构为地域空间与网络空间相统一的复合空间结构。这一结构变迁即进行空间"新组合"。按照熊彼特1912年在《经济发展理论》中提出的"创新"是建立一种"新的生产函数"的观点，"新组合"所指有五种情况：一是采用一种新的产品或一种产品的新的特征；二是采用一种新的生产方法；三是开辟一个新的市场；四是掠取或控制原材料或半制成品的一种新的供应来源；五是实现任何一种工业的新的组织。根据熊彼特的观点，出版产业地域空间与网络空间的"新组合"也是一种"创新"。

（一）地域空间占位与网络空间占位相结合扩大空间组合

从传播学意义上讲，出版属于信息传播大类，因此，信息的占位性也会通过出版占位表现出来。在互联网和大数据时代，海量的数据信息铺天盖地，无时不在，无处不在，既占据现实的空间，又占据虚拟的空间。现在，我们并不缺数据信息，而缺少的是分析处理数据信息的方法，在数据信息量指数级增长的同时，如果用户获取选择运用数据信息的能力和技术条件没有改善，就会被湮没在浩如烟海的数据信息大海之中，正如人工智能创始人之一赫伯特·西蒙所指出的，"信息消费了什么是很明显的：它消费的是信息接收者的注意力。信息越丰富，会导致注意力越匮乏……信息并不匮乏，匮乏的是处理信息的能力"。[①] 因此，不管是地域空间占位，还是网络空间占位，出版产业都必须围绕消费者的注意力来做文章，消费者的注意力就是市场占有率，市场占有率就是出版业的生存空间。

世界著名的教材出版商麦格劳·希尔公司是全球最早跨国界和跨

---

① 英文原文为："What information consumes is rather obvious：it consumes the attention of its recipients. Hence a wealth of information creates a poverty of attention ... The scarce resource is not information；it is processing capacity to attend to information. Attention is the chief bottleneck in organizational activity. " —Designing Organizations for an Information—Rich World，Simon，1971。

媒介开展出版业务空间拓展的跨国出版业巨头。作为一家跨国性的出版机构，其出版物生产制作和流通是在全球性的市场框架下运行的，仅其出版的《我和中国》一书不仅在美国畅销，又和中国外研社合作出版进入中国市场。中文版《我和中国》的编辑和审稿工作由外研社负责，这一方面是由于中国出版质量管理体系的制度规定要求，中国大陆出版社不能放弃编校责任；另一方面也由于麦格劳·希尔与外研社有长期合作关系，彼此已经建立起相互信任、相互认同的合作氛围。不仅如此，中文版《我和中国》的印制、运输和销售也由外研社负责，这样大大降低了此书的生产成本，提升了产品的市场竞争力。麦格劳·希尔与外研社的合作，虽然编印发各个环节都由外研社负责，但麦格劳·希尔却跨国占有了中国大陆的出版市场份额，扩大了自己的出版市场空间，这是其全球性市场框架理念的成功实践之一。麦格劳·希尔不仅在地域空间占位方面不断扩张，还在网络空间占位方面不断拓展提升。2002 年，它开通了一个专为学前到 12 年级教育提供的在线教育服务系统（McGraw - Hill Learning Network），该系统利用网络的便利性和快捷性，加强了教师、学生和家长之间的联系，支持这个系统的是一个新开发的数字学习组合单元（Digital Learning Unit），该单元能给学校带来以互联网为平台的大数据资源。此后，麦格劳·希尔还开发推出了 On - line Learning Center，该教学资源服务中心与教材配套，不仅提供在线学习，还提供个性化的在线印制服务。除此之外，麦格劳·希尔还推出了 Free Blackboard Service 系统为教师提供教学服务，推出 Page Out Service 提供师生互动在线服务。这一系列基于互联网和大数据的在线服务延伸了麦格劳·希尔的发展空间，提升了其产业竞争力和市场占有率。

（二）"三业融合"扩大出版产业空间组合

通过扩大地域空间占位和网络空间占位来拓展出版产业发展空间是一种必然趋势。《吕氏春秋·下贤》中说："是道也，其大无外，其小无内"，也就是说，任何事物没有一成不变的固定边界，事物之间都可以跨界相连，都可以拓展自己的生存空间。现阶段，中国出版产业面临的产业发展大势是阅读产业、传媒产业、创意产业的三大产业融合的趋势。这种融合，不是此消彼长的零和博弈，而是此涨彼涨的合作关系。出版阅读产业可以从与通信传媒产业和创意产业的合作中获得收益和生机，如《读者》与中国联通合作的"沃·读者"项目就取得了合作"双赢"的效果。电商传媒产业也可以从与出版阅读产业和创意产业的合作中获取收益和商机，如阿里的"马上淘"业务也在与纸媒的合作中取得了"双赢"的结果。三业融合衍生出的出版业已不是传统的小出版产业，而是大出版产业，这个大出版产业概括起来，就是立体化开发、平台化推进、全媒体开拓、互动化运营、资本化运作。如凤凰出版集团在三业融合中将出版产业链提升为产业生态圈理念，形成涵盖文化创意、文化生产、文化资源开发、文化产品流通、文化中介服务、文化金融服务、文化地产开发等多业态的产业集群。产业生态圈围绕着出版产业做文章，在"出版"环节，结合数字技术和网络技术，衍生出多媒体创作产品和艺术品经营；在"生产"环节，开展印刷物资贸易和其他相关贸易；在"销售"环节，开展与出版物相关的文化产品销售和第三方物流等。从出版产业的规模来看，中国出版产业规模不大，经营范围有限，难以消化大资本。几十年来出版产业在政策保护下积累的雄厚资本不可避免地需要进入其他领域，而出版作为文化产业的分支，首先进入文化产业相关领域是理所当然的。因此，以地域和专业为中心组建形成的各省市或各专业出版集团，大都在围绕以书业为核心构建文化产业生态圈。如中国科技出版集团与四川省旅游局合作，双方共同推广四川旅游品牌形象，合作进行旅游资源宣传，协同营销旅游影视书刊。浙江出版联合集团推出"浙江文化资源数据库"，集团的全品种数字样书库整体上线，并与日本 NTT 开展手机动漫项目合作，重组的博库网也重新与用户见面，为从出版商向文化服务商和综合电商转型奠定了产业基础。安徽时代出版传媒股份有限公司全面开展线下和线上业务延伸活动，形成了图书、期刊、数字出版、网络出版、电子书包、手机彩铃、手机阅读、手机动漫、iPad 阅读等多模块的出版格局，还开发了数字农家书屋、数字社区书屋、云教育服务平台、全民数字阅读、专业电视频道、App 玩具教学等共享型资源平台。这些出版集团携资本和地域优势，加上政府的大力支持，有效扩大了地域空间和网络空间的占位率。

"三业融合"扩大出版产业空间组合，形成新的出版产业空间链，其意义不仅仅在于横向空间广度的扩展，还在于产业的升级换代和生存空间质量的提升。在产业链三维结构中，供需链和空间链都是围绕着价值链展开建构的，产业的空间布局都是为了获取更多的价值，为了提高产业各环节的价值丰度，出版产业在空间组合上既有横向的空间拓展，又有纵向的空间提升，即向价值链高端攀升。在地域空间扩展方面，凤凰出版集团跨省实现重大并购合作，与海南省合作成立海南凤凰新华出版发行公司，海南建省后，只有一家海南出版社及其副牌单位三环出版社和海南电子音像出版社，这远远不能适应海南作为中国最大经济特区发展的需要，江苏凤凰集团从产业链的编、印、发三个环节全方位介入，除了出版业务，还开展数字印刷业务和发行业务，使海南书业实现了产业链的一体化经营。从海南省出版产业的发展来看，除了江苏凤凰出版集团以外，四川新华文轩连锁股份有限公司也作为战略投资者与海南出版社合作成立海南出版社有限公司，一东一西两大出版集团的介入既做大了海南出版产业的"蛋糕"，也扩展了凤凰出版集团和四川新华文轩的发展地盘，进一步完善了中国出版产业发展的空间布局。在出版产业网络空间提升方面，中国科技出版传媒集团以科技传媒为"种子"业务，积极拓展新媒体业务，其顺应三网融合的技术发展趋势，重点开发网络出版和手机出版业务，不断推出以网络和移动通信设备为终端的多媒体产品、数字化衍生产品和动漫创意产品，有效实现了出版阅读产业、通信传媒产业和动漫等创意产业的融合。这种"三业融合"既扩展了出版产业的发展空间，也实现了出版产业发展的升级换代。

二 大数据条件下出版业务空间"新组合"

相对于宏观意义上的出版产业空间"新组合"，出版业务空间"新组合"是从微观意义上说的。在互联网经济和大数据条件下，出版业务空间的扩展性更强，出版业务空间更加细分，业务活动更加精准和更加人性化。

（一）有限空间与无限空间相统一扩展出版业务空间组合

所谓有限空间是在大数据条件下出版业务空间的细分化，细分化要求出版业务突出"私人订制"和"量身定做"。从现实需要来讲，市场空间细分化是减少出版社积压库存，提高市场运行效率的必由之路。事实上，中国出版业从纸媒时代向多媒体时代的转型早在 20—30 年前就已经开始了，传统纸媒先是推出电子版，后是推出手机版、网络版和 App 等新媒体业务，但为什么转型效果不甚理想，转型过程中出版物库存积压不仅没有减少，反而大大增加了呢？究其原因有两个方面，第一，出版机构是在运用传统经营理念和思维方式来运营新媒体，只是将传统纸媒的内容像搬家一样搬到了新媒体上，并不知道这些内容是否符合用户的需要。其实，新媒体之新，不仅仅在于它能融文字、视频、音频、图片于一体，更在于它还消解了传播者和接受者的二元身份，使接受者变成了传播者，传播者变成了接受者，并打破了传播时间和空间的局限性，使阅读、观看可以实时实地地进行。因此，与传统媒体相比，新媒体运营要突出其及时性、互动性、开放性、个性化、精准性、海量性、低成本性特点，其中精准传播和互动传播是最本质的特征。按照美国 *On Line* 杂志对新媒体的定义：新媒体是所有人对所有人的传播。按照这一解释，受众不再是被动的信息接受者，个人接受信息的主动性得到体现。受众参与理论概念源于社会参与理论，是由美国学者 J. A. 巴伦在 1967 年最先提出的，其源于美国宪法中有关公民权利的一种受众理论。但随着互联网和移动互联网的发展，新媒体的互动性、开发性、平等性传播特征突出了受众的主体性，受众不再只是被动地接受信息传播，而是主动参与传播过程，主动选择传播内容、主动评价传播效果。正因如此，在新媒体模式下，传播学界有人对受众的概念提出质疑，并提出了"用户"的概念。① 第二，现在很多出版机构在运用新媒体时，并不掌握用户行为数据，而没有用户行为大数据分析是传统出版库存增加的重要原因。如一些出版机构将纸媒内容上线传播，并推出 App 服务，但传统纸媒的 App 大都对用户行为数据缺乏分析，很不尊重用户习惯，最典型的事例是，移动用户的阅读高峰大都在晚上 10 点到凌晨 1 点之间，但在这一阅读高峰时段，很多传统媒体的 App 都不再有内容更新，因为这一时间段传统媒体都下班了。赢得市场首先要赢得用户，赢得用户

---

① 曹疆：《从内容为王到用户至上》，《中国产经新闻报》2013 年 4 月 14 日。

就要懂得用户，懂得用户就要读懂用户的行为。为了读懂用户行为，美国创业公司 Hiptype 开发了一套电子书阅读分析工具，它不仅能统计电子书试读和购买次数，还能知道用户的性别、职业、年龄、收入和居住位置，进而绘制出"读者图谱"。它还能告诉出版商有多少用户看完了整本书，有多少用户看完免费章节后购买了此书，用户喜欢从哪些章节开始看，平均看了多少章节。这种对用户行为进行大数据分析的工具通过让出版商懂得用户行为而实现"量身定做"和精准营销。

　　大数据和互联网平台不仅能实现出版业务空间的细分化或有限化，还能实现业务空间的无限化。克里斯·安德森在《长尾理论》一书中讲述了《触及巅峰》一书从有限空间（线下空间）走向无限空间（线上空间）的故事。《触及巅峰》一书讲述的是一名叫乔·辛普森的英国登山家在秘鲁安第斯山脉的生死经历，该书出版后虽然评价不错，但却不太畅销，并很快被人遗忘。十年后，发生了一件奇怪的事。另一本讲述登山者悲惨遭遇的书——《走进空气稀薄地带》的出版让《触及巅峰》一书起死回生。事情的转机在于《走进空气稀薄地带》出版后，亚马逊网站上发表了书评，而且书评将该书与《触及巅峰》进行了比较，对《触及巅峰》赞赏有加。很快，亚马逊的大数据分析软件发现了用户购书时的相关联系，即购买《走进空气稀薄地带》的用户也会购买《触及巅峰》，于是，亚马逊的图书推荐系统将这两本书摆放在一起向读者推荐，两本书都销量大增。亚马逊网上书店和商品推荐系统让一本已经被人遗忘的书起死回生，因为"他们将两种东西结合在一起：一是无限的货架空间，二是有关购买趋势和公众观念的实时信息。正是凭借这种结合，亚马逊创造了《触及巅峰》的发烧现象。结果很神奇：一本过时的书再次开始大受欢迎。"[①]物理空间的限制会导致信息交流传播的障碍，有限的物理空间使"我们没有足够的空间为每一个人提供每一样东西；没有足够的货架可以摆下所有的 CD、DVD 和视频游戏光盘；没有足够的银幕可以放映所有的电影；没有足够的频道去播放所有的电视节目；没有足够的波段

---

① ［美］克里斯·安德森：《长尾理论》，中信出版社 2012 年版，第 4 页。

去播送所有的音乐；也没有足够的时间将所有内容都浓缩到某一载体上。"① 而在互联网和大数据时代，有限的物理空间已不是信息传播的障碍，无限的网络空间开辟了信息传播的新通道，运用线上通道传播信息和营销产品的商家越来越多。因为"这些货架空间无穷无尽的企业已经领悟了数学集合论的一个原理：一个极大极大的数（长尾中的产品）乘以一个相对较小的数（每一种长尾产品的销量），仍然等于一个极大极大的数。而且，这个极大极大的数只会变得越来越大。"② 亚马逊、阿里巴巴等电商的高速发展，正是利用了长尾产品的"聚沙成塔"效应，打造了一个又一个在无穷无尽的网络货架空间上成功营销的神话。

（二）单业务空间与多业务空间相结合拓展出版业务空间组合

传统的出版业务是单业务空间形态，出书的出版书，出盘的出版盘，出刊物的出版刊物，媒介形态单一，出版空间相对狭小。在多媒体和网络化时代，单业务空间已不能适应出版业务快速发展的要求，必须实行单业务空间与多业务空间相结合的空间组合。搜狐网总编辑吴晨光将全媒体理解概括为："六脉神剑"。所谓"六脉"，指两屏（PC屏＋移动屏）、两端（图文＋视频）、两方（前方现场直播＋后方纵深解读）。③ 按全媒体模式开始新闻出版业务，要实现几个转变：一是出版业务范围的转变，要既能出版纸质的图文产品，又能出版音频、视频产品；既能提供PC屏需要的内容，又能提供移动屏需要的内容；既能现场直播，又能深度解读。二是出版业务角度的转变，即实现从单纯的内容出版商向服务商的转变。传统出版商的业务定位是内容提供者，所坚持的业务逻辑是，只有出版更优质的内容，才能有更多的读者，只有吸引最多的读者，才能有更大的市场生存空间。在新媒体模式下，媒体的价值不仅仅表现为内容的价值，还包括提供服务的价值，服务的价值不是体现在一个业务节点上，而是体现在业务的全过程，如出版商可以推出App客户端体验，运用微博、微信、论

① ［美］克里斯·安德森：《长尾理论》，中信出版社2012年版，第6页。
② 同上书，第12页。
③ 吴晨光：《有内容未必为王》，《新闻出版报/网》2014年4月1日。

坛、跟帖等新媒体调动用户参与的积极性，提供用户展示自我价值的舞台。在出版内容到提供服务的转变方面，今日头条进行了有益探索。今日头条是目前国内打造定制移动报纸的成功探索者，它为用户定制的移动报纸的内容不是通过人工编辑出来的，而且通过大数据机器算法的资讯流水线分析计算出来的，这种运用"用户分析＋搜索＋推荐"的大数据工具实现的内容定制甄别了用户的独特要求，推送的是每个用户感兴趣的新闻，而不是强制性地推送千篇一律的东西。为每个用户定制感兴趣的内容无疑加大了工作的难度和复杂性，但多业务平台的协同不仅拓展了传统出版的业务活动空间，还实现了出版业务空间的精细化。

第四节　基于大数据的出版空间链两个新构造探究

传统的出版空间链主要是一元的地域空间结构（见图 5 - 2），在互联网和多媒体时代，出版空间链延伸至网络空间。和其他物质生产部类的产业领域不同，出版产业作为信息和文化产业领域，其生产、传输和销售传播的各个环节都可以在互联网上进行。在互联网和多媒体模式下，出版产业活动不仅具有新的生产空间和传播空间以及市场空间形式，还具有新的媒介空间形式。这种新型的空间链构造可以尝试用 3 ＋＋模型来概括，即存在空间＋选择空间＋活动空间的网络空间构造，纸质版＋网络版＋手机版的媒介空间构造。（见图 5 - 3）

一　存在空间＋选择空间＋活动空间的网络空间构造

人类理性结构一般表述为三个层面：一是认知理性；二是价值理性；三是实践理性。认知理性是事实层面的表达，是人们对事物存在客观性和存在状态的认识，主要回答事物"是什么"；价值理性是价值层面的表达，是人们对事物意义的认识和主观价值选择，主要回答"为什么"；实践理性是实践层面的表达，是人们对事物如何进行改造的可操作性活动，主要回答"做什么"、"如何做"。出版活动作为人类实践活动的一个具体方面，也具有认知、价值、实践三个层面的理性活动特征，在出版的网络空间中，也具有存在空间、选择空间和活动空间的划分。

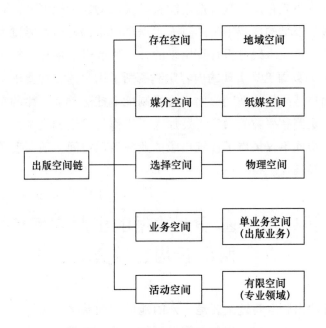

图 5 - 2 传统的出版空间链构造
资料来源：笔者绘制。

（一）运用"集合器"和"数据仓库"扩展存在空间

如前所述，存在空间是事物存在客观性的表达，是事实层面的空间范畴，因此出版业网络存在空间也是一种事实性描述。在谈到中国目前出版业的生存状况时，大家最担忧的是出版物库存与日俱增和实体书店日益减少。造成这两种情况的原因很多，但一个重要原因是传统的物理空间的限制。再大的图书城或购书中心也没有足够的空间为每一个人提供每一样出版物，很多实体书店已经像大型百货商场一样沦为消费者体验而非购物的场所。很多用户在实体书店看好某本书然后在网上下单，市场是无限的，而线下物理空间是有限的，突破线下物质空间限制的是线上网络空间，而扩展网络存在空间的利器是"集合器"和"数据仓库"。所谓"集合器"就是将数之不尽的产品集合在同一平台上，将它们变成易于搜索寻找、唾手可得的公司或服务。

集合器具有很强的平台效应和展示功能，克里斯·安德森将"集合器"分为五大类：第一类是有形产品（如亚马逊、eBay），第二类是数字产品（如 iTunes、iFilm），第三类是广告和服务（如 Google、Craigslist），第四类是信息（如 Google、维基百科），第五类是网上社区和用户自创内容（如 MySpace、Bloglines）。① "集合器"的集成范围也可以有大有小，有些力求囊括整个领域，如 Netflix 试图涵盖所有

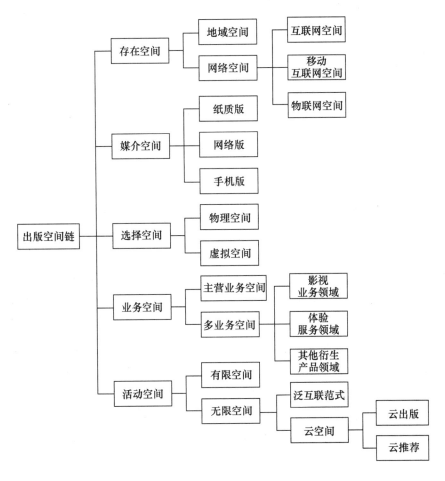

图 5 – 3　重构的出版空间链构造

资料来源：笔者绘制。

———————

① ［美］克里斯·安德森：《长尾理论》，中信出版社 2012 年版，第 84—85 页。

电影，iTunes 试图集合所有音乐，而有些集合器则瞄准特定的细分市场，如只集合证券交易委员会的文件以满足股民需要。"集合器"也可以是跨领域的，如亚马逊既集合物理产品，也集合数字产品；Google 既集合广告和服务产品，也集合信息产品和数字产品（Google 视频）。

在出版领域，美国的 Alibris 是最早上网运行的图书集合器之一。早在 1982 年，还没有出现万维网的时候，一个名叫理查德·韦瑟福德的书商就敏锐地意识到新兴个人电脑可以掀起一场二手书市场革命。传统的二手书市场门店众多，品种五花八门，用户需要的二手书在市场上都有销售，只是你不容易找到而已。韦瑟福德认为，问题的关键在于信息处理与传播问题，而信息处理是电脑最擅长的事情。他随即创立了 Interloc 公司，但他的眼光超前了 20 多年，很难找到投资者，直到 1997 年，Interloc 公司的价值被美国克林顿政府时期的劳工部部长助理马蒂·曼利发现，两人共同创建了 Alibris。Alibris 将全国各地 12000 多家二手书店的书目全部收编集合，向亚马逊和 bn. com 这样的大型网络书商提供二手书"数据仓库"，这些书商将二手书和新书的书目放在一起，有效地让"绝版"老书起死回生，就像亚马逊让《触及巅峰》一书复活一样。Alibris 给二手书市场注入了新的活力，带来了越来越多的新顾客，这也促进了二手书店将书目提供给 Alibris 的积极性，Alibris 集合器上的可售品种越来越多，二手书市场越做越大，不仅有效地减少了库存，也使线下实体二手书店获得了生存和发展的生机和活力。Alibris 将 12000 家二手书店的书目集合在一起，实际上就是用信息和网络的力量在一个原本缺乏流动性的市场中创造了一个流动性市场，在存货和顾客达到一定规模后，Alibris 释放出了二手书市场的潜在价值，而 Alibris 模式的成本微不足道，因为它将二手书目集合的工作都分派给了二手书商们，由他们自己上传自己的书目清单。

Alibris 实际上建立的是一个"数据仓库"，这个"数据仓库"里实际上存列的是几乎所有美国二手书店的产品数据，这种数据的完整性和扩展性就是大数据的概念。令人兴奋的是，在 Google、亚马逊、Netflix、iTunes 和阿里巴巴、京东、当当、百度、腾讯等互联网巨头的数据仓库中，都有各自领域完整的产品和服务数据。产品的"数据仓库"提供了越来越多的选择性，服务和销售的"数据仓库"里保存了越来越多的用户信息，你可以从百万兆字节的用户行为数据中探索其在一个选择无限的市场中会如何行为，这种用户购买行为的大数据预测原本不可能做到，但现在已成为现实。

（二）运用"云推荐"和"口碑"评价扩展选择空间

与存在性空间不同，选择性空间是人们对事物主观选择性的表达，是价值层面的空间范畴，因此，出版业的网络选择空间是一种意义性描述。传统出版的选择空间主要在物理空间范围内，受物理空间的限制选择性较小。正如美国《商业周刊》所说的一样，在20世纪50—60年代，整个美国都是一幅千篇一律的景象，不仅种族背景大同小异，人们的衣着也大同小异。美国人最大的理想就是向同一层次的人看齐：不仅仅是赶上同层次的人，还要与不同层次的人拥有同样的汽车，同样的洗碗机，同样的割草机。随着全球化浪潮来袭和网络空间的扩展，人们的选择空间延伸到全世界，在亚马逊网络平台上，人们几乎可以看到世界各地的商品目录，有数以百万计的产品可供选择，任何一种升级版和组合版都能找到，在阿里巴巴的淘宝、天猫等网购平台上，浩如烟海的货品等着你去选择下单。但海量选择的出现也带来了"选择的困扰"，美国人巴里·施瓦茨写了一本《选择的悖论》，感叹太多的选择不仅令人迷惑，也令人不堪重负。其实，产生"选择的迷惑"不能怪罪选择太多本身，选择太多是好事而不是坏事，问题在于如何帮助人们选择，也就是说，解决"选择的迷惑"的正确方法不是限制选择，而是有序地组织帮助选择。换句话说，仅仅只有产品的存列和目录清单是不够的，还需要为购买者提供购物下单的决策信息和选择信心，所谓的"选择的悖论"只是缺乏决策助手帮助的结果，秩序错了，选择就是一种困扰；秩序对了，选择就是一种愉悦。

现在，我们在网购时，购物网站的"推荐系统"和"口碑评价"成了我们得力的决策助手和选购帮手。淘宝、天猫、亚马逊、当当、京东的推荐系统都会把"像你这样的人"曾经买过的产品呈现在你的面前，而且这些推荐有时还正合你意，这不能不说是商务智能的奥秘。有时，当你在成百上千种产品面前出现选择困难时，排行榜和消费者口碑评价就成了你决策的有力帮手，人们往往选择口碑好、排行榜排名靠前的货品下单，毕竟用户是最好的推销员，用户的评价来自自己的亲身体验，大多数人都买的东西一般都不会差到哪里去，推荐系统和口碑评价所扮演的角色实际上帮你在"区分优劣"和"量身定制"，帮助分辨哪种货品好，哪种货品不好；哪种货品适合你，哪种货品不适合你。从本质上说推荐系统和口碑评价不仅仅是一种推销手段，而且还是一种大数据分析和信息分享机制。在实际的销售活动中，"按销量排名"、"按价格排名"、"按评论排名"等销售数据已经存在了，问题是怎样与顾客分享它们，更多的数据是好事，但数据分析和信息分享必须有助于顾客做出选择，而不是让他们产生更多的选择疑虑而最后放弃选择。网购过程中数据分析与信息分享是解决非实物虚拟购买疑虑的必要手段，人们网购时看到的只是货品的图片，并没有用感官直接感知货品的质量，如何能运用数据分析和信息分享解释清楚推荐信息的来源让用户产生信任，增加透明度，就会大大扩展买卖双方彼此的选择空间。

现阶段，越来越多的电商采用"云推荐"来优化原有的推荐系统。云推荐是基于云计算的实时计算和云空间的大容量存储的推荐系统，被称为大数据时代的个性化互联网服务解决之道。阿里巴巴建构的"阿里云"即是成功的云推荐系统之一。云空间的存储能力和云计算的并列计算能力为解决网购个性化问题所需要的实时计算和海量数据存储提供技术支持，"阿里云"正是试图通过云端服务来降低运行成本，进而降低个性化服务的门槛。例如，某网站是介绍美食菜谱的，用户在浏览"茶树菇鸡汤"时，还想链接其他菜谱推荐，要实现这样的推荐，传统的做法需要大量的人力编辑工作，既不能做到即时推荐，又不能保证推荐效果，而且人工编辑很难验证这些推荐算法是否能在真实流量上产生令人满意的效果。一个精准的推荐模型，必须对算法本身的整体效果以及用户对各种算法推荐结果的偏好做一个综合评估，这样才能找到适合每一个用户需要的精准推荐模型。使用云推荐服务，云端系统会对需求进行深度分析，抽取页面标题和图片等作为推荐的素材，系统还会持续根据展现的点击效果自动调整推荐算法的模型和权重。云推荐是基于大数据提供个性化服务的网络平台，其个性化服务给人的感觉就像钱存入银行能得到利息一样，是大数据魅力的成功展现。

（三）运用"协同生产"和"众包"优势扩展活动空间

活动空间是人们对如何做一件事情的操作性表达，是实践层面的空间范畴，因此，出版业的网络活动空间是一种开放式的社会参与空间。传统的出版活动是具有很强专业性的活动，作者大都是某个领域的专家，写小说的是作家，出画册的是画家和摄影家，编写教材的是教师，编写百科全书的是百科全书式的学术大家。专家时代的出版活动空间局限在一个狭小的专业圈子里，这无疑限制了出版活动的空间和范围，限制了群体智慧的发挥。就像天文学领域一样，面对浩瀚无垠的天空，要想靠职业天文学家去搜遍整个天空的各个角落，去捕捉星体的瞬间闪现，那职业天文学家的数量根本就不够，而事实上，天文学的很多重大发现是业余天文爱好者的功劳。英国民间智囊机构Demos 认为，天文学正在迅速变成一门由两种力量共同推进的科学：一边是如火如荼、海纳百川的半专业半业余运动，一边是远比以前要小的专业天文学家和天体物理学家队伍。借用推动天文学发展的两种力量，我们可以说，推动出版业发展的也有两种力量：一是具有学科背景的专业作者；二是来自民间的草根和平民。这两种力量的"众包"优势和"协同生产"大大扩展了出版业的活动空间。

运用"协同生产"和"众包"优势开展出版活动的典型案例是维基百科。2001 年 1 月，富有的期权交易商吉米·威尔斯筹划编撰一部网上大百科全书，他颠覆了传统的由各学科专家参与编撰的原有模式，而是面向数百万业余人士和各科专家开放编撰平台，就如作者丹尼尔·平克所评价的：维基百科全书没有标榜权威二字，而是依赖于极度的分散化和自我组织，这是一种最纯粹的开放。大多数百科全书在印上纸面的那一刻便开始陈旧。然而，只需加上维基软件和某些热情的助手，你就能得到一部自我完善、近乎永生的百科全书。一种截然不同的生产模式创造了一种灵活、迅捷、稳固、自由的产品。2001年，维基百科全书刚动手的时候，很多人认为此举荒唐，而到了 2005年，这部百科全书已有出自 2 万多人之手的 100 余万篇英文文章，再加上75种其他语言的内容，维基百科的文章总数超过了350万篇，其内容之丰富足以让你找到任何一个主题的条目。并且，维基百科还在实时更新，访问者可以通过每一个条目上的"编辑本页"按钮对词条进行编辑加工，这种"协同生产"的开放式生产模式使维基百科迅速成为世界上容量最大、更新最快的百科全书，它坚持长期不断地改进各个条目，一支庞大并日益扩张的业余加专业队伍日夜在守护它、完善它。维基百科除了开放性之外，还有秩序性，庞大而日益扩大的团队并不是无政府状态，而是组织得井井有条。维基百科模式颠覆了传统百科全书的空间约束和时间限制，永无止境地补充完善机制使其具有了一部世界级百科全书才具有的海量内容，不受空间约束的内容更新机制是维基百科的一大优势，"协同生产"的大众智慧是维基百科的创作之源。

"协同生产"缔造了维基百科，也成就了 eBay、Craigslist 和 MySpace，这种集体生产体制也有人称为"众包"（Crowd Sourcing），和"外包"不一样，"众包"往往是免费的，有时，业余参与者和用户的智慧可能比专家更高明，作用更出色，并且，广大用户的时间和精力几乎是无穷无尽的，这里的生产逻辑是：参与生产的人就是最关心生产的人，参与生产的人也是最了解自己需求的人。在离读者用户最近的地方创作内容，这是出版业保持生命力的关键所在。维基百科的"协同生产"和"众包"模式的本质就是把读者变成了创作者，把消费者变成了生产者，这无疑极大地扩大了出版业的活动空间，甚至可以说是空间无限。

二　纸质版＋网络版＋手机版的媒介空间构造

传播媒介多元化或多媒体传播是现代传播的突出特点，对于出版业而言，多种媒介出版已是既成事实，"在大数据时代，出版业基于纸质版、网络版和手机版三个媒介空间（三维空间）产生的数亿级友好关系和流量，将是出版业未曾开垦的巨大财富。"① 出版的三维媒介空间的形成所引发的不仅是传播形式的变化，也是出版商业模式的

---

① 程忠良：《大数据时代出版业"三维空间"关系链一体化经营策略分析》，《编辑之友》2013年第9期。

变化。

（一）基于三维媒介空间构建出版生产体系

传统的出版生产体系是基于一维媒介空间的纸质版生产体系，这种生产体系关系比较简单，线性特征比较明显。现代出版的生产体系是基于三维媒介空间的纸质版＋网络版＋手机版的三维生产体系。这种生产体系关系比较复杂，立体的网状特征比较明显。在现代的出版生产理念中，有越来越多的声音强调出版商已经不是内容提供商，出版业已经不是以"内容为王"的时代，而是以"用户体验为王"的时代，但从本质上讲，现代出版的生产体系还是要以出版内容为核心，还是要给用户提供所需要的内容，出版业是内容产业的理念仍然必须坚持，只是在现代媒介多元化的条件下，提供内容的媒介空间形式发生了变化。

基于三维媒介空间构造现代出版生产体系的一个突出案例是日本角川出版集团。日本出版业在 1999 年达到 26546 亿日元的销售顶峰后，就开始步入长达 16 年的漫长衰退期，截止到 2013 年，日本出版社的销售收入已下滑至 16823 亿日元，总共下滑了 36.6%，平均每年下滑 2.2%。在一片哀鸿之中，角川出版集团能逆势增长，其中的奥秘之一即在于基于三维媒介空间打造现代出版生产体系。成立于 1945 年 11 月的角川出版社，初期主要从事文学作品出版，其纸质版的"角川文库"和"昭和文学全集"是著名的品牌图书，平均每卷销量达 15 万册，1970 年前连续出版推理文学巨匠横沟正的系列作品，确立了其作为"文学书店"的江湖地位。但在日本出版业萎缩的 16 年期间，角川因应三维媒介空间的时代大潮，迅速向网络出版和手机出版进军，将出版内容在纸质版、网络版、手机版上进行关联打造。2006 年 11 月，角川接受日本移动通信业巨头 NTT DoCoMo 40 亿日元投资，与它结成战略联盟，共同运营面向手机视频播放网站，将 DoCoMo 引入由角川作为主干事的影视制作委员会中来，共同策划和制作新的原创作品，用户可使用 DoCoMo 手机钱包在角川运营的电影院购票购物。从目前角川与 DoCoMo 折半出资 10 亿日元组建和运营的"DoCoMo 动漫"（Docomo–Anime）网站上可以看到，智能手机或 PC 用户，只要支付月额 420 日元的廉价费用，就可以无限量观看 800 部

13000 集涵盖科幻（奇幻）、动作（战争）、喜剧搞笑、爱情、体育竞技、恐怖悬疑推理、历史八大系的动漫作品视频。2010 年，角川通过子公司将拥有日本最大手机小说网站"魔法岛屿"的公司收入旗下，确保将手机小说资源控制在自己手里。2011 年 10 月，角川收购日本资讯媒体巨头瑞可利（RECRUIT CO., LTD.）集团旗下子公司 MEDIA FAC TURY。这家公司 MF 文库 J 轻小说品牌的市场占有率排名第二，加之角川已有的电击文库、富士见 Fantasia 文库、角川 Sneaker 文库、Famitsu 文库，借助此收购，角川垄断了日本九成以上轻小说市场份额，直接垄断从轻小说改编成漫画和影视剧等作品使用权。2011 年，角川与日本著名线上游戏运营商、东京证券交易所一部（主板）上市公司、"多玩国"（Dwango）进行资本合作，通过向对方定向增发、相互持股方式，推进角川内容与日本最大的动画视频网站 NICONICO 合作。NICONICO 是所谓"视频弹幕网站"，观看者能在观看视频的过程中发表自己的评论，其他观看者也可以看到这些评论，观看者之间的互动性要优于目前流行的一般视频网站。此外，角川早在 2002 年就与东芝合作，通过相互持股和共同出资设立电视节目制作公司等方式，面向签约东芝等运营的 CS 数字卫视的用户提供影视、消费信息和金融信息服务，进入了卫星电视播放领域。借此，角川由出版商逐步转型为移动互联网、视频游戏播放及卫星电视数字播放等领域的内容供应商。

（二）基于三维媒介空间构建出版关系体系

这里所说的出版关系体系，主要有两个方面内容：一是媒介与用户之间的关系，二是媒介之间的关系。第一，从媒介与用户之间的关系方面来看，三个媒介空间的出现，使媒介与用户之间的关系比原来更加复杂化。突出表现在出现了虚拟空间与现实空间的关系，两者关系的复杂性使一些人出现"关系迷惑"。正确的认识应该是，一方面，现实空间的社会关系是一切关系的基础和基本形式，基于网络空间产生的社会关系也好，基于手机空间产生的社会关系也罢，本质上它们都是社会关系，即人的社会关系，网络空间的社会关系和手机空间的社会关系都基于现实空间社会关系在虚拟空间上的镜像化映射。早在 1991 年，耶鲁大学计算机系教授戴维·杰博恩特（Gelernter David

Hillel）在《镜像世界》一书中就指出，"互联网的终极世界是'镜像世界'——物理世界虚拟映射"。[①] 在当今世界，网络店铺、网络课堂等都可以看作是物质实体世界的传统店铺和传统学校的镜像存在。[②] 这就是说，现实空间的社会关系和人的因素才是网络空间和手机空间存在的基础，基于网络空间和手机空间形成的虚拟社会的人际交往也必须遵循现实社会的人际交往规则。从这个意义上说，虚拟空间是现实空间的现代延伸，它植根于现实空间，不能脱离现实空间。另一方面，虚拟的网络空间和手机空间又对现实空间及其社会关系有巨大促进作用。虚拟空间不仅突破了实体空间的物理空间局限性，还突破了物理空间的时间局限性，使现实社会人际交往中的"强关系"变成了虚拟社会"联系人"中的"弱关系"，人们更加平等、更加自由、更加自主、更加注重精神方面的联系。第二，从媒介之间的关系方面来看，三个媒介空间的出现，虽然打破了原有的纸质媒介一统天下的局面，但三个媒介空间并不是分立的，而是一体三维的关系链。将三个媒介空间连为一体的是出版内容，不仅同样的内容可以通过纸质版、网络版和手机版呈现给用户，而且彼此之间还可以相互弥补各自的短板或不足，如纸质版的深度、手机版的快捷、网络版的画面都可以对内容呈现实现互补。

传统的出版关系体系主要是单纯的买卖关系，出版机构不太关心读者用户的购买心得和阅读体验。三个媒介空间的出现可以改变出版机构与读者用户的相互关系，如网络空间和手机空间有很强的互动性，出版机构可以利用这一优势开通微博、微信、QQ 群、论坛、MSN、短信等沟通服务平台，在平行打造的"三维空间"沟通交流平台上，实现两个一体化：一是社会交往的一体化，利用中国文化背景下人们更注重群体交往和聊天的文化特质，建立微博、微信、论坛、群俱乐部等各层空间关系链的有效沟通；二是不同媒介间的信息数据无障碍流转，实现不同媒介空间上用户的互动和信息的沟通。

---

① Gelernter David Hillel, *Mirror Worlds: The Day Software Puts the Universe In a Shoebox... How it Will Happen and What It Will Mean?*, Oxford Press, 1991.

② 贾利军、许鑫:《谈"大数据"的本质及其营销意蕴》,《南京社会科学》2013 年第 7 期。

（三）基于三维媒介空间构建出版商务体系

对于出版来说，三维媒介空间存在的意义不仅在于通过不同媒介出版内容，也不仅在于通过不同媒介空间沟通人际关系，还在于通过不同媒介实现商业价值。DCCI 互联网数据中心创始人胡延平指出，"人和人的关系网络只是第一步，资本流、信息流、物流通过以人为中心，以关系为基础的社会化网络重新连接组织起来，才是互联网所催化的新一轮数字商业变革的关键。"① 基于三维媒介空间构建现代出版商务体系的价值在于：第一，掌握更多读者用户数据。传统的纸质版出版很难掌握读者用户数据，图书卖出去也不知道卖给谁了，也不知道读者用户购买后的阅读情况，现在纸质图书上都印了二维码，读者用户用手机一扫，出版商就能获得相关数据信息。过去出版机构难以掌握的市场变化数据，用户行为数据以及通过数据分析得来的商业机会、潜在用户、用户情感信息等，现在都可以通过三个媒介空间来获取，这就为现代出版商务实现"量身定做"和"个性化服务"提供了条件。第二，提升用户黏性。如通过建立基于三个媒介空间的"手机出版产品超市"和"网络出版产品超市"为用户多样化、个性化选择提供便利。还可以通过建立基于三个媒介空间的"个人图书馆"、打造基于手机服务的"随身阅览室"和基于网络的"随身图书馆"，实现天网地网贯通和即时响应个性的服务。还可以通过开始手机订阅和网上订阅服务，一方面满足读者用户多元化、个性化需求，另一方面对用户个性化需求进行分析挖掘，并且推荐更多出版产品。

纸介质、网络介质和手机介质的"三维空间"改变了原来纸质介质单一的视觉阅读情境，实现了人类感觉的多情境阅读。这既是出版的一套整体解决方案，也是提高用户黏性的有效途径，一些少儿出版社正试图建立基于纸质版、网络版、手机版相一致的阅读情景，如少儿房间的粘贴卡片的张贴布置与其身心状态相一致，让少儿图书表现多样化，使其成为"会说话的书刊"，通过提供画面精美的图片、悦耳动听的背景音乐、赏心悦目的视频、扣人心弦的游戏动漫，来营造

---

① 胡延平：《胡延平微访谈》，载《Facebook 估值不高而是低》，http://tech.sina. com. cn/i/2012－02－02/18436678088. shtml。

整体性阅读互动环境。"三维空间"的互动性是提升用户黏性的关键因素，出版机构应该基于不同媒介空间构建读者关系链，并以关系链为基础建立用户服务链和商务链。

第六章　智能出版：大数据时代中国出版产业链重构之路

对于人类的工业化进程，比较一致的观点是将工业化划分为四个时代，机械化是工业化的 1.0 时代、电气化是工业化的 2.0 时代，信息化是工业化的 3.0 时代、智能化是工业化的 4.0 时代。目前，世界各国都在抢占工业化 4.0 时代高地，日本重点打造工业机器人，美国重点打造商业机器人和战争机器人，韩国重点打造娱乐机器人，德国更是全面出击，倾力打造"智慧城市"和"智慧工厂"。2009 年 1 月 28 日，奥巴马就任美国总统后，与美国工商业领袖举行了一场"圆桌会议"，IBM 首席执行官彭明盛在会上再次提出"智慧地球"概念，并建议制订相关计划，得到了奥巴马的积极回应。智能化是大数据应用的高级境界，如果说大数据时代城市化的出路是"智慧城市"，商业化的出路是"智能商务"，那么我们也可以说，大数据时代出版产业的出路是智能出版或出版智能化。

第一节　出版智能化成为中国出版产业发展主流趋势

2013 年 7 月 16 日，中国文化报发表《大数据走进数字出版，出版智能化将成为主流发展趋势》的文章，指出伴随着硬件与移动网络布局的快速发展，出版的智能化、互动性、触摸交互将成为主流发展趋势。出版产业的发展已经迈进智能出版的门槛，这是大势所趋，而智能出版成为出版产业发展趋势的前提是：一方面，出版物过剩，买方市场已然形成，个性化、多元化的精准营销成为市场竞争之必需；另一方面，技术条件日益成熟，大数据技术、人工智能等为智能出版提供了有力技术支持，为精准营销提供了技术平台。因此，智能出版的课题已经现实地摆在了出版界的面前，本书拟对此问题进行一些尝试性探讨。

关于什么是智能化，目前学界和社会各界并没有统一的说法。《大数据》一书在讨论智慧城市时提道："智慧城市包括四个要素：全面物联、充分整合、激励机制和协同运作"。如果借用关于智慧城市的四个要素，我们也尝试地提出智能出版的四个要素：泛互联范式、立体出版、协同生产、精准营销。在这四个要素中，立体出版与出版价值链问题有关，协同生产和精准营销与出版供需链问题有关，泛互联网与出版空间链问题有关。（见图 6 - 1）

一 基于泛互联范式的智能出版

如前所述，泛互联网包括互联网、移动互联网、物联网等网络形态，基于互联网和移动互联网的出版业态已然形成，前章内容已经讨论了基于互联网的网络出版和基于移动互联网的手机出版问题，下一步的发展趋势是出版如何与物联网相联系，推动出版向离读者用户更近的、更大的物联网空间延伸拓展。关于物联网，IBM 的描述是，把传感器嵌入和装备到各种物体中并被普遍连接，形成"物联网"。借助物联网这个整合能力超强的网络，对网络内的人员、机器、设备和基础设施进行实时管理和控制，继而使人类能以更加精细和动态的方式管理生产和生活，达到"智慧"状态。其本质是建立在物联网基础上的更加系统和智能的信息服务，或者说，利用互联网实现物物互联并形成大数据，通过大数据分析挖掘为用户提供快捷高效的个性化服务。物联网的数据集提供的是整体性数据，即突出数据的完整性。例如 2014 年 3 月 8 日凌晨 2 点 40 分，发生了马航 MH370 飞机失联事件，事件发生后，包括中国在内的一些国家派出搜救团队在中国南海和马六甲海峡附近展开了搜救，但几天后，据《华尔街日报》援引美国航空调查人员的消息说，失联飞机的发动机制造商罗尔斯·罗伊斯公司安装在飞机上的 EHM（发动机健康管理系统）传输的数据显示，该飞机的发动机在飞机失联后仍然工作了至少 5 小时。飞机发动机的

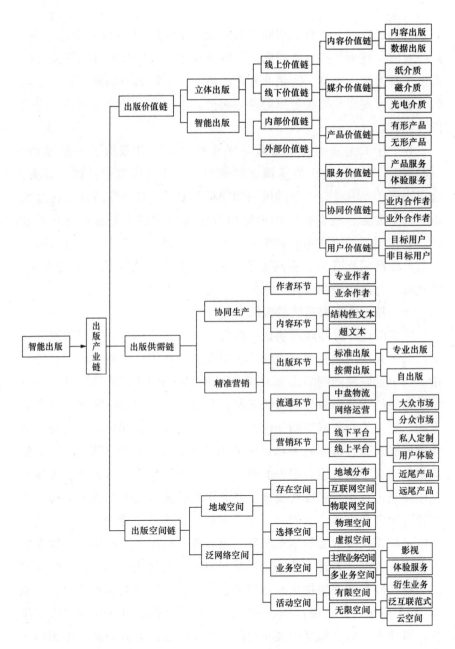

图 6 - 1　智能出版模型构想

资料来源：笔者绘制。

EHM 数据传输一方面是全数据，另一方面是实时传输，体现的就是物联网的优势。现阶段，物联网已经深入到社会生活的方方面面，电力系统的物联网产生了智能电网，金融系统的物物相连产生了智能金融，汽车的物物相连产生了车联网，2013 年，有一则新闻报道显示，出版的物联网也正在走进我们的生活中。

这则新闻报道是：2013 年 7 月，在北京举行的以"科技与出版融合、转型与创新并举"为主题的第五届中国数字出版博览会上，天朗时代科技有限公司展示了该公司研发的 MPR 复合数字出版技术。MPR 技术的功能是，以一支电子笔似的识读器点触印有 MPR 标志的儿童图书，点触到小羊图案时，附有声音播放功能的识读器发出"咩咩"的叫声；点触到文字内容时，识读器会发出琅琅读书声。这种神奇的阅读效果源于图书纸张中隐藏的点状 MPR 编码。该技术主要面向纸质媒介，通过在纸张中镶嵌关联有数字化信息的 MPR 编码，以专业识读器进行辅助，便可以与手机、电视、平板电脑、音频播放器、投影仪等终端连接，进而把传统的纸质图书转变为具有数字化信息的新型图书，打通了纸质出版与数字出版之间的流转通道。并且，MPR 独有的关联编码，还可以对内容的走向进行监控和追溯，进而防止盗版。目前，已有包括人民教育出版社在内的数十家出版社运用了 MPR 技术来制作新型的智能化图书。2013 年秋季，运用 MPR 技术印制的教材已在河北省部分地区试点投放使用，试点学校的教师可以运用关联终端，将自己制作的视频传到网络上，供学生们下载使用。①

二　基于立体出版的智能出版

立体出版是指出版物的多媒体呈现，立体出版的智能化并不是将同一种出版内容原封不动地搬到其他媒介上，在传统的出版模式下，数字出版常常被当作纸质书的搬运工具，这也是中国的数字出版虽然已经进行多年，但进步不大、业绩不佳的重要原因。真正的立体出版应该是发挥不同媒介的优势功能，实现不同媒介对同一出版内容的融合，促进读者用户与商家的互动。因此，移动互联和大数据条件下的立体出版要将数字阅读平台与社交网络平台相结合，这种结合，要在

---

① 《数字出版博览会掠影 数字出版：技术梦想照进现实》，《中国文化报》2013 年 7 月 16 日。

传统的以内容为核心的架构上，增加关系要素，这种内容传播加信息交流的传播方式，改变了传统的单纯依靠内容为建构主体的平台建构方式，增加了用户主体架构。也就是说，立体出版不能仅仅停留在读者用户静态阅读空间的层面，还要拓展为读者用户动态互动的空间层面，增强互动性和用户体验是立体出版的发展方向。

2013 年秋季，广东省以"粤教云"项目为依托，在省内 10 个城市的中小学起始年级试用第三代"人教数字教材"。第三代"人教数字教材"是人民教育出版社开发推出的具有互动性平台功能的新型教材，该套教材不仅有纸质图书，还有配套的平板电脑，在课堂上，学生用平板电脑登录到老师的终端，老师可以根据课程的进展将制作的内容适时发送给每位学生。当老师点击发送按钮时，所有学生的平板电脑都会收到老师发送的字帖，学生可以在平板电脑上进行字体临摹，并且，老师的终端屏幕的工具栏中有每位学生的姓名，通过点击某位学生的姓名，该学生写字的笔画顺序全都显示在屏幕中，这种一笔一画的反馈有助于老师了解学生写字的习惯，便于及时纠正不正确的书写行为。显然，第三代"人教数字教材"配合"粤教云"项目，建起了教材的互动性平台，利用网络技术支持，配合终端设备，实现了教师与学生之间的细微的交流互动，并依靠数据挖掘工具，使教师能够实时对每个学生的学习情况进行跟踪指导。

三 基于协同生产的智能出版

出版的协同生产，就是要突破原有的只是少数编辑和少数专业作者从事出版的局面，而动员广大业余作者和公众也参与到出版业务中来。在自媒体和"微时代"，人人都是作者的呼声已经不绝于耳，真正让业余作者大显身手的是博客，现在，越来越多的人在出版自己的日志，而且他们的读者群或者"粉丝"有时还超过了一些平面的主流媒体，这得益于生产工具的普及。出版人常说：出版生产工具很简单，就是人脑＋电脑，很多出版社的办公室就是人和电脑在活动，的确，随时可以下载的软件和无处不在的服务使得在线出版变得轻而易举，读过书的人都可以到在线出版平台上一试身手。在过去，拍电影是非常专业的事，不仅专业门槛高，而且成本开支大，不是一般的平民百姓敢想敢干的事，但在生产工具普及而廉价的今天，"微电影"

已经层出不穷，虽然它们不像一些大片有那么多观众，但也会拥有包括自己在内的小众群体观看。出版生产工具的廉价和普及加上公众表现自我能力、展现自身价值的欲望，使平民大众正在由被动消费者转变成主动生产者。瑟尔斯博士在其著作《意愿经济》中，将这种趋势称为"消费主义"向"参与性生产主义"的转变，他指出，"消费者经济"是一种由生产者控制的系统，其中，消费者只不过是将"内容"转化成金钱的能量源。这是一种绝对败坏的恶果，根源就是生产者对消费者的绝对优势。自从生产者们赢得工业革命以来，他们便掌握了这样的优势。苹果公司正在把生产工具交给消费者。这种做法在根本上改变了市场和以市场为繁荣之源的整个经济。[①] 不仅是苹果公司，维基百科全书也是将生产工具和生产任务交给读者用户，在不到四年的时间里，制作了一部有76种语言文章总数超过350万篇的世界上最大的百科全书。正是因为开放式的编撰和众多人们的参与，维基百科全书的条目质量参差不齐，有的条目写得像教科书一样规整和精深，写的是量子力学等专业领域的高深问题；有的条目像个人传记，讲的是个人的生活经历，也许正是有雅有俗的众多内容，加上是每个人都可以主动参与的平台，维基百科才吸引了包括专业人员和普罗大众在内的众多人群，可以说，维基百科全书是对出版"协同生产"模式的一种尝试。在中国，百度百科也建立了类似维基百科的开放式百科全书编撰平台。但是，网络百科要健康发展，必然要建立自律机制和把关机制，专业的百科条目还是应该由专家来写或由专家来把关，否则非常容易以讹传讹，误导大众，开放式的网络百科并非"越修改越准确"，关键要看参与者是谁，如果参与者不负责任，只是把开放式编撰平台当作练把式的场所，而且掺杂太多的商业目的，其呈现的内容就会缺乏中立性和科学性。

就如同"智慧城市"不是少数人的智慧城市，智能出版也不是少数人的智能出版，智慧应该是多数人的智慧，因此，智能出版要积极发挥广大读者用户的集体智慧，"众包"和"协同生产"模式就是发挥集体智慧的一种尝试，这种尝试颠覆了传统出版的专业化模式，必

① Searls, Doc, *The Intention Economy*, Harvard Business School Press, 2012 - 4 - 3.

将带来整个出版产业的生产流程和商业模式的转型和重构。

基于"协同生产"的智能出版除了源于生产工具的普及和廉价之外，还有一个重要条件就是社交平台的扩大。如果说互联网是网络时代的1.0，移动互联就是网络时代的2.0。早期的社交网站大都以交友为主要功能，而从2012年开始火爆的社会化阅读，则是将大众传播的内容嫁接到人际传播的平台上，社交网络产生的大量非结构化数据，一般都是通过聊天记录、网络日志、图片、地理位置信息、音频视频等形式呈现出来的，在小数据时代，缺乏处理这些没有逻辑结构的大数据技术，很多数据都被当作"数据废气"或"黑暗数据"舍弃，一方面是这些非结构化数据体量太大，另一方面是缺乏挖掘这些数据价值的分析工具。最早将大数据技术应用到"数据废气"挖掘的是Google，它确定的商业原则是"从数据中学习"。从数据中学习除了积累经验，还有吸取教训，一位Google员工说：我们喜欢从大的噪声数据集中吸取教训。在现实生活中，人的情感和日常行为都是缺乏逻辑性的，只有有意识、有能力收集和处理这些缺乏逻辑性的非结构性数据，才能洞悉用户的消费意愿和行为习惯。

美国图书业巨头巴诺公司是靠零售起家的全美500强公司之一，它推出的电子书阅读器不仅能让读者读书，也能让电子书阅读器"读"你。电子书阅读器能实时捕捉读者阅读时的数据，包括读者阅读的方式，做了什么标注，阅读一直花了多长时间，是快速浏览还是精读，对重点章节是否标注了重点符号，通过收集并处理这些数据，巴诺调整书籍内容、改进排版方式、更新销售策略。长期以来，阅读一直是一种私密的个人活动，但是，电子阅读器的出现使你的阅读对象也在"读"你，使阅读变成了一项可以量化、半公开的活动。大数据挖掘和分析技术使出版商变得越来越聪明，过去，出版商和作者不仅不知道有谁购买了自己的作品，也不知道购书者是如何对待自己的作品的，现在，借助电子书阅读器他们能够知晓这一切，人制造出的聪明机器也使人变得更加聪明。

四　基于精准营销的智能出版

大数据营销是大数据应用最成熟的方面，这也是大数据为什么首先受到商界重视和欢迎的原因，很多人都想用大数据赚钱，而大数据营销也让一些成功应用者赚到了钱。由于应用大数据营销的很多是互联网电商，所以有人将互联网营销与大数据营销混为一谈，这是不准确的。互联网营销与大数据营销既有交集又不完全重合。有交集是因为大数据营销要依赖互联网的存在和发展，不完全重合是因为大数据营销不局限于互联网，它还包含线下营销。也就是说，互联网营销主要是在线上，大数据营销既有线上，也有线下，其本质不是网络，而是数据。

大数据营销的出现，不仅在于它具有实用价值，还在于它有科学依据。作为市场营销科学化的产物，大数据营销是科学导向的逻辑演化。这种科学导向体现为大数据具有三大能力：量化能力、关联能力、实验能力。首先，量化能力是大数据的核心能力，即一切皆可测，不仅销售数据、价格变化这些客观的结构数据可以量化监测，就连用户购物习惯和消费心理也可以量化和预测，预测是大数据的核心价值。如美国迪士尼公司投资 10 亿美元开发 MagicBand 手环，每位游客在进入迪士尼乐园时都可领到这个手环，其功能有这几个方面：一是具有位置采集功能，园方可以通过定位系统了解游客分布情况，既可疏导游客流向，也可通知游客如何选择游玩路线。二是具有移动订餐功能，游客订餐后，送餐人员可以根据定位系统将快餐准确地送到游客手中。三是信息收集功能，园方通过手环采集顾客游玩项目、游玩时间和游玩强度数据，经过数据挖掘分析处理，为精准营销提供决策支持。其次，关联能力是大数据的独特魅力，即一切皆可连。相关关系分析而非因果关系分析是大数据分析的突出特点，"相关关系的核心是量化两个数据值之间的数理关系，相关性强是指一个数据值增加时，另一个数据值很有可能会随之发生变化。相反，相关性弱就意味着当一个数据值增加时，另一个数据值几乎不发生变化。"① 沃尔玛公司的货架上经常会出现把看上去不相干的货品摆放在一起的现象，如在季节性飓风来临之前，沃尔玛会把手电筒和 POP - Tarts 蛋挞放在一起销售，这种把食品和照明电器两大类商品放在一起销售的策略就

---

① ［英］维克托·迈尔—舍恩伯格：《大数据时代》，浙江人民出版社 2013 年版，第71 页。

是根据销售数据的相关性分析总结出来的。最后，实验能力是大数据的试验功能，即一切皆可试。可试就是运用大数据预测来发现事物间的强关联性并提出可操作性的攻略，如根据用户忠诚度将用户分类分级，不同级别的用户给予不同的积分奖励政策和折扣政策。

基于大数据的精准营销是运用数据挖掘和用户关系理解功能对用户市场进行个性化细分，这种细分带有"微"的特征，通过微博、微信、论坛、QQ群等平台捕捉"微热点"，"微热点"即从内容的角度将内容进行分类。进而通过这些平台建立"微圈"和打造"微达人"。①"微圈"和"微达人"即是从人的角度将用户群进行分类，也就是智能分组，最后通过这些平台进行"微营销"。长江商报在2014年推出七个"微营销"平台，即长江商报网（含长江商讯网）、长江商报官方微博、官方微信、微电影、手机报、二维码铺子和线上线下平台，这七个"微营销"平台有三个特点：一是向全方位合作伙伴开放，合作伙伴可以任意选择上述七个平台产品；二是每位合作伙伴享受"专人对接"服务，有服务专员为合作伙伴提供产品介绍、产品选择、策划创意文案以及扩大执行等全方位、个性化服务；三是这七个平台全都免费使用。②"微营销"既是营销手段的多元化，也是营销对象的细分化，目的是实现市场营销的精准化。"微营销"作为一种精准化营销模式，本质上是大数据时代"微传播"和"微时代"的产物，"微传播是指传播主体、传播内容与传播方式都以'微'为特征，以个人声音为主导采用微话语表达，传递微内容的网络化。"③"微时代"的出现，既是文化变革和权威解构的结果，也是微博、微信、QQ等微传播渠道发展的产物。运用"微时代"和"微传播"的力量进行"微营销"既是大势所趋，也是出版产业摆脱目前市场困境的需要，也就是说应用大数据进行市场营销既有必要，也有可能。就营销而言，没有大数据就像没有预警飞机的战斗编队，几乎没有系统的抗打击能力。在大数据时代，企业营销如果不能有效地针对单个消

① 《大数据做的三件事》，http：//www.bkpcn.com2013－6－13 9：15：12。
② 《长江商报七大"微营销"平台亮相》，《长江商报》2014年4月28日。
③ 《大数据走进数字出版智能化将成为主流发展趋势》，《中国文化报》2013年7月16日。

费者或消费群体来进行个性化营销，营销的价值就需要重新讨论和判断（见表6-1）。

表6-1 大数据在企业营销中的应用

用例	新的企业智能	新的数据及新的分析
社交媒体营销	交易数据揭示深刻的社会关系，网上行为中隐藏的相互作用，社会关系网络。行为分析、影响者营销、病毒营销分析、众包分析	新数据类型：社交网络数据，在线和离线交易数据等 Big Data 分析，nPath for Pattern Matching，Graph Analysis
数字营销优化	对用户行为、意图、搜索动作、广告媒体和网络属性的分析，创造用户行为交互地图，提高数字媒体营销工作投资回报率	新数据类型：点积流、社交网络数据，广告日志等 Big Data 分析，nPath for Pattern Matching

资料来源：贾列军、许鑫：《谈"大数据"的本质及其营销意蕴》，《南京社会科学》2013年第7期。

第二节 探索和引领者——大数据先锋

客观地讲，大数据领域的探索者和引领者主要是互联网巨头和新兴创业公司，出版业特别是中国出版业大都是跟随者。但大数据浪潮必须顺应，大数据应用必须进行，因此，有必要了解探索和引领大数据潮流的主要大数据先锋的状况，进而了解大数据发展的动态和趋势。

一 大数据公司的主要类别

按照维克托·迈尔—舍恩伯格的分类，大数据公司主要有三类：[①]

① ［英］维克托·迈尔—舍恩伯格：《大数据时代》，浙江人民出版社2013年版，第160页。

第一种是基于数据本身的公司，如 Twitter，它虽然拥有大数据，这些数据主要是非结构化的人际关系数据，但它的数据都通过两个独立的公司授权给别人使用。第二种是基于技能的公司，这些公司一般是技术提供者、咨询公司或数据分析公司。它们掌握了专业数据分析技术但并不一定拥有数据，其主要业务是为拥有数据的公司提供数据分析服务，如天睿公司就是一家大数据分析公司，它的业务中就包括为沃尔玛和 POP - Tarts 这两个零售商巨头进行大数据分析并提供营销点子。第三种是基于思维的公司，如 Flight Caster 和 Jetpac，对这类公司来说，数据和技术并不是成功的关键，其业务重点是提出挖掘数据新价值的独特想法，Jetpac 的业务之一就是通过用户发送的网上旅行照片来为人们推荐最佳旅行目的地。

其实，除了上述三类大数据公司，还有一种三者兼备的大数据公司，被简称为"FAGA"的美国互联网四巨头就是这种三者兼备的大数据公司。F 即 Facebook，A 即 Apple，G 即 Google，A 即 Amazon。"FAGA"组合之所以三者皆备，在于它们既拥有独一无二的大数据资产，又具有存储挖掘分析、处理这些大数据的技术能力，还具有挖掘数据新价值的创新思维。例如，云计算是 Google 和 Amazon 在 2006 年提出并付诸实施的，但云计算被大家所熟知和应用却有赖于苹果"iCloud"的成功推出。"FAGA"组合"自己动手，丰衣足食"的大数据战略，使其囊括了从底层芯片、个人终端（手机、平板电脑、PC 机、阅读器）、服务器、操作系统到数据仓库的所有领域，能自己研发生产的就不用 IBM、甲骨文、微软等公司的产品。"FAGA"组合虽然都秉持三种兼备的战略，但各自的优势还是很明显的，它们并没有同质化。Google 是做搜索引擎起步的，它首先是数据拥有者，在网页数据和地理位置数据方面占得先机，它收集用户搜索时出现的大量拼写错误的数据，然后提出如何检查拼写错误的点子和程序，同时通过大数据挖掘发现数据的价值。Google 在大数据价值链中同时扮演这三类角色，与其他项目整合后为 Google 带来了丰厚利润。除了"FAGA"组合外，一些老牌 IT 公司也无一缺席地加入了大数据产业全景图中（见图 6 - 2）。

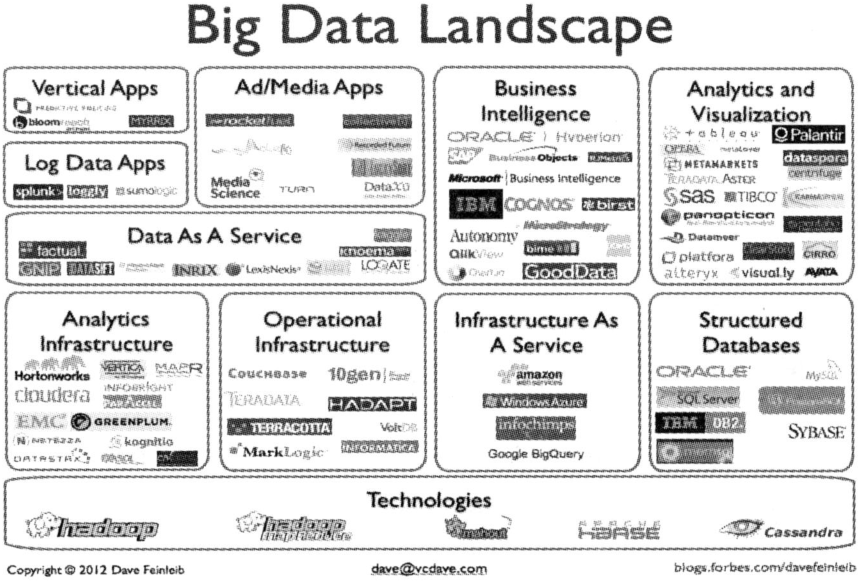

图 6 - 2　大数据产业全景图

资料来源：blogs：forbes. com/davefeinleib。

　　虽然老牌 IT 公司纷纷进入大数据产业的行列，但由于原来专注于硬件和软件开发，对大数据重视较晚，在大数据产业竞争中明显不敌"FAGA"组合，一些大型商户甚至喊出了"去 OIE"的口号，"OIE"是 Oracle（甲骨文）、IBM、EMC 三家公司名称的首写字母。"去OIE"标志着一些大型商户开始自建 IT 基础设施，更多利用开源软件，逐步摆脱对商业软件、硬件的依赖（见图 6 - 3）。

　　《浪潮之巅》一书的前言里说："近一百多年来，总有一些公司很幸运地、有意识或无意识地站在技术革命的浪尖之上。AT&T、IBM、Apple、Intel、Microsoft、Cisco、Yahoo、Google、Facebook 都是先后被幸运地推上了浪尖"。① 这些 IT 巨头既是信息产业和互联网经济的探索者和开拓者，也是一个时代技术浪潮的引领者。同时，时代浪潮的弄潮儿层出不穷，一些新兴大数据公司各显身手，从 NOSQL 数据库、操作基础设施、数据分析、商业智能、广告/媒体应用到各个细分垂

---

① 吴军：《浪潮之巅》，人民邮电出版社 2013 年版，"前言"。

直领域的应用等各方面进行技术开发和提供技术服务（见表6-2）。

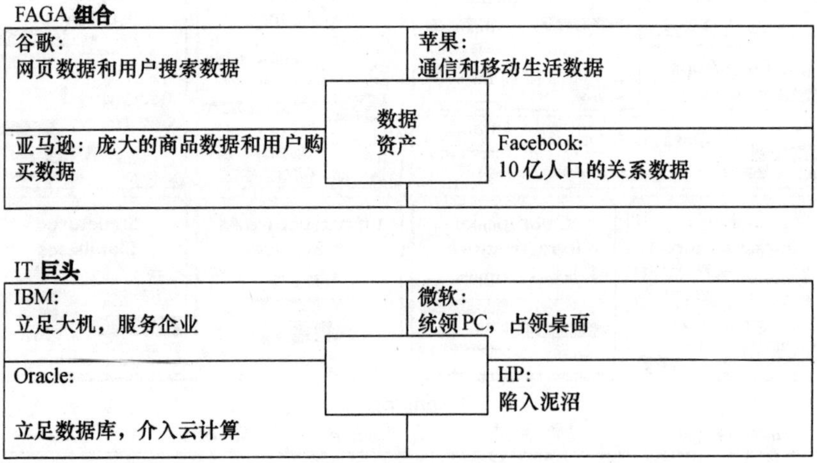

FAGA **组合**

谷歌： 网页数据和用户搜索数据		苹果： 通信和移动生活数据
亚马逊：庞大的商品数据和用户购 买数据	数据 资产	Facebook： 10亿人口的关系数据

IT **巨头**

IBM： 立足大机，服务企业		微软： 统领PC，占领桌面
Oracle： 立足数据库，介入云计算		HP： 陷入泥沼

图6-3 "FAGA"组合和传统IT巨头的大数据生产与技术能力

资料来源：赵国栋等著：《大数据时代的历史机遇》，清华大学出版社2013年版。

表6-2 大数据主要新兴公司一览

大数据新兴公司	服务领域
社交数据平台 DataSift	数据即服务
开放平台数据提供商 Junar	数据即服务
数据分析平台 Precog	数据分析
分布式文档存储数据库提供商 10gen	操作基础设施
企业云存储服务 Nivanix	操作基础设施
非结构化数据库解决方案 Clustrix	操作基础设施
大数据高效管理 RainStor	操作基础设施
用户行为监测分析 Mixpanel	广告/媒体应用
商务数据分析决策 SumAll	商业智能
敏捷数据管理 Delphix	商业智能
数据分析决策集成服务 GoodData	商业智能
数据智能解决方案 NgData	商业智能
智能搜索引擎 Attivio	商业智能
实时大数据分析 ParStream	分析基础设施

续表

大数据新兴公司	服务领域
云笔记存储服务 Evernote	垂直应用
内部销售和线索反馈管理 InsideSales	垂直应用
职业搜索引擎 TalentBin	垂直应用
医疗保健行业大数据解决方案 Predilytics	垂直应用
大数据分析应用 Datameer	数据分析和可视化
跨平台大数据处理 Trifacta	数据分析和可视化
数据库服务商 DataStax	数据库

资料来源：赵国栋等著：《大数据时代的历史机遇》，清华大学出版社 2013 年版。

在中国，IT 和互联网产业是发展最快的产业。介入大数据业务的 IT 和互联网企业也可以分为四类：基于数据本身的公司、基于技能的公司、基于思维的公司和三者兼而有之。例如，阿里巴巴就是三者兼而有之的公司，它一方面通过电商平台聚集了海量中小企业的日常资金流动与货品往来数据，另一方面推出数据魔方、黄金策和聚石塔，不断地为平台上的中小商户提供数据产品和服务。百度也建成了五大数据体系平台，即风云榜、百度指数、百度统计、司南和数据研究中心，一方面收集用户数据，另一方面通过大数据分析了解用户情感和购物兴趣，掌握竞争对手的动态以及市场发展趋势。腾讯也是中国最早启航大数据业务的互联网巨头之一，早在 2008 年北京奥运会时起，它就开始构建 Webtwap 奥运实时社区，打造奥运零时差，一般的广告发布者很难知道在电视机前观看奥运会比赛的观众的具体身份，而腾讯通过一站式在线生活平台，将每个观众的姓名、年龄、学历、地域、人际关系、兴趣爱好等相关数据掌握得清清楚楚。在大数据时代，了解用户和靠近用户有了更多的技术支持，特别是泛互联网的发展产生了呈指数级增长的海量碎片化数据，而有效收集和处理这些碎片化数据的软件产品也在不断推出（见表 6 - 3）。

表 6 - 3 部分符合泛互联范式的软件产品

产品	门户特征	主要盈利来源	人群特征	关联碎片化应用
谷歌搜索	搜索	广告	主动搜寻资料的用户	邮件、日历、地图、企业搜索、客户关系管理、Google +
360 安全卫士	安全	广告，卖流量，第三方应用推广	对电脑安全知之甚少的用户	防火墙、网盾、网购保镖、极速浏览器、系统急救箱
QQ	即时通信	增值服务，交叉推广，广告	强社会联系的用户	音乐、游戏、支付、旅行等方面面的网上生活
新浪微博	社交	广告，卖流量，增值服务	弱社会联系的用户	微盘、微访问、游戏、音乐、微电台
雅昌艺术	垂直用户	广告，中介，拍卖，活动	艺术品鉴赏，收藏	SNS、画作推广
旺铺助手	垂直用户	服务费，交叉推广	微型企业	财务管理、业务管理、客户管理
搜狗输入法	通用	产品交叉推广	所有人群	搜狗浏览器

资料来源：赵国栋等著：《大数据时代的历史机遇》，清华大学出版社 2013 年版。

二 中国大数据出版应用的牌局

（一）大数据出版的应用

大数据出版应用有三个方面：大数据运营、大数据产品、大数据平台。其中大数据运营又包括三个方面：大数据内部运营、大数据外部营销、大数据决策。而大数据外部营销又包括三个方面：大数据渠道优化、大数据精准营销推送、线上线下营销连接（见图6-4）。

在大数据出版应用的诸多方面中，应用最多的是大数据营销，因为市场营销一方面是众多行业特别是出版行业的最大短板，另一方面又代表盈利模式。首先，运用大数据营销实现渠道优化，就是根据用户的消费记录算出其行为习惯和活动轨迹，找出哪个营销渠道的用户来源最多，哪个渠道的用户实际购物数最多，哪个渠道该投放多少营销资源，从而实现渠道优化而降低成本，提供效率。其次，运用大数

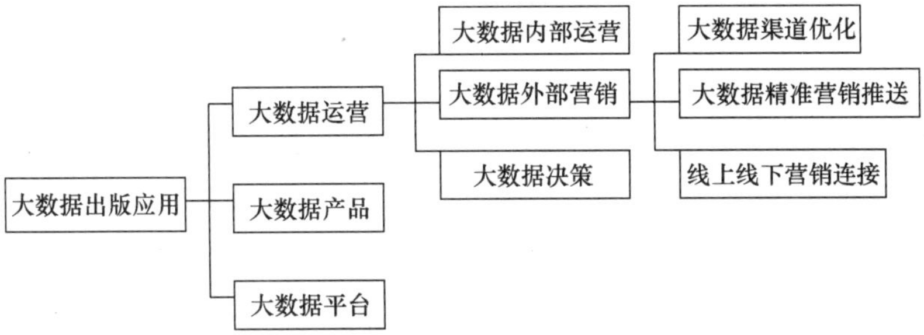

图 6-4　大数据出版应用

资料来源：笔者绘制。

据营销实现精准投放，一方面是广告的精准投放，另一方面是服务的精准投放，即对"粉丝群"和"会员"的专属贴心服务，京东商城副总经理李曦在介绍京东模式时说："用大数据找出不同细分的顾客需求群，然后进行相应的营销，是京东目前在做的事情。"① 最后，运用大数据营销实现线上线下营销连接，现在流行的方式是通过鼓励用户使用微信和 Wi – Fi 等可追踪用户行动和喜欢的设备和软件，来打通线上与线下的数据流。例如阿里巴巴与数十家纸质媒体合作推出的"马上淘"业务，就是线上与线下互动营销的案例。

（二）中国数字出版正在洗牌

现阶段，中国出版产业在改革大潮与新技术革命的推动下，已经逐步打破了原有的铁板一块的格局，三业融合使信息通信产业一只脚踏进了出版产业的门户圈地，互联网经济又使电商将手伸进了出版产业的口袋掘金。各路神仙各有各的优势，各有各的章法和招数。

阅读基地是三大通信巨头（中国移动、中国电信、中国联通）倾力打造的基于大数据和互联网的出版阅读平台。自 2009 年中国移动在杭州成立手机阅读基地之后，中国联通和中国电信也迅速跟进，凭借阅读基地模式进入出版市场，阅读基地的迅速火爆不仅"救活"了陷入苦苦支撑境地的中文在线，也让盛大文学旗下的起点中文网、潇湘书院、红袖添香、小说阅读网等盛大成员获得发展生机。面对三大

---

① 佚名：《大数据战：阿里其实是数据公司》，《中国企业家》2013 年 10 月 28 日。

电信巨头与互联网出版机构的联姻，一些传统的出版单位坐不住了，也纷纷与电信巨头签约，以授权经营的方式接入阅读基地，中南出版传媒集团、浙江联合出版集团、中信出版社、作家出版社、新星出版社、中国人民大学出版社等传统出版机构都加入了手机阅读基地业务，到 2012 年时，中国移动手机阅读基地的产值已达 25 亿元，按照六四分成，通讯机构拿其中的六成的分账方案，它们拿走了约 15 亿元的收入。

"电商帮"是依托互联网经济快速崛起的一支奇兵。当当网本身是靠售卖纸书起步的，现在正试图在中国复制亚马逊成长模式，打造"中国版亚马逊"，虽然离亚马逊偶像相距较远，但都是网络出版的老资格。异军突起的电商巨头京东商城大举进军图书业务，卓越网的原副总裁石涛到京东担任副总裁，主管的就是出版业务，其推出的"畅读卡"上线以后大受欢迎，京东不仅卖书，而且正在进入策划出版环节，它与蔡骏、天下霸唱等多位知名作家推出的"名家电子书创作计划"，试图给忙碌的读者提供快餐化、碎片化而又精品化的阅读体验。在本土电商日趋激烈的竞争中，亚马逊乘势进入中国市场，2013 年 6 月，Kindle 正式登陆中国市场，Kindle 电子书阅读器和 KindleFire 平板电脑是享有与苹果产品同样声誉的国际品牌，在中国上市后，据说曾两度卖断货，亚马逊的搅局使得电商帮面临重新洗牌。

阅读类 App 是新兴的出版阅读平台，不仅苹果 IOS 平台和谷歌 Android 平台催生了大批涌入出版阅读领域的开发者，本土的百阅、熊猫看书、掌阅也已经成为广受用户欢迎并且用户量日益增多的 App 阅读工具，QQ 阅读、新浪阅读、网易云阅也秉持其门户网站的优势表现不俗，而唐茶、多看则专注于做"品质阅读"，盯住比较高端的读者用户推出精品阅读体验。App 相当于一个分销渠道，因此许多互联网企业和传统出版机构都推出了自己专属的 App，也可以说是 App 的量身定做。

时至今日，阅读基地模式，电商帮套路和 App 平台都在开拓探索中，都在分化改组中，哪一种模式更有生命力要有待于实践的检验和历史的考验。

（三）阅读方式与出版方式的双重变奏

出版方式和阅读方式从来都是相互影响的，前者反映生产走向，后者反映市场走向，有时，是出版方式影响阅读方式；有时，是阅读方式反过来影响出版方式，这种相互影响既推动了出版方式的变革，也推动了阅读方式的变革。

Kindle 模式是既改变出版方式又改变阅读方式的开路先锋之一。Kindle 模式的特点是"电子书阅读器＋内容平台"，Kindle 阅读器具有大数据分析功能，既能让读者用户"读"它，它也在"读"你，包括你的阅读习惯、阅读兴趣甚至阅读时下画的每一笔标注，它都了然于胸。在 Kindle 之前，已经有很多电子书阅读器在市场上销售，包括中国的汉王电子书，但亚马逊的大数据理念成就了 Kindle 的辉煌。亚马逊的 Kindle 模式包括八大要素：一是基于大数据的读者用户数据信息挖掘和关系理解。二是对内容的掌握，亚马逊具有长期销售纸质图书的优势，与出版社有稳定友好的合作关系，可以通过采购图书掌握获取出版内容。三是庞大的客户群，其电商平台的庞大客户群都可能成为 Kindle 阅读器的拥有者。四是高效的电子商务系统，包括产品推荐系统、金融支付系统和线下物流配送系统。五是具有强大的技术实力，可以使 Kindle 同时具有硬件和软件以及服务等技术支持。六是完善的运营系统，如客户关系管理、自营销体系的运转、论坛交流等。七是对话语权的掌握，Kindle 模式既有终端又有内容，是一个相对封闭的产业链，不管是硬件还是软件抑或是数据流量都不需要人，不受别人掌控。在这一点上，中国的华为就有点类似亚马逊，华为也是既做硬件终端，也做操作系统软件，还自己研发芯片，虽然这些硬件和软件不一定是世界上最顶尖的东西，正如华为掌门人任正非所说，我们现在做终端操作系统是出于战略的考虑，如果他们突然断了我们的粮食，Android 系统不给我们用了，Window Phone 8 系统也不给我们用了，我们是不是就傻了？同样地，我们在做高端芯片的时候，我们并没有反对买美国的高端芯片。八是对数据流量的掌控，该流量类似于商店的客流，人流越多的地方商机越多。亚马逊作为世界上最大的在线商店，其商业模式甚为易简，即吸引最多的流量，对流量的掌控就是对市场的掌控。目前，亚马逊的 Kindle 是与苹果的 iPad 几乎平分天下的竞争对手，两者加起来占了平板电脑市场近 70% 的份额。而亚马逊的进一步战略方向是：一是推出亚马逊手机，用 Kindle + 手机进一步掌控"流量"；二是扩展金融业务，像中国的阿里巴巴和苏宁一样，将内容平台、终端平台和金融平台捆绑在一起，而其这样做的核心资本是大数据资产。

Google 模式是"海量资源 + 内容平台"的模式。谷歌的优势在于海量的内容资源，长期以来，它持之以恒地秉持"大数据淘金术"，努力与作者、出版社、图书馆等内容拥有者协商，扫描复制积累了大量图书内容，虽然其间遇到了令人头疼的版权问题，但也慢慢找到了解决彼此纠纷的方案。目前，Google 掌握的内容已超过 400 万种，这一数字远远超过了亚马逊的 50 万种和苹果的 3 万种。与亚马逊和苹果的终端阅读不同，Google 的阅读平台是开放的网络平台 GoogleEditions，用户可以使用不同品种的手机、平板电脑、电子阅读器和 PC 机下载电子书，其进一步的战略是推出 Google 手机和平板电脑，如果这样的话，其战略布局就成了"海量资源 + 终端 + 内容平台"模式。

中国移动模式是以手机阅读为主体的"无线图书整合发行平台"。手机阅读最早火爆于日韩，其后迅速进入中国，中国移动作为手机阅读基地的最早建设者，挟电信巨头的资源垄断优势，迅速控制了出版阅读市场的很大一部分市场份额，在最初，手机阅读还只是移动通信的一个增值业务，而现在，电信巨头发展成既是运营商，又是技术提供商；既是接入服务商，又是市场推广商的多重角色，并拥有产品定价和盈利分账的主导话语权，给出版商留下的就是内容提供商的位置了，如果哪一天出版商连内容提供商的位置也保不住了，那就会在新一轮出版产业洗牌时被淘汰出局。中国移动模式进一步的战略方向可能是通过手机平台向电子书阅读器和平板电脑阅读领域渗透，扩展手机阅读基地的无线图书平台，也可能会向出版内容策划出版上游进军，成为"三业融合"新产业链的整合者。

方正模式和超星、书生、中文在线一样都是数字图书馆的 B2C 模式。其优势是积累了大量的图书内容资源，经过多年努力成为数字图书馆和 IT 机构的信息运营商和技术供应商，现在正向产业链下游进军，推出了文房阅读器，通过实施"硬件 + 不限流量的 3G 套餐 + 正版畅销书免费下载"的营销方案向出版阅读的下游延伸，意在争夺终端读者市场，方正通过番薯网推出了"云阅读平台战略"，其意图很明显：一是通过为读者用户提供图书搜索、多平台阅读、互动分享、个性化出版等个性化服务来扩大用户群；二是将众多的出版社等内容提供商与终端生产厂商聚集在云阅读平台上，从而打通阅读出版的上下游产业链。

Kindle 模式、iPad 模式、Google 模式、中国移动模式和方正模式都还在探索中前行，很难说哪种模式就已经成熟定型。随着终端平台的日益多样化和内容平台的日益扩展，出版方式和阅读方式的双重变奏不会停止，但这种双重变奏不管如何进行，其方向是不会变的，即争夺市场，而争夺市场就要争夺市场资源，争夺市场资源就要掌握"流量"等大数据资产，因此，掌握大数据资产实施大数据战略是大数据时代出版企业生存和发展的必然战略选择或必经之路。

第三节　中国大数据出版的艰难坎坷之路

关于大数据的时代表征，本书第二部分已经进行了分析概括，大数据概念中既有大数据技术，又有大数据科学；既有大数据思维，又有大数据战略；既有大数据资源，又有大数据平台。因此，不能仅仅只在技术应用层面理解大数据对出版产业发展的作用和意义。现在谈到大数据应用，很多人就会问"发展大数据要采用哪些技术，有什么产品？事实上，大数据首先是一种思维方式，其次是判断产业发展趋势和选择公司战略，最后才谈得上技术实现的问题。"① 大数据既不等于数据存储，也不等于数据挖掘；既不等于云计算，也不等于人工智能，但这些技术和算法都需要大数据的支撑，使用同样的算法，如果只是抽样的小样本，结论就会和使用全部数据集的大样本完全不一样。大数据既可以通过已知推出未知，针对过去揭示规律，进行描述性分析，又可通过未知推出未知，推测趋势预测未来，进行预见性推

---

① 赵国栋等著：《大数据时代的历史机遇》，清华大学出版社 2013 年版，第 45 页。

论，这就是大数据的魅力。但是，大数据毕竟是新生事物，不管是大数据本身，还是人们对大数据的应用方面都存在着诸多缺陷和问题，这些缺陷和问题决定了中国出版产业的大数据之路是艰难坎坷之路。

一　大数据本身的缺陷和问题

任何事物都有正反两个方面，大数据作为新生事物更是如此。对大数据的缺陷和问题，社会各界特别是科技界正在进行认真的研究，但要解决这些缺陷和问题需要一个过程。

（一）大数据科学的主要问题

大数据科学的主要问题是目前还没有抽象出带有共性的普适性问题。中国工程院院士李国杰指出："任何领域的研究，若要成为一门科学，研究的内容一定是研究共性的问题。数据科学成为一门科学的前提是，在一个领域发现的数据相关关系和规律具有可推广到其他领域的普适性。而抽象出一个领域的共性科学问题往往需要较长的时间，提炼数据界的共性科学问题还需要一段时间的实践积累。"①

（二）大数据技术的主要问题

关于大数据技术方面存在的主要问题，科技界认为有以下几个方面：一是关于数据的存储，要达到低成本、低能耗、高可靠性目标，通常要用到冗余配置、分布化和云计算技术，在存储时要按照一定规则对数据进行分类，通过过滤和去重，减少存储量，同时加入便于日后检索的标签。② 而目前，大数据的去冗降噪技术还不太成熟，不仅对大数据多源性导致的不同源头数据的高效率处理手段并不成熟，而且对超过需求的超量数据的处理技术也正在完善中。同时，便于日后检索数据的大数据新型表示方法（数据标签）也是处理网络大数据的技术难题之一。二是关于数据收集，要尽可能收集异源甚至异构的数据，但这些数据往往格式五花八门，大数据的泛滥往往与太多的数据格式有关，而通过统一的数据格式构建统一的数据处理系统也是大数据技术亟待解决的问题。三是关于数据处理，对于多源异构、多实体和多空间的交互动态性数据，如图像、视频等都需要将高维图像等多

---

① 李国杰：《大数据研究的科学价值》，《中国计算机学会通讯》2012 年第 9 期。
② 邬贺铨：《大数据时代的机遇和挑战》，《求是》2013 年第 4 期。

媒体数据进行降维，便于量化处理，对语音数据则需要利用上下文关联进行智能语义分析。这些方面的大数据处理技术虽然日益成熟，但还有待提高。四是关于结果的可视化呈现。现在的可视化呈现只能针对小规模、有结构或类结构的数据进行处理，还缺乏深层次的数据挖掘，并且数据挖掘算法也缺乏通用性。虽然大数据技术存在的一些不成熟问题不会阻挡我们前进的步伐，但这些技术难题会放慢人们前行的脚步。

（三）大数据"安全"与"隐私"问题

虽然"安全"与"隐私"问题不是大数据特有的问题，任何信息系统及其应用都存在"安全"和"隐私"，但大数据使这一问题更加突出，不管是数据收集，还是数据存储；不管是数据利用，还是数据展示，都涉及"安全"与"隐私"问题，而且还是上至国家安全、下至个人隐私的全方位的"安全"与"隐私"问题。近年来曝光的"斯诺登事件"和"维基解密"事件更是将这方面问题展现在公众面前。"安全"和"隐私"虽然并不完全是大数据本身的问题，但大数据本身需要包括相应的技术解决方案在内的应急预案来应对突发问题。

二　大数据应用方面存在的问题

大数据应用方面存在的问题更多的是人的主观性问题，如人们对大数据的认识，关于大数据的战略、大数据实施政策以及大数据效果评价。

（一）大数据认识方面存在的问题

对大数据认识不清当然会影响到大数据的应用，常见的认识误区有：一是唯技术论，仅仅只把大数据当作一种应用技术来看待，实际上，大数据是超越技术的，无论是开源 Hadoop，还是各个厂商推出的应用产品，都不能反映大数据的全貌。大数据既有技术层面的内容，也有思维层面和战略层面的内涵。二是唯数据论，仅仅只把大数据理解为海量数据。实际上，海量数据只有大数据的特征之一，但大数据不只是数据的体量大，还更强调数据的多样性、完整性和实时性。三是唯行业论，仅仅只把大数据当作信息产业应该做的事。实际上，大数据是跨行业的，因为几乎所有行业都会产生数据，都要进行数据分析和数据处理。在没有大数据之前，人们对待和处理数据大都是人工的、经验的方法，在大数据条件下，对数据的分析和处理大都可以依靠大数据架构来完成。

（二）大数据战略方面出现的问题

所谓制定和实施大数据战略，就是说不要把大数据仅仅当作花瓶和应景之物，看到别人都在搞，怕被别人说"OUT 了"，而赶潮流跟风。真正意义上的大数据战略决定着一个企业甚至一个产业的兴衰，哪怕是曾经风光一时的高科技公司也不例外。大家所熟悉的微软，是PC 机时代毫无争议的霸主，比尔·盖茨也是最早提出平板电脑概念的人，但在现在的 FAGA 组合中，并没有微软的位置，因为 FAGA 组合是移动互联网时代迅速崛起的时代弄潮儿，当移动终端迅速超过PC 机，并且不使用微软的操作系统后，微软被议论为是"起个大早赶个晚集"的典型代表。微软并没有在技术层面犯什么错，它成为移动互联网时代的"打酱油者"的一个重要原因是缺乏大数据战略。微软从一开始就没有注重积累数据资产，不拥有自家软件使用者的用户数据。而进入大数据时代，因为智能手机更轻巧、更人性化的设计，集成了 PC 机和手机的所有功能，所以越来越多的人把越来越多的时间花在智能手机上，而微软的 PC 操作系统缺乏 Apple Store 这样的拥有海量 App 的应用商城，并且微软的 PC 操作系统不能应用到智能手机上，所以，微软只能眼睁睁地看着自己客户的海量日常行为及位置数据流到了别人的数据中心。FAGA 组合每一家都拥有庞大的数据中心，硬件和软件固然都很重要，但大家拼来拼去，硬件都可以生产，操作系统也都可以研发，但拥有的独特的核心数据资源却不可替代。Facebook 掌控人际关系数据、Google 掌控网页数据和地理位置数据、亚马逊掌控商品目录和消费市场数据，这种对数据的掌控权才是它们的真正的资本和核心竞争力。

（三）大数据政策问题

大数据政策主要是国家和政府层面的问题，如关于大数据应用的"安全"和"隐私"问题，既要从国家层面立法，又要运用政府的力量实施解决方案。美国奥巴马政府实施的《大数据研究和发展计划》中有多个项目都是针对信息安全问题的，如"多尺度异常检测项目"

（ADAMS）、"网络内部威胁项目"（CINDER）、"加密数据的编程计算项目"（PROCEED）、"任务导向的弹性云项目"（MORC）等都是由政府组织实施。保护数据"安全"和"隐私"固然重要，但又要防止形成"信息孤岛"，政府要制定相关政策打破数据割据与数据封锁，建立健全数据信息公开制度和机制。企业在应用大数据过程中，一方面要有数据安全意识，在骇客攻击日益频繁的环境下，要合理建立公有云、私有云和混合云的关系，以防止服务器被骇客攻击后存储在云端的敏感数据被别有用心的人窃取和利用；另一方面也要有数据开放意识，不能彼此搞数据封锁。2013年微软曾遭到上千家公司抗议，原因是在最新版微软 IE 浏览器中增加了一个私密浏览的可选功能，用户在这一模式下用浏览器做了什么事，旁人都无从知晓。如果用户使用这个功能上淘宝网，淘宝无法收集和跟踪用户的在线记录数据，当然就无从分析这些数据，这样做会对一些消费者有利，但对运用大数据营销的电商不利，在这个问题上各自有各自的立场和态度，需要找到一个双方都能接受的解决方案，在数据开放与安全隐私保护两方面找到一个平衡点，而这个问题说起来容易做起来难。

　　总之，大数据作为新生事物，其产业应用才刚刚起步，很多问题还在进一步的探讨中，中国出版产业的大数据之路艰难坎坷，但是，时时潮流浩浩荡荡，数字化、互联网＋、大数据浪潮汹涌来袭，面对新技术革命，"一个人可以拒绝，但一个产业不能拒绝"。

参考文献

（一）中文著作

[1] ［英］维克托·迈尔—舍恩伯格：《大数据时代：生活、工作与思维的变革》，浙江人民出版社 2013 年版。

[2] ［美］尼古拉斯·克里斯塔基斯、詹姆斯·富勒：《大连接，社会网络是如何形成的以及对人类现实行为的影响》，中国人民大学出版社 2013 年版。

[3] ［美］冯启思：《数据统治世界》，中国人民大学出版社 2013 年版。

[4] ［美］Anand Rajaraman、Jeffrey David Ullman：《大数据互联网大规模数据挖掘与分布式处理》，人民邮电出版社 2012 年版。

[5] ［美］艾伯特—拉斯洛·巴拉巴西：《爆发：大数据时代预见未来的新思维》，中国人民大学出版社 2012 年版。

[6] ［日］城田真琴：《大数据的冲击》，人民邮电出版社 2013 年版。

[7] ［美］韩家炜、裴健：《数据挖掘概念与技术》，机械工业出版社 2012 年版。

[8] 郭晓科：《大数据》，清华大学出版社 2013 年版。

[9] ［美］大卫·芬雷布：《大数据云图——如何在大数据时代寻找下一个大机遇》，浙江人民出版社 2013 年版。

[10] 涂子沛：《大数据》，广西师范大学出版社 2013 年版。

[11] 赵国栋等：《大数据时代的历史机遇》，清华大学出版社 2013 年版。

[12] 李志刚：《大数据：大价值、大机遇、大变革》，电子工业出版社 2012 年版。

[13] 周宝曜等：《大数据战略、技术、实践》，电子工业出版社 2013

年版。

[14]［美］Bill Franks：《驾驭大数据》，人民邮电出版社 2013 年版。

[15]［英］托马斯·克伦普：《数字人类学》，中央编译出版社 2007 年版。

[16] 崔小屹、韩青：《用数据说话：大数据时代的管理实践》，北京大学出版社 2013 年版。

[17]［德］比约·布劳卿、拉斯·拉克、托马斯·拉姆什：《大数据变革：让客户数据驱动利润奔跑》，机械工业出版社 2013 年版。

[18] 郭昕等：《大数据的力量》，机械工业出版社 2013 年版。

[19] 张良均、陈俊德、刘名军、陈荣：《数据挖掘：实用案例分析》，机械工业出版社 2013 年版。

[20]［美］Martin Klubeck：《量化——大数据时代的企业管理》，人民邮电出版社 2013 年版。

[21]［英］亚当·斯密：《国富论》，华夏出版社 2005 年版。

[22]［法］泰勒尔：《产业组织理论》，中国人民大学出版社 1997 年版。

[23] 陈斯华著：《IPTV 产业价值链研究》，中国传媒大学出版社 2008 年版。

[24] 芮明杰、李想：《网络状产业链构造与运行》，格致出版社 2009 年版。

[25] 芮明杰、张琰：《产业创新战略》，上海财经大学出版社 2009 年版。

[26] 方卿等：《出版产业链研究》，高等教育出版社 2011 年版。

[27] 多淑杰：《产业区域转移问题研究》，中国社会科学出版社 2013 年版。

[28] 高煜：《国内价值链：构建中的产业升级机理研究》，中国经济出版社 2011 年版。

[29] 桂良军：《供需链成本管理研究》，中国经济出版社 2006 年版。

[30] 王海林：《价值链内部控制》，经济科学出版社 2007 年版。

[31]［美］阿特休尔：《权力的媒介》，华夏出版社 1989 年版。

[32] ［日］清水英夫：《现代出版社》，中国书籍出版社 1991 年版。

[33] ［英］丹尼斯·麦奎尔、斯文·温德尔：《大众传播模式》，上海译文出版社 2008 年版。

[34] 杨伯溆：《因特网与社会》，华中科技大学出版社 2002 年版。

[35] 张昆：《新闻与信息传播论坛（2011 卷）》，华中科技大学出版社 2012 年版。

[36] 吴廷俊：《中国新闻史新修》，复旦大学出版社 2008 年版。

[37] 钟瑛：《中国互联网管理与体制创新》，南方日报出版社 2006 年版。

[38] 钟瑛：《网络传播法制与伦理》，武汉大学出版社 2006 年版。

[39] 钟瑛：《传播科技与社会》，华中科技大学出版社 2006 年版。

[40] 钟瑛：《网络传播伦理》，清华大学出版社 2003 年版。

[41] 张昆：《简明世界新闻通史》，武汉大学出版社 1994 年版。

[42] 张昆：《中外新闻传播思想史导论》，复旦大学出版社 2006 年版。

[43] 申凡、戚海龙：《当代传播学》，华中科技大学出版社 2000 年版。

[44] 周蔚华：《出版产业研究》，中国人民大学出版社 2005 年版。

[45] 王燕梅等：《出版发行产业链研究》，中国经济出版社 2009 年版。

[46] 陈云：《陈云文选（1956—1985）》，人民出版社 1988 年版。

[47] ［美］瓦西里·列昂惕夫：《投入产出经济学》，商务印书馆 1980 年版。

[48] 于春迟、谢文辉：《出版管理学》，中国人民大学出版社 2011 年版。

[49] 王彦祥、朱宇：《编辑出版学研究进展》，中国书籍出版社 2012 年版。

[50] 杨旭明：《编辑出版学综合案例教学》，中国人民大学出版社 2010 年版。

[51] ［美］丹尼尔·卡尼曼：《思考：快与慢》，中信出版社 2012 年版。

［52］［美］道格拉斯·W. 哈伯德：《数据化决策：大数据时代〈财富〉500 强都在使用的量化决策法》，世界图书出版公司 2013 年版。

［53］［美］阿尔文·托夫勒：《第三次浪潮》，中信出版社 2006 年版。

［54］［美］贾森·爱泼斯坦：《图书业》，中国人民大学出版社 2006 年版。

［55］［美］迈克尔·波特：《竞争优势》，华夏出版社 2005 年版。

［56］［美］阿尔伯特·N. 格莱科、克拉拉·E. 罗德里格斯、罗伯特·M. 沃顿：《21 世纪出版业的文化与贸易》，中国人民大学出版社 2010 年版。

［57］［英］约翰·费瑟：《传递知识——21 世纪的出版业》，苏州大学出版社 2007 年版。

［58］吴军：《数学之美》，人民邮电出版社 2012 年版。

［59］宋建波著：《企业内部控制》，中国人民大学出版社 2004 年版。

［60］［美］哈雷·曼宁：《体验为王》，中信出版社 2012 年版。

［61］［美］李·科克雷尔：《卖什么都是卖体验》，中信出版社 2014 年版。

［62］［美］克里斯·安德森：《免费：未来的商业模式》，中信出版社 2009 年版。

［63］［美］迈克尔·波特：《竞争战略》，华夏出版社 2005 年版。

［64］［美］克里斯·安德森：《长尾理论》，中信出版社 2010 年版。

［65］［法］罗兰·巴特：《S/Z》，上海人民出版社 2000 年版。

［66］［美］尼葛洛庞帝：《数字化生存》，海南出版社 1996 年版。

［67］［德］盖奥尔格·西美尔：《社会学：关于社会化形式的研究》，林荣远译，华夏出版社 2002 年版。

［68］［美］莫里斯·罗森塔尔：《按需出版》，清华大学出版社 2009 年版。

［69］周尚意：《文化地理学》，高等教育出版社 2004 年版。

［70］邵培仁、杨丽萍：《媒介地理学》，中国传媒大学出版社 2010 年版。

[71] ［美］爱德华·苏贾：《后现代地理学：重申批判社会理论中的空间》，商务印书馆 2004 年版。

[72] ［英］戴维·莫利、凯文·罗宾斯：《认同的空间：全球媒介、电子世界景观与文化边界》，南京大学出版社 2001 年版。

（二）中文文章

[1] 李国杰等：《大数据研究：未来科技及经济社会发展的重大战略领域》，《中国科学院院刊》2012 年第 6 期。

[2] 邬贺铨：《大数据时代的机遇与挑战》，《求是》2013 年第 4 期。

[3] 倪光南：《关于大数据》，《高科技与产业化》2013 年第 5 期。

[4] 白春礼：《把握科技发展新态势 实现创新驱动新发展》，《中国科学报》2012 年 12 月 31 日。

[5] 王珊等：《架构大数据：挑战、现状与展望》，《计算机学报》2011 年第 10 期。

[6] 中国电子科学研究学报编辑部：《大数据时代》，《中国电子科学研究院学报》2013 年第 1 期。

[7] 冯海超：《大数据时代正式到来》，《互联网周刊》2012 年第 12 期。

[8] 邬书林：《"大数据"时代出版业要加快转型》，《中国新闻出版报》2013 年 3 月 21 日。

[9] 唐绪军：《大数据将带动产业调整结构》，中国智慧城市网，www.cnscn.com.cn。

[10] 陈雪：《出版业关注"大数据"概念》，《科技新书目》2013 年第 3 期。

[11] 杨鑫捷：《大数据会颠覆出版业》，《IT 时报》2013 年第 8 期。

[12] 张涛甫：《大数据时代的出版困局及其突破》，《编辑学刊》2013 年第 2 期。

[13] 张建设：《大数据悖论》，《中国计算机报》2013 年第 16 期。

[14] 贾利军、许鑫：《谈"大数据"的本质及其营销意蕴》，《南京社会科学》2013 年第 7 期。

[15] 陈如明：《大数据时代的挑战、价值与应对策略》，《移动通信》2012 年第 17 期。

[16] 牛禄青：《大数据时代来临》，《新经济导刊》2013 年第 2 期。

[17] 陶雪娇等：《大数据研究综述》，《系统仿真学报》2013 年第 8 期。

[18] 果苹编译：《解析大数据市场格局》，《通讯世界》2012 年第 5 期。

[19] 向远之：《不要小看大数据对文化创意产业的颠覆》，《钛媒体》2013 年第 7 期。

[20] 赵一鹤：《大数据时代的营销策略：快、准、稳》，《声屏世界·广告人》2012 年第 8 期。

[21] 黄升民、杨雪睿：《碎片化背景下消费行为的新变化与发展趋势》，《广告大观（理论版）》2006 年第 2 期。

[22] 韩定一：《云推荐——大数据时代的个性化互联网服务解决之道》，《程序员》2013 年第 2 期。

[23] 吴勇毅：《大数据让营销更精确》，《营销与市场》2013 年第 3 期。

[24] 黄升民、刘珊：《"大数据"背景下营销体系的解构与重构》，《现代传播》2012 年第 11 期。

[25] 王琪、易赞普：《开启大数据营销时代》，《高科技与产业化》2013 年第 5 期。

[26] 李晓辉、王淑艳：《大数据及其挑战》，《科技风》2012 年第 23 期。

[27] 陈勇：《大数据及其商业价值》，《通信与信息技术》2013 年第 1 期。

[28] 牛泽亚：《大数据"先行者"带来的启示》，中国信息产业网，2013 年 7 月 16 日。

[29] 韩福恒：《聆听大数据发出的声音》，《科技日报》2013 年 8 月 14 日。

[30] 孙玉玲：《大数据时代数字出版产业的发展趋势》，《出版发行研究》2013 年第 4 期。

[31] 宋永刚：《大数据时代加快出版业转型升级的思考》，《中国编辑》2013 年第 5 期。

[32] 章宏法：《大数据时代的报业变革猜想》，《中国记者》2013 年第 6 期。

[33] 麻震敏：《大数据时代：营销智慧的进化论》，《成功营销》2012 年第 7 期。

[34] 李晓云：《大数据时代的出版发行业发展趋势》，新华网，www. news. cn，2013 年 8 月 29 日。

[35] 宋玲、成达建、陶济：《我国电子信息产业问题及对策研究》，《商场现代化》2004 年第 14 期。

[36] 郑胜利：《产业链的全球延展与我国地区产业发展分析》，《当代经济科学》2005 年第 1 期。

[37] 卢明华、李国平、杨十兵：《从产业链角度论中国电子信息产业发展》，《中国科技论坛》2004 年第 4 期。

[38] 龚勤林：《论产业链延伸与统筹区域发展》，《理论探讨》2004 年第 3 期。

[39] 刘刚：《基于产业链的知识转移与创新结构研究》，《商业经济与管理》2005 年第 11 期。

[40] 郑大庆、张赞、于俊府：《产业链整合理论探析》，《科技进步与对策》2011 年第 1 期。

[41] 班子嫣、乔东亮：《产业融合趋势下的出版产业链整合》，《科技与出版》2008 年第 8 期。

[42] 衣彩天：《出版产业链模式构建初探》，《编辑学刊》2010 年第 3 期。

[43] 覃琴：《我国数字出版产业链构建问题分析》，《青春岁月》2012 年第 22 期。

[44] 刘灿姣、黄立雄：《论数字出版产业链的整合》，《中国出版》2009 年第 1 期。

[45] 朱胜龙：《出版产业链：拉动地方经济发展的强力引擎》，《当代财经》2004 年第 5 期。

[46] 陈昕：《加快出版产业链和价值链的建设》，《编辑学刊》2004 年第 3 期。

[47] 吴楣：《我国出版产业链建设的环境分析》，《编辑之友》2007

年第 6 期。

［48］包鹏程：《产业融合：出版业面临的挑战与机遇》，《出版发行研究》2009 年第 7 期。

［49］周利荣：《我国数字出版产业链整合模式分析》，《出版发行研究》2010 年第 10 期。

［50］周利荣：《数字出版产业链整合：技术转化是关键》，《编辑之友》2011 年第 3 期。

［51］程忠良：《大数据时代出版业"三维空间"关系链一体化经营策略分析》，《编辑之友》2013 年第 9 期。

［52］郭虹：《大数据时代出版发行业走向》，《中国出版传媒商报》2013 年 9 月 5 日。

［53］周震刚：《中国大数据市场 10 大预测》，《通讯世界》2012 年第 10 期。

［54］姜奇平：《大数据时代到来》，《互联网周刊》2012 年第 1 期。

［55］赵国栋：《大数据时代的三大发展趋势》，《高科技与产业化》2013 年第 5 期。

［56］苑捷：《当代西方文化产业理论研究概述》，《马克思主义与现实》2004 年第 1 期。

［57］钟瑛：《影响力、互动性和表现力》，《网络传播》2008 年第 4 期。

［58］钟瑛：《我国互联网发展现状与竞争格局》，《新闻与传播研究》2006 年第 4 期。

［59］钟瑛：《我国互联网管理模式及其特征》，《南京邮电学院学报》2006 年第 2 期。

［60］吴金明、邵昶：《产业链形成机制研究——"4 + 4 + 4"模型》，《中国工业经济》2006 年第 4 期。

［61］施高翔：《传统出版社在数字出版中的困境及解决方案探索》，《科技与出版》2013 年第 9 期。

［62］何志钧：《理解"大数据"时代》，《新闻研究导刊》2013 年第 5 期。

［63］李建中、刘显敏：《大数据的一个重要方面：数据可用性》，

《计算机研究与发展》2013 年第 6 期。

[64] 缪其浩:《大数据时代:趋势和对策》,《科学》2013 年第 7 期。

[65] 翁昌寿:《中国出版产业链理论构想与现实操作》,《编辑之友》2003 年第 3 期。

[66] 顾金亮、吴利华:《论出版产业链的延伸与新业态的形成机理》,《出版科学》2012 年第 4 期。

[67] 陈一鸣:《美国:以国家战略应对大数据时代》,《人民日报》2013 年 1 月 17 日。

[68] 王亚非:《大技术与大数据时代坐标下的出版产业》,《中国出版传媒商报》2013 年 8 月 27 日。

[69] 孙波:《自媒体大数据云计算数字出版到了怎样的时代》,《中国文化报》2013 年 7 月 3 日。

[70] 鲁公子:《量化用户信息,还原用户性格》,《中国出版传媒商报》2013 年 10 月 8 日。

[71] 孙牧:《大数据推动学术出版革新》,《中国出版传媒商报》2013 年 10 月 8 日。

[72] 陈昕:《出版业需要在产业链上下功夫》,《市场报》2005 年 6 月 17 日。

[73] 彦飞:《Hittype:让出版商更懂读者的大数据分析工具》,《新浪科技》,http://www.sina.com.cn.,2012 年 8 月 7 日。

[74] 丁永健:《基于纵向关联的产业价值创造机理研究》,博士学位论文,大连理工大学,2007 年。

[75] 吴彦艳:《产业链的构建整合及升级研究》,博士学位论文,天津大学,2009 年。

[76] 夏贤明:《我国手机出版产业链研究》,硕士学位论文,江西财经大学,2010 年。

[77] 曹萍:《我国出版产业链研究》,硕士学位论文,北京印刷学院,2009 年。

[78] 周晏:《技术力量对传统出版产业的影响》,硕士学位论文,北京印刷学院,2010 年。

[79] 高白光:《大数据做的三件事》,iheima. http://www.bkpcn.com,2013年6月13日。

[80] 赛迪研究院:《人才,还是人才,才是我们不断前进的动力》,www.ccidthinktank.com。

[81]《俞正声主持全国政协双周协商座谈会》,《人民日报》2014年6月13日。

[82]《武汉大数据产业剑指2000亿规模》,《长江商报》2014年4月29日。

[83] 张岱:《出版业离"大数据"还有多远》,《中国出版传媒商报》2014年4月1日。

[84] 范占英:《"京东模式"你学得会吗》,《中国新闻出版报》2014年3月31日。

[85] 屈一平:《数字出版走向产业融合》,《瞭望》2013年第2期。

[86] 孙波:《自媒体大数据云计算数字出版到了怎样的时代》,《中国文化报》2013年7月3日。

[87] [美]埃雷兹·利伯曼·艾丁:《数字化图书的定量文化分析》,《科学》2010年第12期。

[88] 王琴:《基于价值网络重构的企业商业模式创新》,《产业经济》2011年第11期。

(三)外文参考文献

[1] S. Paxhia and J. Parsons, Consumer Attitudes Toward E – Book Reading – A comprehensive study of U. S. e – book consumer behavior and preferences (Vol. 3, Report 3 of 4). The – Book Industry Study Group, New York, 2012.

[2] Tambe P., "Big data know – how and business value", *Working Paper*, NYU Stern School of Business, NY, New York, 2012.

[3] Shah S., Horne A., and Capella' J., Good data won't guarantee good decisions, Harv Bus Rev., Apr. 2012.

[4] Bilton, N., "A Race between Digital and Print Magazines", *NY Times*, 2011, February 4.

[5] Catan, T., & Trachtenberg, J. A., "Talks Quicken Over E – Book

Pricing. ", *The Wall Street Journal*, 2012 April 4.

［6］Raine, L. , & Wellman, B. Networked, *The new social operating system*, Cambridge: MIT Press, 2012.

［7］Fowler, G. A. , & Trachtenberg, J. A. Barnes & Noble Adds Color, "Web to Nook", *The Wall Street Journal*, 2010, October 27.

［8］Greenfield, J. Barnes & Noble, "Has No Imminent Plans to Share More Data with Publishers", *Digital Book World*, 2012, March 16.

［9］Lambert, D. M. , "Supply chain management: processes, partnerships, performance", *Supply Chain Management Inst*, 2008.

［10］Bughin, Jacques, Michael Chui, and James Manyika, "Clouds, big data, and smart assets: Ten tech – enabled trends to watch", *McKinsey Quarterly*, August 2010.

［11］Chui, Michael, Markus Löffler, and Roger Roberts, "The Internet of things", *McKinsey Quarterly*, March 2010.

［12］Hilbert, Martin, and Priscila López, "The world's technological capacity to store, communicate, and compute information", *Science*, *February* 10, 2011.

［13］Hubbard, Douglas W. , *How to measure anything: Finding the value of intangibles in business*, New York: Wiley, 2010.

［14］Christakis, N. A. & Fowler, J. H. , Connected: The surprising power of our social networks and how they shape our lives, Little, Brown and Company, 2009.

［15］Denis McQuail, "Mass Communication Theory", *SAGE*, 2010, p. 334.

［16］Gray Gereffi, *Commodity Chain and Global Capitalism*, Greenwood Press, 1993.

［17］Chris Anderson, "The End of Theory: The Date Deluge Makes the Scientific Method Obsolete", Wired, 2008, 16 (7) .

［18］Hacheten William, The Word News Prism: Changing Media, Clashing Ideologies, 2nd. ed. , Ames: Iowa State University Press, 1987.

［19］Winter Crop: 2005 TopTen program Summary. http: //www. com/ White Paper/WC – Bjom Bloching Lars Luck Thomas Ramge. In Data

We Trust: How Customer Data Is Revolutionizing Our Economy. Original German Copyright. 2012 Redline Verlag.

[20] Rederic filloux, "The value is in the reader's Big Data", The Guardien September 17, 2012.

[21] The eManager: Value Chain Management in an Ecommerce World, Gerhard Plenert, 2001.

[22] The obligation to keep value chain management simple and standard, Tom McGuffog, Supply Chain Management 2, No. 4, 1997, p. 124.

[23] Stevens J. , Integrating the supply chain. , *International Journal of Physical Distribution and Material Management*, 1987, 17 (2): 51 –56.

[24] Ellram L. M. , "Supply chain management : the industrial organization perspective", *International Journal of Physical Distribution and Logistics Management*, 1991, 21 (1): 13 –22.

[25] Christopher M. , *Logistics and Supply Chain Management*, London : Prentice Publishing , 1998.

[26] Handfield R. B. , *Introduction to Supply Chain Management*, New Jersey: Prentice – Hall, 1999.

[27] Redman T. , "The impact of poor data quality on the typical enterprise", *Communications of the ACM*, 1998.

[28] Swartz N. , "Gartner warns firms of 'dirty data'", *Information Management Journal*, 2007.

[29] Eckerson W. , "Data Warehousing Special Report: Data quality and the bottom line", *Applications Development Trends*, 2002.

[30] R. J. Johnston, Derek Gregory, Geraldine Pratt, and Michael Watts eds. , The Dictionary of human Geography (4th ed.), Oxford: Blackwell, 2000, pp. 493 –494.

[31] Gelernter. David Hillel, "Mirror Worlds: The Day Software Puts the Universe In a Shoebox… How it Will Happen and What It Will Mean?", Oxford Press, 1991.

[32] Searls, Doc, "The Intention Economy", Harvard Business School Press, 2012/04/03.

[33] Salvin Reid May, Can "Big Data" Fix Book Marketing?, *pw daily May 28, 2012.*

[34] J. Griffey, Electronic Book Readers. Library Technol, Rep. 46 (3) (2010) 7-19.

[35] Conte, R. , Gilbert, N. , Bonelli, G. , & Helbing, D. Futurict and social sciences: Big Data, big thinking, Zeitschrift für Soziologie, 2011, 40, 412-413.

[36] E. Carreiro, "Electronic Books: How Digital Devices and Supplementary New Technologies are Changing the Face of the Publishing", *Industry Publishing Research Quarterly*, 2010, 26 (4): 219-235.

[37] C. C. Marshall, Reading and Writing the Electronic Book, Morgan & Claypool Publishers, California, 2010.

后 记

　　本书是在我的博士论文和我主持的湖北省社科基金项目"大数据时代中国出版产业链的重构"研究成果基础上加工修改而成的，在付梓出版之际，回顾成书过程，我有一种不得不说的感激之情。

　　首先要感谢我的导师钟瑛教授，从选题的确定到写作完成无不倾注着导师的大量心血。是钟老师以她渊博的学识和开阔的研究视野开启了我的研究之门，是钟老师以她对新媒体的精湛研究和精益求精的敬业精神指导了我的研究之路，是钟老师以她严格要求的认真态度和和蔼可亲的人格魅力影响了我的研究之行，师恩难忘，谨此致谢！

　　本书得以付梓还要感谢武汉理工大学文法学院的领导和同事们，他们在湖北省社科基金的申报以及在本书的出版过程中给予我极大的支持和帮助，使本书得以顺利出版。

　　中国社会科学出版社在获悉我出版本书的愿望后表示了很高的兴趣并给予了大力支持。特别是责任编辑刘晓红老师多次与我沟通修改和出版事项，在出版各个环节做了大量工作。他们对出版工作认真负责的科学态度和对作者作品热情热爱的人文关怀，既令人尊敬，又令人感动。值本书付梓之际，谨向他们表示深切的谢意！

　　在此还要特别感谢我的家人，是他们的不断鼓励和鞭策，让我克服了工作和生活上的重重困难顺利完成本书出版。

　　本书在写作过程中参考了本研究领域的一些"参考文献"，在此，谨向"参考文献"的所有作者谨致谢忱！

张 弛

2016 年 6 月 24 日 武汉